蔡榮祥 著

美中臺三角關係的變與常

五南圖書出版公司 印行

Changes and Continuities of the
Triangular Relations among the
United States, China, and Taiwan

　　美中臺三角關係一直是臺灣政治學界和臺灣政界關注的重要議題之一，主要的原因是臺灣的安全攸關國家主權和民主體制的持續和存活，如皮之不存，毛將焉附，當臺灣被中國併吞後，民主體制也會隨之瓦解殆盡。筆者在服預官役的期間，親身經歷了1995年、1996年臺海危機中臺灣官兵因應中國軍事行動的枕戈待旦和夙夜匪懈，深刻體會了國家安全和戰略籌劃的重要性。筆者退伍之後負笈美國攻讀政治學博士，受業於波士頓大學政治系教授Joseph Fewsmith（傅士卓），Fewsmith教授是美國研究中國高層菁英政治的知名學者，同時也非常關注美中臺三角關係的演變和發展。每年Fewsmith教授都會和哈佛大學費正清研究中心的研究學者例如Steven M. Goldstein、Thomas J. Christensen、Michael Szonyi、Robert S. Ross等穿梭於兩岸之間，會見中國國家領導人和中華民國的總統，成為中國與臺灣二軌外交的重要溝通管道。筆者有幸在與這些學者對談的機會中，深刻體會美中關係的變化會影響著臺灣的國家戰略選擇，也點燃自己投入這個重要的美中臺三角關係研究領域之熱情。另外，美國波士頓大學政治系著名研究美國總統歷史的David Mayers教授對於來自臺灣的筆者非常地提攜和照顧，他的歷史研究途徑也深深影響筆者在國際關係領域研究上的寫作風格和論證方向。

　　長期以往，中國和臺灣的關係被界定成是兩岸關係，主要研究的議題是兩岸的對峙、交流和僵持。然而，美國一直是兩岸關係的重要平衡者，因此分析中國和臺灣的關係必須放在美中臺三角關係的框架上才能掌握其真正的精髓和梗概。本書各章的寫作時間橫跨了十五年，相關的研究時序是從1949年到2022年，標題定名為《美中臺三角關係的變與常》，目的在於釐清美中臺三角關係互動和衝突的恆定與變遷。筆者在本書的內容中，援引了許多國際關係現實主義的理論和概念，希冀能超越所謂的描述報導或是時事分析的分析方向。近年來，美中關係、美臺關係和中臺關係皆歷經了結構性的變遷，如美國和中國關係從交往到對抗或競爭，美國和臺灣關係從非官方交流的層級提升到官方交流層級、中國和臺灣關係從交流變成僵持或威逼行動。這些發展對於臺灣的安全有結構性的影響，也讓美中臺三角關係的議題和研究成爲臺灣政治學界或國際關係領域的重中之重。

最後，本書的寫作受到國內、外政治學界許多學術先進的指正和作品的啓發，如中央研究院政治學研究所吳玉山院士、中央研究院歐美所林正義教授、中興大學國際政治研究所蔡東杰教授、淡江大學戰略與國際事務研究所翁明賢教授、美國賓州大學法律學與政治學Jacques deLisle教授、美國Ramapo College of New Jersey政治學系陳鼎教授（Dean P. Chen）、美國聖湯瑪斯大學葉耀元教授、海基會副董事長邱垂正博士、中山大學政治所劉正山教授、東海大學政治系沈有忠教授、東海大學政治系張峻豪教授、東海大學政治系林子立副教授、國防安全研究院陳亮智副研究員等，在這裡一併致謝。本書的初衷是希冀能夠抛磚引玉，與國內外關心美中臺三角關係的學者和觀察家進行對話和交流，爲臺灣的安全研究貢獻一份小小的心力。

目錄
CONTENTS

　　在亞太地區，中國和臺灣過去所爆發的軍事危機長期以來受到世界的矚目。國際政治學界甚至認為臺海衝突是這個地區未來最可能爆發戰爭的火藥庫之一。自1949年到2022年，臺灣海峽之間出現過四次大型的臺海危機。第一次臺海危機為1954年9月3日中華人民共和國解放軍發動砲戰攻擊中華民國的外島金門、1955年攻占一江山島和大陳島。第二次臺海危機為1958年八二三砲戰。中華人民共和國對於中華民國的外島金門和馬祖進行萬砲齊發的火力射擊，後來中國執行單打雙不打的策略，一直持續到1979年才停止對於金門和馬祖的砲彈攻擊。第三次臺海危機是1995年到1996年之間中國在臺灣外海附近實施飛彈試射演習。1995年7月進行第一波飛彈試射，飛彈落在臺灣基隆外海附近，接著1996年3月，在基隆和高雄的外海附近進行飛彈演習，當時臺灣正在舉行總統大選，緊張態勢一觸即發。第三次臺海危機一直到美國派遣兩個航空母艦戰鬥群到臺海附近之後，中國才停止飛彈試射，美國成功地化解危機。2022年8月2日，美國國會眾議院議長裴洛西（Nancy P. Pelosi）女士抵達臺灣進行外交訪問，拜會蔡英文總統和立法院，參訪景美人權園區與異議人士進行座談。中國對於裴洛西訪臺深表憤怒，發動軍事演習表達抗議。中國人民解放軍在8月2日晚上11時宣布，自4日中午12時至7日中午12時，在臺灣東西南北周邊共六個海域進行重要軍事演訓行動，並組織實彈射擊（中華人民共和國國防部，2022）。8月4日，解放軍於下午13時56分開始，向臺灣周邊海域發射11枚東風系列彈道飛彈，其中有四枚飛彈飛越臺灣的外太空上方落在臺灣東部海域，另外五枚飛彈落在日本的專屬經濟海域。中國這次圍臺軍演的規模和範圍比第三次臺海危機更大，因此可以稱為是第四次臺海危機。美國認為中國軍演是升高態勢或是刻意製造出來的危機，美國派遣印太司令部第七艦隊密切監控情勢，最終中國圍臺軍演歷經九天後結束。

　　1954年9月3日，中國對於金門發動砲戰（第一次臺海危機），主要的目的是讓美國和中華民國不要簽訂《中美共同防禦條約》。然而，因爲中國的軍事行動，反而加速美國和中華民國的軍事合作。美國於1954年12月2日與中華民國簽訂《中美共同防禦條約》，藉由軍事的同盟條約來保障臺灣和澎湖的安全。1958年八二三砲戰發生後，美國艾森豪總統下令美國第七艦隊協助國民政府對於金門和馬祖的運補以及保護國民政府的船艦，但同時三令五申美國軍艦不可主動攻擊共產黨的軍隊，除非是迫不得已的最後手段（Gordon, 1985: 644; Halperin, 1966: 207-208）。第三次臺海危機（1995年、1996年）的過程中，中國採取在逼近臺灣的地方進行飛彈試射演習，飛彈試射是中國武力威脅臺灣中最爲挑釁的選項之一，不僅可以說明中國的威脅是可信的，同時也展現中國有意願及有能力使用武力攻擊臺灣（Scobell, 2000: 237）。飛彈試射的行動存在著演變成戰爭的風險，但是中國透過管道一再告知美國，中國只是進行軍事演習和飛彈試射，而不是直接攻擊臺灣（Scobell, 2000: 237）。1995年和1996年的臺海危機是中國虛張聲勢的強制性外交作爲，但美國的回應行動讓中國清楚地知悉美國會採取必要的軍事行動來介入臺海之間的衝突。第四次臺海危機是在美中關係競爭或敵對的背景下所發生的危機。中國對於美國總統和國會強力支持臺灣的不滿，藉由美國國會議長裴洛西訪臺作爲軍事演習的藉口，一方面測試中國對臺封鎖的能力，另一方面藉由威逼臺灣的行動來強化統治的正當性。

　　本書主要是從戰略安全的角度來分析美中臺三角關係的變與常，特別側重中國對於臺灣所發動的軍事危機、美國的戰略模糊（strategic ambiguity）策略或戰略清晰（strategic clarity）策略，以及這些策略在國際政治理論上的意涵。本書第二章是〈一觸即發或虛張聲勢：論一九九五、一九九六臺海危機〉。該章主要的研究問題是一個正在崛起的大國（中國）爲何要對臺灣採取軍事演習的行動？其背後的理性和在國際社會的意涵爲何？爲何中國於1995年進行第一次飛彈試射之後，又於1996年進行第二次飛彈試射？爲何在臺海危機的過程中，美國作為一個超級強權對於中國的嚇阻會失敗或是無效？第三章是〈權力平衡與美中臺三角關係〉。該章的研究問題是美國對於中國採取何種戰略較能抑制中國的強勢作為、權力平衡理論如何應用到中國的崛起和美國的因應策略、美國如何成功地嚇阻中國對於臺灣的修正行為、臺灣安全與美國利益之間的關聯為何等。第四章是〈中國崛起與南海衝突：臺灣在亞太秩序中之戰略影響〉。該章主要的問題是崛起大國如何追求權力？大國之間的衝突和互動如何影響小國的外交行為？國際和國內的結構性因素如何促成和限制國家的立場和選擇？該章的問題意識是在現實主義的觀點下，如何定位崛起的中國、臺灣如何維繫與中國和美國之間的平衡，或是哪一種國家整體戰略較符合臺灣整體的國家利益。

　　本書的第五章是〈國際政治平衡者的角色和轉變：比較歐巴馬總統時期和川普總統時期的美中臺三角關係〉。該章主要探討的問題是在美中臺三角關係中，美國如何成功或失敗地扮演平衡者（balancer）的角色？哪些因素會影響平衡者角色的成功或失敗？不同的美國總統採取不同的戰略如何影響美中臺三角關係中權力平衡的變遷？該章主要的目的是從國際政治的歷史經驗和權力平衡的理論框架來分析美國對於臺灣或中國應該採取哪一種戰略，最符合美國在美中臺三角關係中所要維繫的利益。第六章是〈延伸性嚇阻與美中臺三角關係：比較美國戰略模糊策略和戰略清晰策略〉。在美中臺三角關係的互動中，為何美國的戰略模糊策略在執行上較容易導致嚇阻失敗？結構性的因素如何促成美國從戰略模糊策略轉變成戰略清晰策略？為何戰略清晰的策略較容易成功地達成延伸性嚇阻的目標？第七章是〈升高態勢或戰爭邊緣：中國對臺軍事演習與美中臺三角關係〉。該章的主要目的在於解釋和分析2022年中國對臺軍事演習的本質、中國的灰色地帶戰略、美國對於中國軍演的回應、比較第三次臺海危機和第四次臺海危機的中美關係，並討論中國軍演對於美中臺三角關係的影響。第八章是本書的結論。

　　本書所採取的方法途徑是文獻分析（或稱檔案研究）以及比較歷史研究。所謂的文獻分析是指透過資料的詮釋和分析來進行因果關係的推論和連結。相關的資料的整理會涉及事件發生的過程和可能的意涵。比較歷史研究途徑是指以歷史爲動態過程，觀察國家在事件或危機中的互動或採取的策略（Mahoney and Rueschemeyer, 2003）。文獻分析和比較歷史研究都是屬於質化方法。質化方法基本上是解釋具體的個案，屬於研究結果的原因之途徑（Mahoney and Goertz, 2006: 229）。透過文獻分析和比較歷史研究的方法，可以深度觀察美中臺三角關係的動態發展以及搜尋可能的因果機制和解釋框架。

　　從1949年以來，美中臺三角關係經歷過許多的變遷，但同時也存在一些常態性的結構。在變遷的面向上，美國和臺灣的關係從軍事同盟關係轉變成非官方的關係，然而隨著臺灣民主深化和政黨輪替的常態下，臺美之間的軍事和外交關係出現日益提升的趨勢。更重要的是，臺灣對於美國的重要性從名聲上的地位，轉變成戰略和科技上的軛梁。臺灣是美國在東亞第一島鏈的灘頭堡，也是全球高階晶片的生產重鎮，臺灣的戰略地位和科技優勢成爲美國國家戰略利益的一環，這也是臺美關係堅若磐石的主要原因。中美關係也從積極交往轉變成相互對抗或競爭的局面。在常態性的結構面向上，美國支持以和平的方式解決臺灣問題的立場從來沒有改變，以及美國從未承認臺灣是中國的一部分。另外，中國堅持不放棄以武力攻打臺灣、中國的軍事壯大和強勢作爲對於美國所欲維繫之印太秩序的挑戰，也是美中臺三角關係不變的結構性特徵。本書分析歷次所發生的臺海危機，以及闡述美國民主黨總統歐巴馬、共和黨總統川普和民主黨總統拜登的對中或對臺外交政策，同時運用國際政治理論權力平衡、平衡者、延伸性嚇阻和威逼等概念來分析美中臺三角關係的經緯和梗概。本書作者不揣淺陋和拋磚引玉，希冀這本書的討論可以推本溯源，搜尋影響美中臺三角關係變與常的動力，爲臺灣的安全研究貢獻一番心力。

危機有時候是被大國故意製造的，或是危機故意被導致接近戰爭點，因為大國全神貫注的關心，是去確保一個外交上的勝利（Bull, 2002: 202）。

壹、前言

　　1995年7月21日到28日，中國於臺灣東北80海里，靠近日本及臺灣空線和海線中間的地方，以10海里爲圓圈，試射飛彈；8月則到達臺灣北方90海里的地方試射飛彈；11月15日起，在福建南方的東山島進行十天的演習；1996年3月8日到15日，在離臺灣南部城市高雄32海里以及基隆東北22海里的地方試射飛彈（Whiting, 2001: 121-122）；美國於1996年3月10日及11日派遣尼米茲號航空母艦戰鬥群（USS Nimitz）和獨立號航空母艦戰鬥群（USS Independence）到臺灣附近的海域進行監控中國的軍事行動（裘兆琳，1998：99）；之後，中國於1996年3月25日停止軍事演習。以上是1995年和1996年發生的臺海危機之相關記事。如果將1995年和1996年的臺海危機看成是兩次事件的話，則會發現兩次事件間的差異是，1996年飛彈試射地點比1995年之試射要更接近臺灣。也就是說，假如以距離的遠近作爲危機程度的判定基準，1996年的緊張態勢是升高的，戰爭可能會一觸即發。另外一個可能性是中國的軍事行動只是虛張聲勢（bluffing），其目的是要達成外交的影響力，而不是全面的軍事攻擊或占領。本文主要的研究重點在於了解爲何中國會採

---

*　本文曾經發表於《台灣政治學刊》，第11卷第1期（2007），頁201-239。

取上述的軍事行動，以及為何中國選擇在1996年升高緊張態勢等問題。

　　對於1995年、1996年臺海危機發生的原因或意涵，不同的學者有不同的詮釋和分析。有一些學者認為臺灣破壞現狀（*status quo*）的行為是引起臺海危機的導火線，如臺灣李登輝總統訪問美國是導致中國採取軍事手段的主要原因。如Robert S. Ross（2000: 122）認為，1995年、1996年臺海危機的主要根源是臺灣的修正主義及臺灣對美國政策的影響；臺灣李登輝總統訪問美國母校康乃爾大學一事是想要改變臺灣國際地位的修正主義行為，以及臺灣透過美國之公關公司對於國會或是國會議員的影響來改變美國的政策或立場。然而，這樣的詮釋忽視了美國外交行動的自主裁量權、美國國內政治的互動（如總統和國會之間的角力）、美中關係（美國和中國）的細微變化對於美國行動抉擇的影響。更重要的是，這種看法誇大了小國（臺灣）的外交影響力，認為大國只是被動地回應小國的需求。一些學者認為美國國會對於臺灣自主性的支持以及國會和行政部門之間的角力才是影響臺海危機的關鍵因素。如Alan M. Wachman（2002: 217-218）談到，若先不管是不是收買或是明顯的行賄，論證影響國會的人和國會的立法行為有因果關係的研究是主張國會的成員和他們的幕僚沒有獨立的判斷能力，以及國會議員是那些想影響他們的人所操縱的傀儡；在眾議院以396票對0票，以及在參議院91票對1票支持李登輝訪問康乃爾大學的情況下，那些視投票結果為臺灣發揮影響力的人應該被期待去解釋不只是臺灣尋求去影響美國國會而已，而且也要解釋臺灣如何達成幾乎全面的成功。然而，Wachman（2002: 218）認為，「去談到臺灣對於1995年臺海危機的結果沒有責任，或認為臺灣擁有完全的責任以及將臺灣視為威脅，是同樣的天真」。另外，有一些學者強調，美國突然的政策逆轉對於臺海危機的影響。如Kenneth G. Lieberthal（1995）提到，柯林頓總統在核准臺灣李登輝總統簽證的事情上，前後立場不一致，導致中國認為美國不遵守先前持反對立場的承諾。[1]因此，是美國本身的立

1　美國國務卿克里斯多福（Warren Christopher）曾經告訴中國外長錢其琛，美國不會發給臺灣李登輝總統簽證，但是後來美國柯林頓總統推翻那樣的保證，相關的討論請參閱Lieberthal（1995）。

場逆轉和行為反覆，才會使得中國對於美國不信任和改變其政策。同時，美國的政策反轉也促使一些對於美國採取溫和途徑的中國領導者轉而採取較強硬的路線（Sutter, 1997）。

其他一些學者則是從譴責中國的規範角度來看臺海的危機。Edward Friedman（1999）認為，有一些看法無視於中國二十年來不斷打壓臺灣的國際空間及威脅民主臺灣的生存，而去譴責臺灣李登輝總統追求臺灣的生存空間，這是所謂譴責被害者的論證。其次，有一些學者強調中國軍事行動的主要動機和意涵。主張中國採取軍事威脅臺灣或所謂的邊緣政策（brinkmanship）[2]是一種戰爭遊戲，其基本的動機不是要訴諸戰爭，也不是減低臺灣李登輝總統的聲望，或是對其訪問美國的報復，而是要大多數的臺灣人民選擇維持現狀或不支持臺灣獨立。[3]這種看法主要是強調中國軍事行動的理性，以及其預期效果的達成。再者，有一種觀點認為，臺海危機是中國想要傳遞給臺灣一個訊息，亦即軍事威脅也在其行動選項當中，以及對於中國人民解放軍來說，臺海危機是可以對於臺灣或是中美關係採取嚴厲政策的一個機會（Pollack, 1996: 113-114）。

另外，有一些研究從中國國內政治的互動來解釋臺海危機的爆發（Bi, 2002）。首先，這種觀點認為中國軍方主導臺海危機的決策過程，以及其主要目的是為了保存軍方的政治特權、軍事發展的現代化，及國防的預算增加。其次，中國領導繼承的問題和軍方的影響力等因素之連結才可以解釋臺海危機的爆發。例如，中國國家主席江澤民為了獲得軍方的支持，必須接受武力威脅臺灣的計畫，以鞏固自己作為鄧小平繼承者的位置。這種觀點強調中國國內因素對於其軍事行動理性的影響。假如我們認為這樣的分析是合理的話，則其會稀釋過度強調臺灣外交行為能夠決定中國軍事行動之相關研究

---

[2] 邊緣政策指的是操縱戰爭所享有的危險以說明敵對者相對地缺少決心或甚至是能力，請參閱 Lebow（1981: 57）、Schelling（1966: 99）。

[3] 1996年臺灣舉行首度總統民選，李登輝總統也只得到54%的選票，而民進黨的總統和副總統候選人彭明敏先生和謝長廷先生更是只有21%的選票，這些證據足以顯示中國的軍事威脅使得更多人支持維持現狀，請參閱You（1997）。

的解釋力。因此，我們可以持平地說，中國本身國內政治的互動也是引爆臺海危機的一個重要環節和面向。

　　有一些臺海危機的研究強調國家間的策略考量和國內政治勢力平衡的互動。這些研究認為1995年美國柯林頓總統選擇允許李登輝總統返回母校康乃爾大學一事中，存在著美國與中國戰略互動的考量。美國受到當時中國欲與伊朗進行核子反應爐的交易一事上極為堅持的立場，以及中國在其國內進行幾次的核子試爆等事件影響下，美國行政部門以美國國會和新聞輿論表示對臺灣的支持，來被動批准臺灣李登輝總統訪美，以回應中國的不合作態度（裘兆琳，1998）。打臺灣牌不是柯林頓政府刻意的計畫，但是在北京多方不願與美國合作的情況之下，為求取兩岸的平衡，嘉惠一下臺北似乎不過分（裘兆琳，1998：116）。再者，按照當時的國會是由共和黨掌握多數的情況之下，民主黨的柯林頓總統認為，如果他不順從國會的意見，國會很可能會進一步通過具約束力的法律，屆時他可能面臨需不需要否決的困難抉擇，因此他以美國言論自由的觀念來主導李登輝總統訪美的決定（Tyler, 1999）。另外，這個決定是考量安撫國會的壓力以及總統選舉年迫近兩個因素之下的讓步（Wu, 1996: 48）。也就是說，美國行政部門之所以同意臺灣李登輝總統訪問美國的原因牽涉美中互動的考量，不是臺灣對於美國有單方面決定性的影響力。

　　上述這些不同的觀點說明了一件重要的事實。在進行政治分析時，有時單一的原因無法解釋一個事件。許多政治事件通常有多重的原因性（equifinality），亦即事件是由許多原因而非單一原因造成最後的結果（George and Bennett, 2005: 10）。根據多重原因性的邏輯，本文主要的目的是在解釋1995年、1996年臺海危機的多重原因和過程互動。另外，過去的研究比較強調個別國家的行動考量，以下將從國際脈絡和意涵來分析和解釋1995年、1996年臺海危機。本文採取的途徑主要是從國際政治現實主義（realism）的角度出發，來解釋1995年、1996年臺海危機。為何採取現實主義途徑的原因如下：一、中國對於臺灣進行軍事演習的行動與現實主義所談的國家欲增加其相對能力來促進其影響力的觀點可以互相連結；二、中國作為一個崛起的權力與美國作爲一個維持現狀權力之間的互動，可以看成是現實主義中強調國家間權力平衡的具體實證。

　　本文相關的研究問題是一個正在崛起的大國（中國）爲何要對臺灣採取軍事演習的行動？其背後的理性和在國際社會的意涵爲何？爲何中國於1995年進行第一次飛彈試射之後，又於1996年進行第二次飛彈試射？從另一個角度來說，爲何在臺海危機的過程中，美國作爲一個超級強權對於中國的嚇阻會失敗或是無效？上述這些個別的問題事實上是彼此互相連結的。因爲，國家採取任何的軍事或是外交行動會特別著重於兩個面向的考量：第一，自身國家利益的考量和相關國家的反應。當然，其他國家特定的行動會影響國家決定採取某一項行動，但其可能只是促成的原因之一。決策主要的關鍵還是在於自身的行動理性和對應國家的回應。第二，任何行動都有想要達成的目標，但是欲達成這些目標的主觀意願不一定是促成行動的眞正因素。也就是說，本文論證中國採取軍事演習行動的主要考量因素是國家地位的提升以及對應國家（美國）的回應。然而，本文不是去論證臺灣的外交行爲不是促成中國採取軍事行動的原因之一，而是論證上述的兩個原因扮演著更關鍵或決定性的角色。另外，本文也認爲中國想要達成的目標和期待不必然成爲其行動決定的原因。從分析的層次而言，本文主要是從個別國家的層次（中國）和國際系統的層次來分析和解釋臺海危機的發生和延續的原因。[4]當然，這種國家和國際系統層次的分野主要是方法論上的區別意義。事實上，實際的解釋可能跨越或結合兩種層次。如從個別國家的行動出發來解釋其在國際系統中的相對位置，或是從國際系統中的結構來解釋個別國家的行動選擇的範圍或限制。最後，方法層次上，本文利用質化方法論上的過程追蹤（process-tracing）來解釋1995年、1996年臺海危機。[5]

---

[4] 有關國際政治分析層次的問題可以參閱Singer（1960; 1961）、Waltz（2001）。
[5] 請參閱George與Bennett（2005, chapter 10）。

貳、中國採取軍事行動的理性及其國際意涵

中國對臺灣爲何採取軍事演習的行動？這樣的行動具有何種的理性和國際意涵。首先，國際政治中現實主義學派認爲，一個有權力的國家發現她接近於權力眞空時，會因爲自己的期望和誘惑，而有不可抗拒的衝動去追求塡補那個眞空（Wolfers, 1962）。就好像一群人去看賽馬，卻發現他們的位置無法清楚地看見比賽，因爲前面有一些觀衆比他們更早到；假如，突然在他們前面有空位、提供了更接近比賽跑道的一個機會，他們將會想要儘快地塡補那樣的空缺（Wolfers, 1962: 14-15）。這個比喻可以運用於中國在亞洲的崛起。中國在改革開放後，快速的經濟成長使得中國成爲世界重要的崛起權力。而在後冷戰時期，因爲蘇聯的解體使得原本的兩極體系（美、蘇對峙）變成單極體系（美國成爲唯一的強權），或是出現部分權力的眞空（蘇聯原本的位置）。以上述的比喻來說，在中國的前面出現了權力的空位，所以中國有極大的理性往前移動塡補那個空缺。中國舉行軍事演習的意義不在於展示中國有多強大的軍事能力，而是以具體行動來顯現中國爲一個正在崛起的大國（Goldstein, 1997/1998）。這是所謂一個崛起國家追求權力和地位提升的必然邏輯。因此，1995年、1996年臺海危機可以說是中國正式取代蘇聯成爲美國在安全上和軍事權變計畫上最主要關心的分水嶺（Goldstein, 1997/1998）。

任何國家追求權力和地位提升必須要以軍事和經濟實力作爲基礎。而中國改革開放之後，經濟的快速成長已經使得中國在軍事能力更新方面獲得財力和資源的支持。根據當時國際貨幣基金組織（IMF）的報告，很令人驚訝的是，中國是僅次於美國和日本的第三大經濟體（Goldstein, 1997/1998: 56）。當然，國家除了有經濟能力可以購買軍事武器之外，還必須要有管道才能獲得所需的武器和設備。例如，1990年代初期，中國軍事現代化所需的武器設備，很戲劇性地是從中國在冷戰後期的敵人俄羅斯手中取得。中、俄聯盟核心的主軸是拒絕美國的霸權（Goldstein, 2003: 133-135）。例

如，中國空軍於1992年購買26架俄羅斯蘇愷27型戰機（Su-27 fighter），以及海軍於1995年購買兩艘俄羅斯基洛級攻擊潛艇（Kilos attack submarine）（Shambaugh, 1996: 265-298）。在國際社會中，國家之政治、軍事和科技發展的相對成長會造成國際系統中的權力重分配（Gilpin, 1981）。中國本身的經濟實力再加上俄羅斯因為欲增加經濟利益的考量而提供給中國軍事科技，使得中國在國際體系中的相對力量改變，提升到一個僅次於美國的大國地位。另外，從結構現實主義的觀點來說，國家的首要關心不是追求權力的最大化，而是維持他們在系統中的相對位置（Waltz, 1979: 126）。中國追求武器的現代化不是權力極大化的行動，而是尋求符合中國因為國力增強之後在國際系統中的位置。如同一些國際政治學者所談到，「對挑戰者來說，是去尋求建立國際社會中一個新的位置，在這個位置上他們可以感覺和其所增加的權力是名實相符的」（Organski and Kugler, 1980: 19）。

　　除了國家追求地位提升的理性邏輯和國家能力的改善之外，國際社會中特定結構因素相對地也會增加國家選擇行動的自主性空間。國際關係之現實主義學派認為，國際社會是一個無政府狀態。所謂無政府狀態是指國際社會中存在著失序和混亂，以及在各個國家之上，缺乏一個權威去防止、調整衝突和能夠有效地禁止武力的使用（Waltz, 1979; 2001）。中國於臺灣近海舉行軍事演習，雖會受到國際社會的譴責，但是國際社會的組織卻無法有效地禁止中國的行為（林正義，1996）。尤其中國是聯合國安全理事會的常任理事國之一。當中國於1995年進行飛彈試射演習之後，國際社會或組織無法阻止中國的軍事行為，可以突顯出國際社會無政府狀態的因素促進中國之行動自主性，以及某種程度可以解釋中國為何繼續於1996年進行第二次的飛彈試射。另外，因為國際社會無政府狀態使得一些國家總是關心其他國家會使用相對能力來對抗他們，以及單極體系下的霸權會促成一個以全新大國的形式出現的抗衡權力（Layne, 1993: 11-12）。亦即，中國本身會擔心其他國家對她的抗衡，以及美國作為一個霸權對中國的威脅，使其必須提升自己的能力和地位來維護自身的安全。[6]特別是中國已經變成如此地強大，以至於美國是世界唯一可以有軍事能力和政治意志去構成中國國家安全威脅的國家（Ness, 1996: 126）。

　　為了克服其他國家的威脅和追求美國作為霸權的國際結構下之自身安全，權力平衡（balance of power）的邏輯提供中國重要的理性基礎。[7]第一，中國藉由軍事行動的展現，來達成超越其他國家和追求自身安全雙重目的之權力平衡。誠如Kenneth N. Waltz（2001: 210）所說的，「當無任何可以防止使用武力作為改變競爭的形式和結果時，使用武力的能力就變成是權力平衡測量的指標」。第二，權力平衡的觀點認為，三個國家當中，兩個較弱的國家（中國和俄羅斯）會選擇聯合來對抗較強的國家（美國）（Wight, 1978: 168-169）。以中國從俄羅斯取得軍事和科技的技術以及兩國的軍事合作，可以證明權力平衡的運作邏輯。第三，當一個國家傾向於視其他國家為一個威脅時，將會比一個視其所處環境是溫和的國家有更強烈和更快速的反應（Jervis, 1978: 175）。中國視美國為威脅的理由，主要不是認為美國必然會侵略中國，而是認為美國對於臺灣的軍事和外交的支持會減少中國對於臺灣的影響力，或是會增加臺灣的自主性。因此，中國對臺灣採取軍事的威脅可以說是在此一種恐懼下的回應或行動。

　　當然，國家從事任何軍事或外交行動不可避免地會考慮到自己所需負擔的成本及對應國家的反應，並根據這些考量來決定行動的選項。每一個選項都可能會產生相關的利弊得失（trade-offs），但國家都希望所決定的選項能追求效益的極大化。中國選擇決定軍事演習的行動可以避免最差的設想情況（the worst scenario）。領導者可能期待在與美國升高緊張態勢之後限制美國使用傳統武器攻擊中國的能力，以及減少中國對臺灣進行強制性行動的成本（Christensen, 2002: 14）。也就是說，軍事演習的可能發展和美

6　在臺海危機期間，中國透過媒體批評美國企圖要圍堵中國，請參閱Swaine（2001: 320）。
7　權力平衡理論的文獻眾多，相關的討論可以參閱Paul、Wirtz與Fortmann（2004）、Waltz（2001: 198-210）、Wight（1978: 168-185）。

國的回應選項會被限定在特定的範圍之內，或至少中國不會招致立刻被攻擊的後果。[8]這種結構性的限制使得中國在採取軍事演習所可能損失的成本降低。再者，國際政治學者Thomas Schelling（1966: 2）也談到，「有力量去傷害其他國家是屬於討價還價的權力；雖然去最大化那力量是不道德的外交手段，但其仍屬於一種外交手段」。去傷害其他國家的權力指的是利用軍事威脅來達成外交的影響力。中國的軍事行動對於臺灣和美國有明顯的外交意涵。其主要目標與其說是對於臺灣爭取更多國際空間的不滿，不如說是中國提醒美國對於臺灣的問題，中國有重要的影響力，不是美國單方面可以決定臺灣的發展。

　　整體來看，中國採取這樣的邊緣政策，其不只是一種被動地回應國際環境中對其威脅性的發展，而且也是一種防堵未來威脅發展的企圖（Lebow, 1981: 66）。中國採取飛彈試射之軍事演習的理性是中國運用軍事行動的展現來提升其在國際社會的地位，以及防堵美國對於臺灣之影響力的增加。中國所要付出較大的成本是在於其修正主義的行為（採取軍事演習的方式）會影響其他國家對於中國的定位和認知的改變，特別是與中國有地理鄰近性的大國如日本或是印度。根據研究指出，修正主義國家可以區分成有限目標的修正主義國家和無限目標的修正主義國家。有限目標的修正主義國家不滿足其在國際社會中的相對威望和位置，而無限目標的修正主義國家則是想破壞現狀的秩序；典型的有限目標的修正主義國家是一個國家尋求補償性的地域調整、被承認與大國一樣的地位，以及改變既存國際政權中的決策過程（Schweller, 1999: 19-20）。因此精確地說，中國可以視為是一個具有有限目標的修正主義國家。[9]

8　當然如果中國飛彈誤擊臺灣，美國和臺灣可能的權變行動會與中國的設想情況不同。

9　然而，一些學者認為中國是維持現狀的國家。Alastair Iain Johnston（2003）以中國積極參加國際組織如WTO、中國簽署及遵守《全面禁止核試驗條約》（*Comprehensive Test Ban Treaty*）、中國雖然違反個人的政治自由和公民自由方面的人權，但是在經濟人權方面改善許多、中國沒有改變其所參加國際組織的規則之行為和中國對於美國在亞洲的優勢並沒有抗衡的意圖等來界定中國目前是現狀主義的國家。然而，Johnston也提到中國對臺灣問題的動武決心和過去針對臺灣的軍事演習行為確實是證明中國是一個維持現狀的國家的例外。另外，David Shambaugh

以上，主要針對中國作爲一個國家如何在國際社會下追求自身目標的分析。然而，假如忽視運作在國家上的外在勢力和國家自己的一般外交政策之間的連結，則會導致對於一個國家在特定的國際情境之行爲描述是不完全的（Singer, 1961: 87）。因此，以下將從國際系統的層次，來分析美中臺三角關係以及美國對於中國嚇阻失敗的原因。

參、安全兩難困境下的美中臺三角關係

國際政治著名的安全兩難困境的概念是指，建基於個別國家的自主性行動會影響其他國家的心理認知。如英國的前外交部部長格雷（Edward Grey）曾經提到，「軍備的增加，是每個國家想要產生力量的意識覺醒以及一種安全的感覺，但其並不產生那些效果；相反地，它使其他國家產生力量的意識覺醒和恐懼；恐懼產生懷疑、不信任、各式各樣的邪惡想像；如果不去採取防備的話，每個政府將感覺它是有罪的，或其是對於自身國家的違背；每一個政府視其他政府的預備行動是懷有敵意的證據」（Jervis,1976: 63）。這段話深刻描述國家與國家之間直接可能面臨的安全兩難困境。安全兩難困境的概念運用在美中臺的關係上會產生一種特殊性，原因是美國和中國產生安全兩難困境的焦點之一是臺灣的安全。當美國軍售臺灣防衛性武器以增加臺灣的安全時，中國認爲這是美國對於中國主權完整性的威脅，而會持續增加軍備來防止臺灣脫離中國；而美國方面則認爲中國持續地增加軍

（1997）提到，中國加入多邊組織只是當其符合特別的國家利益，而不是對國際行爲的規範有任何的承諾。儘管中國領導者江澤民和美國柯林頓總統於1995年10月在美國紐約進行會談，強調合作，但是，1996年中國仍然持續對巴基斯坦提供核子武器以及賣給伊朗和巴基斯坦空對空飛彈和相關科技，請參閱Sutter（1998）。甚至，在2003年5月，美國國務院對於北方中國工業公司（North China Industries）進行約200萬美元的制裁，因爲該公司將飛彈科技輸出到伊朗，請參閱Lampton（2003: 45）。近年來，中國以大規模的經濟援助或是在聯合國安全理事會阻擾聯合國採取對於獨裁國家的制裁行動等方式，間接幫助獨裁政權殺害反對勢力；這些政權分別是亞洲的烏茲別克，非洲的蘇丹，在美洲的古巴和委內瑞拉，請參閱Waldron（2005）。這些證據足以支持中國持續有修正主義的行爲。

備，對於臺海現狀的維持是一種威脅（Christensen, 2002: 12-13）。[10]也就是說，美中安全兩難困境的主要根源不完全是來自於彼此自身安全的威脅，而有很大的一部分來自於第三方（臺灣）。[11]然而，美中臺三角關係中最重要的還是美國的角色，以及美國如何在其中維持一個巧妙的平衡。美國作爲一個中樞的角色會同時面臨另外兩個國家（臺灣和中國）的示好和壓力，如何平衡這些示好和壓力是三角關係均衡的關鍵（Wu, 1996）。用蹺蹺板的比喻可以形容美中臺的三角關係發展。如中國和臺灣在蹺蹺板的兩端，而美國位在中間作爲權力平衡的保持者。當美國向臺灣傾斜時，勢必會引起中國的反彈。同樣地，美國向中國過度傾斜時，中國會因此認爲美國較不支持臺灣，而採取對臺灣較強制的行動。這個比喻可以清楚地掌握美中臺三角關係的互動。以下將討論美國的中國政策的轉變，以及爲何美國對於中國的嚇阻會失敗等問題。

一、美國的中國政策的轉變

　　蘇聯在1990年代初期解體之後，使得美國和中國共同的戰略目標不復存在。同時，中國因1989年發生了天安門武裝鎮壓學生運動的事件，使得國際社會對於中國進行一連串的經濟和外交的制裁。於1992年競選勝利的民主黨柯林頓總統在上任初期，對於中國的政策和態度是維持其在選戰過程中批評對手前總統布希的基調，如抨擊中國的人權紀錄，甚至認爲對於中國每年的最惠國待遇（most favored nation）之批准，必須與中國人權紀錄的改善相連結。之後，柯林頓總統受到美國貿易部門的壓力，以及中國巧妙的外交策略操作，使其於1994年4月，宣布人權和貿易問題必須脫鉤（de-link）處理（Tyler, 1999）。這項宣布代表美中關係的改善，也刻畫了美國對於中國新的交往政策（engagement policy）之方向（Goldstein, 2003: 177-

---

[10] 根據美國國內法之《臺灣關係法》（*Taiwan Relations Act*, TRA）第2條，美國可以提供臺灣防衛性的武器。

[11] 在安全兩難困境中，個別國家的恐懼是來自於擔心增加軍備的其他國家的攻擊，請參閱Jervis（1978）。

178）。具體行動方面，美國在1995年臺海危機（7月21日）之前，於6月2日宣布繼續給予中國最惠國待遇的決定（裘兆琳，1998）。在柯林頓總統之中國政策歷經一百八十度轉變之後，中國方面將他解讀為是軟弱的和容易施加壓力的（Ness, 1996: 127）。

交往政策的理性目標是以美中雙邊的經貿外交關係和支持中國加入多邊的國際組織，使得中國成為一個符合現狀秩序的大國（Johnston and Ross, 1999）。按照原先的交往政策構想，中國會傾向以合作代替對抗。但為何在1995年及1996年，中國仍堅持靠近臺灣海峽附近進行軍事演習和飛彈試射？交往政策的理性基礎是將中國界定為一個維持現狀的國家，或是運用擴大交往的策略可以使得中國納入多邊的國際組織及符合國際的規範。[12]但是如果中國實際的外交行為推翻中國是維持現狀國家的假定時，交往政策就不一定會達成美國所設定的戰略目標。換句話說，如果中國是屬於修正主義國家的話（中國想改變其在國際社會的地位和聲望，以及對臺灣問題想以武力方式解決），美國對中國的友好政策也不能保證在嚇阻中國的軍事行為上有效。國際政治學者談到，對於崛起大國之交往政策最可能成功的是當既存的大國是足夠強的去結合讓步和可信任的威脅，亦即結合棍子和蘿蔔兩種策略；因此交往不應該被視為是抗衡的替代選項，而應是抗衡的補充。[13]美國只側重交往政策的讓步面向，無提出任何可以信任的威脅，因此便可能無法達成其原先所設定的目標。在1996年3月初，儘管美國和中國外交人員廣泛地、重複地討論，以及美國建議中國不應持續飛彈演習，中國人民解放軍仍然在3月7日發射三個M9飛彈到臺灣附近海域，以及中國不顧美國的警告，在3月9日宣布中國會在3月12日到20日，在臺灣附近海域從事海空的演習（Ross, 2000: 108-110）。這些事件（如討論、建議及警告）足以說明美國

---

[12] Johnston（2003）談到有些學者稱此為軟的圍堵政策（soft containment policy）。

[13] Randall L. Schweller（1999）以歷史上的例子來說明要處理和對付一個崛起、不滿足現狀的大國的成功交往政策，必須使其成為抗衡一個更具危險的威脅之較大政策的一部分。例如，英國於1900年與日本結盟的主要原因是，兩強的共同利益是抗衡俄國在東亞日漸增加的威脅，但當俄國被日本擊敗，英國很快宣告英日聯盟的無效。

對於中國軍事演習之嚇阻無效，以及中國對臺灣的軍事演習是修正主義的證據。國際政治學者Randall L. Schweller（1994: 105）談到，「相對地來說，修正主義國家重視她們所貪圖的而不是目前所擁有的，以及她們將會使用軍事力量去改變現狀和擴展她們的價值」。中國對於臺灣的武力威脅及實際的軍事演習可以視為挑戰臺海現狀的修正主義行為。

　　為何中國不顧美國行政部門強力的反對及警告，依然持續對臺灣進行軍事演習及飛彈試射？在過去的研究中，主要被提到的原因是中國的內政因素。中國共產黨將統治的正當性視為比中國抽象的權力或財富更重要。因此中國為了嚇阻潛在敵人（美國）以及怕臺灣的問題如果現在不採取行動以後會更難處理的情況下，因而採取武力行動（Christensen, 2001）。或是，中國因為臺灣民主化之後累積推動臺灣獨立的能量、臺灣總統李登輝訪問美國爭取支持、外國勢力的介入等因素所累積的不滿而形成的結果（Zhao, 1999）。然而，內政的因素或是所謂中國想防止臺灣推動獨立的說法只能解釋成中國為安撫內部鷹派及軍方人士所想要達成的政策目標，或是其只能用來解釋臺海危機的起源因素之一（中國一開始為何選擇那樣的行為），但不能解釋中國後來持續武力威脅的決定。特別是那些因素無法充分解釋在1996年3月，為何中國在美國提出嚴正警告之後，仍選擇繼續進行試射飛彈？

　　更重要的是，在1995年7月和8月的飛彈危機之後，美國柯林頓總統於同年10月24日，利用中國國家主席江澤民出席聯合國成立五十週年大會的場合，與其在紐約林肯中心廣場大廈進行會談。江澤民主席重申中國對美「增加信任、減少麻煩、發展合作、不搞對抗」等主張，要求美方遵守中美三個聯合公報的原則，並以平等、協商、合作精神處理兩國間一切的問題；以及強調影響中美關係最重要、最敏感的問題是臺灣問題，構成中美關係基礎的三個聯合公報的核心問題，也是臺灣問題；中國不希望再發生使兩國關係穩定發展受干擾的事件。另外，在美國方面，柯林頓總統重申只有一個中國，中華人民共和國政府是中國唯一的合法政府，認知臺灣是中國的一部分，強調反對兩個中國、一中一臺、反對臺獨、反對臺灣加入聯合國的主張以及同時承諾不會再發給臺灣總統訪美的簽證（聯合報，1999）。從上述的內容來看，中國方面有減少麻煩和不搞對抗的主張，以及美國對於中國重申相關保證的情況之下，為何中國還是選擇在1996年繼續進行飛彈試射是我們關心的主要議題。另外，一些分析家指出，1995年10月之柯江會談之後，中國認為與美國發展建設性的關係是符合中國的利益，以及可以避免中國成為美國1996年總統大選中之爭議性議題（Sutter, 1997: 70-71）。然而，這樣的情境和決定很難解釋中國後來的政策反轉，亦即選擇更靠近臺灣的海域進行飛彈試射。因此，如果臺灣李登輝總統訪美一事在某種程度解釋了1995年飛彈危機的發生，顯然地，這個因素對於1996年危機的解釋力是相當薄弱的，因為美國已經公開保證不會再發給臺灣總統訪美的簽證。因此，1996年中國之所以繼續選擇軍事行動，主要還是取決於美國對於中國的外交回應和立場。換個角度來說，為何美國對於中國軍事行動的嚇阻是失敗的，是以下將要探討的問題。

二、美國嚇阻失敗的原因

　　美國對於中國的嚇阻之所以失敗，是因為美國在1995年中國第一次飛彈試射後，並沒有對中國提出可以相信的威脅（credible threat），因此才會促成1996年飛彈危機的發生。一些研究指出，單純的威脅不一定能奏效，其必須結合所謂的確信或保證才能使得嚇阻成功（Christensen, 2002）。然而，過度的承諾會使對應的國家產生錯誤認知的可能性增加。以下將分析兩個促使美國嚇阻失敗的原因：過度的合作承諾和模糊的防衛承諾。

（一）與中國過度的合作承諾

　　當美國柯林頓政府主張與中國全面性交往的政策（comprehensive engagement policy）主軸下，[14]中國方面可能會認知在外交及經濟關係上，美

---

[14] 柯林頓總統談到，「我將會把中國人權問題與每年最惠國待遇的擴張脫鉤……甚至我相信這個問題不是我們是否支持中國的人權，而是我們如何能最好同時支持中國的人權和促進我們其他重要的議題和利益。我們將會有更多的貿易；我們將會有更多的國際合作；我們在人權議題上將會有更多密集和持續的對話」。請參閱Lampton（2001: 45）。

國行政部門（總統）對於中國比對於臺灣要更傾斜，[15]以及假定美國在衡量中國經濟發展對於美國的重要性和臺灣對於美國的利益之後，認為美國會在中國對臺軍事演習（非發動實際戰爭）的情況下，對臺灣的問題讓步，如減少對臺灣的支持。特別是美國最高行政首長（總統）的行為及立場更能得到中國方面的信服。具體互動過程中的一些證據可以支持這樣的推論。

　　根據一些學者指出，在1995年7月底，臺灣李登輝總統訪問其母校康乃爾大學之後，美國柯林頓總統寫了一封信，透過美國國務卿克里斯多福在汶萊與中國外交部部長錢其琛於亞太經合會部長會議的場合會面時，轉交給中國江澤民主席（Garver, 1997: 79; Tucker, 2001）。信中談到：「美國承認中華人民共和國為中國唯一合法政府，美國尊重（respect）中國關於世界上只有一個中國以及臺灣是中國的一部分的立場，美國將會以一個中國政策為基礎來處理臺灣問題，美國『反對』臺灣獨立以及不支持臺灣加入聯合國」。[16]這封信的內容可以顯示出美國對於中國的讓步（由原本的知悉acknolwedge變成承認recognize）。[17]根據嚇阻理論的核心論點，一個國家單方面的讓步和過早的承諾很容易被對應的國家解讀成其決心是弱的（Jervis, 1976: 58-62）。如同Ted Galen Carpenter（1998: 9）談到：「假如美國在臺灣的議題上過度地對北京妥協時，為何北京的領導者會相信美國在特定的情況之下會參加戰爭防衛臺灣呢？這種妥協式的政策真正地會導致錯誤的計算，且通常會引起戰爭」。

　　然而，對於反對的字眼，美國前國家安全會議亞洲事務主任Robert L. Suettinger（2003: 232）認為，是否這封信談到美國不支持或是反對臺灣獨立有一些爭議，但是他認為有強大的證據顯示中國方面不是誤解，就是忽視

---

[15] 在1995年初的時候，中國方面不了解美國三權分立的特色，而樂觀地相信行政部門如總統或是國務院對於決定美國對中國的政策有舉足輕重的影響力，認為國會只是附屬角色，請參閱Lampton（2001）。

[16] 英文原句用的是"The U.S. government is against Taiwan Independence"，文中的雙引號是筆者所加。

[17] 1972年美中《上海公報》第12條中所用的字眼是美國知悉（acknolwedge），而不是國際法上的用語承認（recognize）。

關於這個政策的三個要素中，不支持和反對的差異。更重要的是，中國方面對這封信內容的詮釋和註解。在1995年10月之後，中國國家主席江澤民曾經談到：「我們認為最近美國方面一再保證支持一個中國政策、遵守中國和美國之間三個聯合公報、反對兩個中國或一個中國、一個臺灣、反對臺灣獨立、反對臺灣加入聯合國的重要性」（Suettinger, 2003: 232）。Suettinger（2003: 232）認為，這說明江澤民和其他的中國人士過度陳述美國和他們自己的立場之一致性，也許是為了國內的政治理由，也許是為了增加對臺灣的壓力。因此持平來看，中國方面認為美國總統的態度或是美國對於中國的立場是極有利於中國之認識基礎，對於其考量1996年3月繼續使用所謂飛彈試射來嚇阻臺灣的理性推演中扮演著關鍵性的作用。主要是中國清楚知道美國對臺政策的底限（儘管美國的立場是所謂消極的不支持，而中國卻詮釋成是積極的反對）。根據嚇阻理論的觀點，嚇阻之所以失敗的必要原因在於發動衝突升高的國家相信他們行動的風險是可以計算的，以及他們相信可以控制和避免行動中不可接受的風險（George and Smoke, 1974: 529）。因此，如果中國選擇繼續對臺灣進行軍事武力威嚇，雖然可能有引起美國反對或警告的風險，但基本上不會影響，或是不會改變美國對中國的底線和立場。也就是說，中國相信如果美國徹底改變其對中國的立場（如以圍堵政策取代交往政策）是其較不可接受的風險。然而，因為美國總統在信中已經給中國最重要的確信和保證，因此那樣的風險可以受到控制或是被避免。這樣才能解釋為何在1996年，中國對於美國在飛彈演習之前所提出的警告和嚇阻並不理會。[18]

（二）對臺灣模糊的防衛承諾

在1995年臺海危機的過程中，美國對於中國的行為一開始是採取低調的回應，輕視整個事件的嚴重性或是拒絕提供對臺灣具體的安全保證

---

[18] 具體的字眼為，當會見中國外交人員時，美國國務卿克里斯多福談到中國飛彈試射是魯莽和挑釁的及會有嚴重的後果；國防部部長裴利認為是危險、強制性的、絕對不必要及冒險的，請參閱Suettinger（2003）。

（Garver, 1997; Hickey, 1999: 277-295）。例如，國防部部長裴利（William J. Perry）被問到華府如何回應北京的攻擊，他說：「任何美國回應中國的侵略將會視情況而定」；美國駐中國大使James Sasser甚至更模糊地說：「我不知道美國會對這樣的發展採取什麼樣的態度」以及「假如中國大陸使用武力攻擊臺灣的話，我不認為在柯林頓政府的任何人知道美國將會採取什麼行動」；國防部助理部長奈伊（Joseph Nye）在1995年11月與中國的官員會面時，也談到類似的說法，他說：「沒人知道美國將會如何回應臺灣和中國的衝突」（Hickey, 1999: 279）。根據嚇阻理論的論點，一個成功嚇阻的四個條件是：1.國家必須清楚地界定他們的承諾；2.承諾必須被溝通至可能的敵對者；3.承諾是必須可以護衛的；4.國家必須使其敵對者相信其決心（Lebow, 1981: 84-90）。美國對於中國的軍事行動嚇阻失敗的原因在於無落實第一和第二個條件。美國無清楚地界定臺灣海峽若發生緊張態勢的升高時其可能履行的承諾，以及沒有傳遞給中國相關的嚇阻訊息，這樣很容易讓中國認為美國的決心是弱的，即使中國相信美國有能力來護衛臺海的現狀及和平。特別是中國於1995年已經付諸實際的軍事行動，美國方面仍然傳遞給中國，不知如何回應的訊息（美國駐中國大使James Sasser以及國防部助理部長奈伊的說詞）。甚至，即使後來美國對於中國1996年的軍事演習進行口頭嚇阻的動作，但其只強調中國的行為是挑釁的、危險的，以及會有嚴重的後果，至於可能會採取的回應和行動仍無清楚地被界定和傳遞。

另外，這些低調的回應可以說是反映出美國長期以來對臺灣和中國可能發生爭端的戰略性模糊（strategic ambiguity）的一貫立場，具體的表現在美國《臺灣關係法》的內容之中。[19]這種戰略性模糊的立場是要提醒中國，美國在海峽兩岸的議題上持和平解決立場的永久利益，以及警告中國不要假定美國將不會介入，假如她攻擊臺灣的話；同時也去警告臺灣不要假定美國將會介入，假如是臺灣挑釁中國的情形（Romberg, 2003: 92）。

---

[19] 如《臺灣關係法》第2條規定，任何企圖以非和平方式來決定臺灣的前途之舉——包括使用經濟抵制及禁運手段在內，將被視為對西太平洋地區和平及安定的威脅，而為美國所嚴重關切。這個規定即是一種戰略模糊政策。

對於美國來說，假如嚇阻失敗時，戰略性模糊的立場可以增加政策回應的彈性（Wang, 2002）。然而，這種戰略性模糊的立場反而讓中國軍方預估當中國以武力威脅（非攻擊）臺灣時，美國可能不會介入臺海衝突。甚至，有一些學者認為戰略性模糊的政策是中國使用武力的促成因素之一（Wang, 2002: 160）。對於臺灣方面來說，當臺灣沒有以具體行動挑釁中國以及中國依然選擇軍事演習時，也會產生美國最終是否會介入臺海危機的疑慮。有一些研究指出，美國在中國軍事演習之後，之所以沒有公開地警告的主要原因，是避免強化中國的鷹派人士（對於臺灣採取強硬立場的人士）（Lee, 1999）。但實際上，美國低調的回應反而使中國在評估美國的決心時產生了一些誤解的訊息。一些研究提到，中國錯誤的計算認為美國在臺灣海峽軍事衝突的事件中，不會對臺灣進行軍事救援（Lampton, 2001b: 108）。主要的邏輯在於，中國認為美國在介入海地和索馬利亞的事件中最後都因為擔心有更多士兵傷亡而選擇撤退，說明美國不會在臺灣海峽的軍事衝突中介入（Lampton, 1997: 1104）。也就是說，根據過去的經驗和例子，美國應該不會介入臺海的衝突。

另外，一位美國駐中國的軍事官員認為，中國被美國對於1995年7月和8月之間飛彈試射的低調回應所誤導，認為美國不會介入臺海衝突（Garver, 1997: 114）。美國的低調回應不僅讓中國認為美國應該不會介入，而且也讓中國相信可以繼續其軍事演習的行動。最後，美國一直到1996年3月初，才對中國提出嚴重警告，儘管中國不理會這些警告。對於中國來說，這種邊緣政策不僅可以防止臺灣獨立或是防止臺灣推展國際外交空間，[20]也讓美國清楚認知中國維護領土主權的決心（Ross, 2000; Zhao, 1999）。在這樣的推演之下，中國唯一不確定的是美國防衛所可能採取的因應措施。[21]在美國派

---

[20] Robert S. Ross（2000）界定中國試射飛彈的行為為強制性外交。另外，根據Alexander L. George（1994）的界定，強制性外交是所謂防衛性的外交策略用來說服敵對者去停止或是修改一項行動。然而，本文認為中國的軍事行為是一種邊緣政策。

[21] 相反地，Andrew J. Nathan（2000: 90）認為中國強制性外交的政策是根基於中國認為臺灣和美國會軟弱的回應。

遺尼米茲號航空母艦戰鬥群和獨立號航空母艦戰鬥群到臺灣附近的海域後，中國清楚知道美國的立場和決心，最後停止對臺灣的軍事演習。如同現實主義的論述，是具體的權力最終去解決大的國際議題（Wight, 1978）。美國的具體行動和強大的軍力使得觸動臺海危機的引信最後得以拆除。對於美國方面來說，在臺海地區展示武力可以嚇阻中國，以及同時冷卻美國國內對於中國採取更嚴厲路線的壓力（Sutter, 1997: 75）。對於中國來說，軍事演習的行動是一種有限探索（limited probe）的策略，[22]亦即為了釐清防衛國家（美國）的承諾，而創造一種可以控制的危機。首先，1996年3月初，中國傳遞給美國的訊息是中國只是在進行軍事演習和飛彈試射，而不是要直接攻擊臺灣（Scobell, 2000: 236-237）。也就是說，軍事演習和飛彈試射都是屬於可控制危機的範圍。其次，以中國軍方的觀點，飛彈幾乎是最理想的選項，因為飛彈可以清楚地顯示中國的威脅是可相信的，以及中國有意願和有能力使用武力來攻擊臺灣，但無升高危險態勢的企圖（Scobell, 2000: 237）。另外，中國軍事行動的目標之一是試探美國對於臺海發生危機時，所可能採取的行動，而美國派遣尼米茲號航空母艦戰鬥群和獨立號航空母艦戰鬥群的行動解開了中國想要了解的謎題。

肆、維持現狀的美國與崛起的中國之互動

後冷戰時期之國際社會的狀態是所謂的單極體（unipolar system）。單極體系是指無任何一個國家是足夠強、可以去對抗美國這個超級強權。然而，單極的體系不是指一個霸權的系統（如美國成為獨霸全球的霸權（global hegemony），[23]而必須以權力平衡的系統（balance of power sys-

---

[22] 有關有限探索的討論可以參閱George與Smoke（1974: 540）。

[23] 霸權是指一個國家的實際行動不會受到任何其他國家的組合所限制。而一個單極的領導國家權力可能非常強大，但是其仍不能免疫於大部分或是所有的次級強國一致的抗衡，請參閱Pape（2005）。換句話說，美國是國際政治權力平衡系統下的超級強權而不是所謂的全球霸權。

tems）來理解（Pape, 2005）。在東亞，美國和中國的關係符合兩極權力的平衡結構（a bipolar balance of power structure）：一方面美國作爲一個超級強權，持續擴展她在亞洲的軍事能力部署，另外一方面，中國藉由動員國際和國內的資源去增加權力以尋求相對於美國支配的區域安全（Ross, 2004）。然而，後冷戰時期國際秩序的特徵之一是次級的強權較不擔心其會失去主權和存在的安全，因爲超級強權美國較不可能對其進行領土的占領和攻擊，特別是在其自身擁有核子武器的情況之下（Paul, 2005）。中國作爲一個亞洲大國並且擁有核子武器，較不擔心美國會對其進行領土征服或是發動先發制人的攻擊。中國的崛起不是與美國競爭全球的霸權地位（以中國目前的軍事和經濟實力無法達成），而是在亞洲成爲一個大國並挑戰美國原本在亞洲的單極體系，而形成雙極體系。

在雙極權力體系下，除了國家能力和軍事、經濟方面的差異會影響國家的互動以外，國家之間政治結構的差異也是重要的因素之一。美國和中國的政治結構的差異會影響到兩國間的外交互動。中國作爲一個極權（非民主）國家，在外交決策過程中，比美國民主體制要更一致和具有效率。在中國方面，臺灣的問題主要還是由中國共產黨的中央軍事委員會（臺海危機時由國家主席江澤民擔任中央軍委會主委）負責，以及對於臺灣的立場，鷹派和鴿派的立場無明顯的差異（You, 1997）。[24]也就是說，由黨控制的軍事組織來決定對臺灣的軍事行動和政策。相對地，民主體制下美國的行政部門（總統）和立法部門（國會）對於臺灣的政策或是中國的政策都有一定程度的影響力。從某個角度來說，美國行政部門可以利用國會作爲抵擋中國外交壓力的理由，但另外一方面其也必須爲了減緩國會的壓力而進行政策的讓步，因而引起中國認爲美國外交政策之不一致或是快速的反轉。[25]其次，民主體制中外交政策的決定是較緩慢的，因爲要面臨各方的角力（行政部門、國會、

24　爲何鷹派和鴿派的立場沒有太大的差異的原因在於，中國領導者有強烈民族主義的情感和收復失土的主張，相關的討論可以參閱Scobell（2000）。

25　有關美國國會與行政部門的角力可以參閱林正義（1998）。

利益團體和媒體等）。相對地，中國因為政治體制的特性使得其決策較具有效率，以及不具透明性使得美國較無法清楚掌握中國可能的行動選項。政治結構的差異某種程度可以解釋美國在臺海危機的過程中傳遞訊息的混亂，以及為何美國無法嚇阻中國的軍事行為。

伍、中國軍事行動的後果

根據上述的分析和推論，中國的軍事行動是一個理性的計算。然而，中國的軍事演習反而造成一些中國所意想不到的後果。擔任柯林頓總統之國家安全會議亞洲事務主任Robert L. Suettinger（2003: 261）提到，「演習已經驅使美國政府之行政、立法部門對於臺灣的防衛有更清楚的承諾，使美國的軍事武力可以到中國的海岸附近公開運作」。對於認為中國是一個威脅的美國學者或行政部門的決策者來說（特別是強調美國國家安全為優先的官員），中國實際的軍事行為足以證明過去關於中國是一個威脅之推論是合理的，以及在外交政策上不應該對中國採取一個完全溫和的政策（Goldstein, 1997/1998）。對於臺灣來說，以武力威脅臺灣的中國最終讓臺灣選出中國所不喜歡的領導者（李登輝總統）。另外，1996年之後，美國與日本簽署一項聯合聲名，日本承諾去提供美國在東亞軍事力量的後勤支持和幫助，包含靠近臺灣附近的海域（雖然聲明中沒有明顯指出包含臺灣附近的海域，但可以間接推論而得知）（Scobell, 2000: 244）。

整體來看，美國對中國的立場和態度，會影響中國對臺灣的行為之強硬程度。當美國行政部門過度向中國傾斜或積極與中國經貿交流而忽視臺灣時，中國反而不理會美國的警告、反對，持續對臺灣採取更強硬的軍事演習及飛彈試射。有些學者（如Ross, 2000）認為，對於中國而言，臺灣李登輝總統訪問其母校美國康乃爾大學是在推動臺獨，因此中國要以武力展示來防止臺灣走上獨立之路。然而，李登輝總統訪美與推動臺灣法理獨立很難直接畫上等號。但是訪美之行確實是可以增加臺灣國際能見度的機會，且對於爭取美國同情臺灣的民主發展有很大的助益。對於中國來說，臺灣日漸民主如1995年舉行立法委員選舉及1996年舉行總統直接選舉等政治變遷才是其所關切及在意的（白樂崎，2005）。特別是總統直選可以彰顯主權的意涵。然而，這些是中國選擇軍事行動所欲達成的目標和影響，會繼續採取邊緣政策的原因主要還是取決於美國對中國的回應。如一些學者談到，當北京對於臺灣採取對抗的途徑時，假如美國採取強硬立場，以及美國向中國說明其行動會有負面結果時，中國的領導者將會退縮（Sutter, 1997: 78）。反之，如果美國立場低調且模糊時，中國會認為選擇對抗的途徑不會遭受到強烈的反彈和回應。

陸、結語

上述說明了臺灣總統訪問美國並不是中國決定是否對臺灣動武的必要且充分因素。[26] 美國政府對中國的外交行為和回應才是決定中國對於臺灣之立場和行為選項的主要關鍵因素。而且，這也才能解釋為何美國對於1996年中國飛彈試射前的嚇阻無效。從現實主義的角度出發，美國作為一個超級強權，對於中國這樣的地區霸權有相當程度的指標作用，特別是美國對臺灣所採取的立場，對於中國在考量對臺灣所採取的軍事策略有重要的影響。換句話說，如果美國整體的外交政策不支持臺灣，中國認為臺灣的自主性不會得到美國或是國際支持時，因此可能會對臺灣採取強硬的威脅手段。反之，美國在對臺灣和對中國的關係之間求取某種平衡時，中國反而不會對臺灣採取強硬的軍事動作。當然，這裡並不是論證臺灣李登輝總統訪問美國與中國選擇飛彈試射的行為無關，而是中國認為美國行政部門對中國的友好政策，可

---

[26] Christensen（2003）也提到中國為了塑造其安全環境的長期趨勢，有為了政治目的而使用武力的傳統。假如過去的經驗是一種指標的話，清楚的挑釁如正式宣布臺灣獨立，將不必然會造成引起軍事威脅或是衝突的必要原因。也就是說，其他的因素也可能造成中國對臺動武。

以減少當中國對臺灣採取嚴厲的軍事行動時所負擔的成本，再加上中國軍事行動可以提升其在國際社會中的國家地位等多重因素，才能解釋中國軍事演習和飛彈試射的決策行為。甚至，有些學者談到在1995年、1996年臺海危機之後，柯林頓總統之第二任任期內，對中國採取更全面性的交往政策以尋求中國的合作，而中國方面則堅持在臺灣的問題上美國必須讓步，因此美國失去對於臺灣問題的影響力（Sutter, 2002）。這個論證可以再一次證明美國對中國和臺灣的立場決定中國對臺灣的行為模式。更重要的是，中國得到比先前更多的外交影響力，特別是在美國的對臺政策方面。

美中臺的互動關係可以說是自蘇聯瓦解（美中蘇）以來最複雜的三角關係。大體而言，美中臺的結構是一個超級強權、地區霸權和民主小國的關係，其不同於美蘇兩個強國和中國關鍵的大國之關係。從戰略安全層面來說，美國如何平衡臺灣和中國的關係，以及抑制臺灣和中國之間引發戰爭的行為，變得非常重要。如果過度傾斜任何一方，不僅無法嚇阻軍事行為，而且很可能會因為錯誤認知和行動而導致嚴重的後果。本文主要的發現如下：中國自身國際地位提升和美國對於中國之外交行為和回應等因素，才是影響中國是否對臺灣採取軍事行動的關鍵因素。如同本文開頭所引用著名國際政治學者Hedley Bull的說法，危機是大國為了外交的影響力而故意製造的。臺海危機是中國刻意製造的。當然，製造危機可能會招致不好的後果，但是當其所產生的正面利益可以被用來彌補或是抵銷那些不好的後果時，製造危機反而可以增加外交影響力。因此，如果1995年、1996年臺海危機有一方是贏家的話，那肯定是中國。

壹、臺灣關係法與美中臺三角關係

　　1979年美國卡特政府延續過去共和黨總統尼克森的開放中國政策，正式與中華人民共和國建交，同年與中華民國（臺灣）斷交，終止雙方的軍事共同防禦協定。美國國會為了平衡美國總統的外交行為以及維繫臺灣與美國的關係，於1979年4月通過了《臺灣關係法》，規範美國與臺灣之間的互動關係以及對臺灣的防衛戰略。[1]《臺灣關係法》中有關臺灣安全的規定指出，任何企圖以非和平方式來決定臺灣的前途之舉——包括使用經濟抵制及禁運手段在內，將被視為對西太平洋地區和平及安定的威脅，而為美國所嚴重關切；提供防禦性武器給臺灣人民；維持美國的能力，以抵抗任何訴諸武力、或使用其他高壓手段，而危及臺灣人民安全及社會經濟制度的行動（第2條）。《臺灣關係法》中也規定美國政府面對威脅的因應程序。當臺灣人民安全或是臺灣人民的社會與經濟制度遭受威脅，並因此損害美國的利益時，美國總統必須立即通知國會，總統和國會將會依據憲法程序，採取適當行動來回應這樣的威脅（第3條）。從這些條文來看，《臺灣關係法》是使臺灣免於受到外在危脅的美國法律依據，也是保障臺灣安全的重要基石。《臺灣關係法》中規定當臺灣面臨威脅時，美國會採取適當行動來因應。然而，所謂適當的

---

* 本文曾經發表於《亞洲政經與和平研究》，創刊號（2019），頁25-52。

1 根據領銜提案《臺灣關係法》的美國國會眾議員Lester L. Wolff（2020）的觀點，《臺灣關係法》的立法意旨有五點：一、壓制卡特政府宣布承認中華人民共和國的做法；二、平衡那些想要保護臺灣的人和強化與中華人民共和國發展關係的人之需求；三、設法抵抗行政部門對於國會修法的阻擾；四、美國國會支持與臺灣成為貿易夥伴，來保護臺灣和臺灣人民的經濟生存能力；五、美國與臺灣維持一個安全和強健的聯盟，以實現美國在南太平洋的安全需求。

行動並沒有具體指涉會採取哪些行動，因此形成所謂的戰略性模糊政策，讓美國可以保留回應的彈性以及避免美國捲入不必要的戰爭（Wang, 2002）。《臺灣關係法》自1979年制定以來，遭遇最嚴重的一次威脅是中國於1995年和1996年在臺灣附近海域試射飛彈，讓臺灣的安全受到空前的威脅，於是美國柯林頓總統派遣尼米茲號航空母艦戰鬥群以及獨立號航空母艦戰鬥群於臺灣海峽附近，來監控中國的軍事行動以因應臺海危機，最後危機得以解除，中國停止飛彈試射（蔡榮祥，2007）。以國際政治的國家互動關係來看，中國是對於臺灣安全威脅的挑戰國，而美國是臺灣安全的保護國，臺灣則是被保護國。中國對於臺灣不曾放棄武力犯臺的行動選項，而臺灣必須在中國強大軍事威脅下繼續尋求民主的運作和經濟的發展，美國的雙重任務是：一、必須能夠有效嚇阻中國對於臺灣的侵略行為；二、嚇阻臺灣單邊地挑釁中國。本文主要的研究問題是美國對於中國採取何種戰略較能抑制中國的強勢作為、權力平衡理論如何應用到中國的崛起和美國的因應策略、美國如何成功地嚇阻中國對於臺灣的修正行為、臺灣安全與美國利益之間的關聯為何等。

從1979年美國國會通過《臺灣關係法》之後，美中臺三個國家歷經不同政黨或是領導人的更替，三方的關係也呈現不同的動態發展。中國和臺灣在政治互動上有時低盪和緩，有時僵持緊張，主要是看不同政黨或領導人執政後所採取的政策主張。中國和美國的關係，有時相互合作，有時競爭衝突，端視事件動態的影響。臺灣與美國的關係，有時緩步成長，有時密切合作，取決於國家政策和領導人的決策風格和戰略思維。2019年是《臺灣關係法》邁入四十週年，同時也是美中臺三角關係結構轉變最多的關鍵時刻。臺灣與中國的關係變得冷和僵持，美國和中國的關係從積極交往轉變成競爭對抗，臺灣與美國的關係從低度合作到密切交流。首先，中國國家領導人習近平主席在2019年1月2日，發表《告臺灣同胞書》，主張一國兩制的方案，在確保國家主權、安全、發展利益的前提下，和平統一後，臺灣同胞的社會制度和生活方式等將得到充分尊重，臺灣同胞的私人財產、宗教信仰、合法權益將得到充分保障。同時，習近平主席在《告臺灣同胞書》中一改過去幾任中國領導人對臺方針的和平統一基調，主張「中國不承諾放棄使用武力，保留採取一切必要措施的選項，針對的是外部勢力干涉和極少數「臺獨」分裂分子及其分裂活動，絕非針對臺灣同胞」。中國不僅透過政策文宣的方式來推近統一的進程，同時也以舉行軍事演習的手段來展現其統一臺灣的決心。中國近年來對臺的軍事威脅可以說是節節升高和兵臨城下。2016年中共軍機、軍艦繞臺次數爲七次，2017年則急遽上升爲23次（國防部，2017：38）。換言之，中國對於臺灣的戰略行動又回到過去1995年、1996年臺海危機時期的強制性外交路線。針對中國的軍事行動，美國也積極地加以因應，以防止事態擴大。2018年美國兩次派遣導彈驅逐艦柯蒂斯・威爾伯號（USS Curtis Wilbur）和導彈巡洋艦安提塔姆號（USS Antietam）以航行自由權（Freedom of Navigation）爲名，通過臺灣海峽（BBC中文網，2018）。2019年1月美國導彈驅逐艦麥坎伯號（USS McCampbell）與補給艦華德狄爾（USNS Walter S. Diehl）航行通過臺灣海峽（盧伯華，2019）。美國和臺灣除了軍事上的合作關係以外，在外交層次上也突破過去的框架或限制，深化雙邊的關係。2016年5月，美國國會通過「六項保證」（Six Assurances）決議來重申對於臺灣安全的保障。2018年3月美國國會通過《臺灣旅行法》（Taiwan Travel Act），目的在於鼓勵美國政府與臺灣政府所有層級的互訪和交流。2018年12月，美國國會通過《亞洲再保證倡議法》（Asia Reassurance Initiative Act, ARIA），支持臺灣和美國在經濟、政治和軍事上發展緊密的關係（第205條）。整體來看，美中臺三角關係的定位介於三角關係理論模式中浪漫三角關係和穩定婚姻關係之間。所謂浪漫三角關係是指樞紐（pivot）國家與兩個側翼（wing）國家是友好的關係，但兩個側翼國家彼此是敵對關係；而穩定的婚姻關係則是兩個國家之間是友好的關係，但是個別國家與第三個國家是敵對的關係（Dittmer, 1981: 489）。目前中國和美國的關係可以說是相互競爭的關係，而不是完全友好或是完全衝突的狀態。中國與美國有貿易逆差和智慧財產權的貿易戰爭問題，同時中國與美國在南海地區有多起對峙衝突的事件。兩國之間的關係與過去的積極交往和國際互助的友好關係大相逕庭。美國川普政府對於中國採取相對抗衡的外交政策，導致美中臺三角關係的結構性變化。臺灣和中國在外交關係上可以說是競爭和敵對，在邦交國和國際組織的參與上，受到中國的強力壓制，使得臺灣的國際空間日漸萎縮。臺灣和美國的關係是愈來愈緊密，雖然臺灣和美國沒有正式的外交關係，但是雙方的互動相當地頻繁，沒有像過去因為臺灣的單邊行動讓美國產生疑慮，臺美雙方的政府高層官員互訪，共同合作已經變成外交互動的常態模式。影響美中臺三角關係的結構性變化的關鍵原因與三個國家彼此之間的戰略互動和軍力平衡相關。

貳、美中臺三方的戰略互動和軍力平衡

從現實主義的角度來看，中國在軍事和經濟力量的崛起將會使中國和美國變成安全競爭的敵對國家，主要的原因有二：第一，在國際社會無政府的狀態下，大國彼此對於最大安全威脅的國家會形成相互的監控；第二，沒有一個大國樂意見到其主要的競爭國與其周邊的鄰國有緊密的軍事安全結盟或是在其邊界附近部署軍隊，因此中國會試著說服其周邊鄰國與美國保持距離，最終目的是將美國逐出亞洲；另外一方面美國會尋求擴大和強化與亞洲盟國的關係，防止中國變成亞洲地區的霸權國家，維繫其亞洲霸主的地位（Walt, 2018: 22-23）。美國和中國對於現狀的不同定義以及對於彼此可能的誠信和意向有很大的不確定性時，會形成所謂的安全兩難的困境（security dilemma）（Goldstein, 2017: 14）。根據美國智庫蘭德（Rand）公司的軍事研究報告，中國的軍事力量與美國的差距正在縮短，例如美國的飛機有最新的第五代戰機，而中國則有第四代戰機，可以說是急起直追（Heginbotham et al., 2015: 324）。不僅中國空軍優勢緊跟在後，中國海軍在質量上的改進也足夠強大到威脅美國東亞所欲維繫的海洋安全秩序，新的中美關係權力平衡將會挑戰美國在東亞，甚至是全球的安全利益和穩定（Ross, 2018a）。中國海軍的現代化和安全的利益突顯中國的海上野心可能不侷限於與美國在東亞海域的競爭，從中國想要建造多艘的航空母艦的目標來看，

中國想發展全球的權力投射能力，讓中國可以影響東亞地區以外的戰略發展（Ross, 2017: 208）。中國如成為海權大國，將會成為美國和其盟國在東亞地區最主要的危險來源，特別是中國自信地認為其有足夠的海軍力量可以挑戰美國在亞洲的重要利益，不需等到中國在全面力量的轉型上成為美國的同儕競爭者或是超過美國（Lobell, 2016: 49-50）。換言之，中國和美國在亞洲地區已經達成權力平衡的狀態，中國有能力挑戰美國長期主導的亞洲秩序和東亞布局。

　　權力平衡理論主張，當優勢國家認為地區的支配影響可能被挑戰國家所超越或追趕上時，通常會在該國家變得太強之前，採取預防性的軍事行動來阻止她的崛起（Levy, 2008: 26）。美國雖不必然對於中國採取軍事行動來抑制其崛起的速度，但是當美國優勢地位每下愈況時，對於中國採取強制性外交手段完全符合權力平衡理論的假定。權力平衡理論主張國家從事抗衡策略，其主要目的不是為了維繫世界體系中的權力平衡，而是限制其他國家的權力對於維持其自身的安全和獨立來說是必要的（Levy, 2003: 131）。當一個國家足夠強大到可以威脅霸權國家時，霸權國家會認為這是對她最大的威脅，因此霸權國家會採取抗衡手段來對抗崛起國家（Levy, 2003: 132）。不管美國採取和解式或對抗式的政策，中國崛起都會讓美國和中國的關係愈來愈困難，中美之間的軍事競爭會讓中國強化其海軍的實力以及同時讓美國挹注更多的資源來平衡中國崛起和維繫其在東亞的聯盟系統（Ross, 2018b: 86）。美國可以藉由增加其在東亞的海上部署來傳遞戰略涉入的訊息，同時憑藉其力量的優勢，採取公開的強制性外交手段（coercive dipolmacy）來對抗急躁和跋扈的中國（Ross, 2018b: 88-89）。

　　守勢現實主義認為，當其他國家認為一個國家增加軍事力量的目標是威脅她們，這些國家會採取行動去防範那個國家，最後那個國家反而減少其權力和安全（Jervis, 1997: 139）。中國的周邊鄰國如日本、南韓、臺灣、越南和印度等對於中國的強勢作為和擴張領海的行動保持一定的戒心，積極尋求強化與美國雙邊的軍事合作來抑制中國的崛起，這樣的權力平衡反而讓中國的權力和安全受到威脅。從中國的角度來看，這些行為是所謂的收復失土

（irredentism）而不是擴張主義，鄰近的國家不需要太過緊張或是反應過度（expansionism）（Roy, 2019: 54）。然而，守勢現實主義的論點無法成立的可能性是，如果中國採取所謂的祕密修正主義行爲，掩飾其對外侵略的意圖時，讓鄰近國家錯誤地認爲中國不可能進行擴張主義，反而讓中國付出較少的代價來達成其目的（Roy, 2019: 60）。具體來看，中國對於臺灣的統一企圖，相對明顯，如果臺灣選擇低度抗衡（underbalancing）[2]或是完全屈從的外交政策，可能讓中國認爲臺灣並沒有抵抗中國軍事行動的決心。

2018年美國國防部向美國國會提交之年度報告（對於中國軍事和安全的發展）分析中國與臺灣的軍力評比。陸軍人員和坦克方面，中國和臺灣的比例相當地懸殊。海軍方面，中國的艦艇總數大約是臺灣的三倍。空軍方面，中國的戰機也是臺灣的三倍以上，空軍轟炸機方面則嚴重的失衡，中國有530架，臺灣則無半架轟炸機（請參閱表3-1）。除了中國和臺灣軍力相對失衡之外，美國在臺灣海峽的作戰能力也日漸失去優勢（請參閱表3-2）。中國在飛彈攻擊臺灣海峽的能力以及反水面作戰能力方面，有相對優勢；在空優、空域的滲透能力和制空的能力方面，雙方可以說是勢均力敵；美國在飛彈攻擊能力、反水面作戰能力和核武反擊能力，相對較爲優勢。甚至，美國智庫蘭德公司撰文報告指出，假如臺海戰爭或衝突爆發時，中國有能力去摧毀臺灣空軍基地的飛機，除了那些放在臺灣防空山洞中的飛機以外；然而，那些戰機雖然安全，但是無法繼續進行戰鬥能力的操作；臺灣的地對空飛彈對於防禦中國攻擊已經不再有優勢（Lostumbo et al., 2016）。因此，當臺灣沒有任何挑釁中國的情況下遭受中國武力攻擊時，依照臺灣的國防實力，可能無法單獨對抗中國的軍事行動，需要美國的介入和幫助。美國介入臺海危機的法律依據就是《臺灣關係法》以及《亞洲再保證倡議法》。完全依賴美國來馳援臺灣可能會面臨臺灣到底可以抵擋中國攻擊的時間有多久，以及美國國家內部權力機關總統和國會採取行動的速度以及派遣調度的問題。最佳的情況是臺灣增加自己的國防實力，有能力防衛中國的侵略直到美

---

[2] 有關國內政治因素如何影響低度抗衡的論證，請參閱Schweller（2006）。

國或是其他國家的救援。在發生中國武力犯臺或是臺海危機之前，美國應該對中國採取何種戰略，才能嚇阻中國對於臺灣的武力侵略。以下將運用國際政治的權力平衡理論或歷史經驗，藉此來分析美國作為現狀國家如何能成功地因應中國這個崛起國家對於東亞秩序的威脅。

表3-1　中國與臺灣重要軍事項目的平衡

	中國	臺灣	平衡狀況
陸軍人員	915,000人	140,000人	失衡
陸軍坦克	7,400	1,200	失衡
海軍航空母艦	1	0	失衡
海軍驅逐艦	28	4	失衡
海軍巡防艦	51	22	失衡
空軍戰機	1,490	420	失衡
空軍轟炸機	530	0	嚴重失衡

資料來源：Department of Defense（2018）。

表3-2　中國和美國在臺灣海峽設想狀況的軍力平衡

	1996	2003	2010	2017
中國飛彈的攻擊能力	美國絕對領先	美國絕對領先	勢均力敵	中國有優勢
美國vs中國的空優	美國絕對領先	美國領先	美國領先	勢均力敵
美國空域的滲透能力	美國領先	勢均力敵	勢均力敵	勢均力敵
美國飛彈的攻擊能力	勢均力敵	美國絕對領先	美國領先	美國領先
中國反水面作戰能力	美國絕對領先	美國領先	勢均力敵	中國有優勢
美國反水面作戰能力	美國絕對領先	美國絕對領先	美國領先	美國領先
美國制空能力	中國有優勢	中國有優勢	勢均力敵	勢均力敵
中國制空能力	美國絕對領先	美國領先	勢均力敵	勢均力敵
美國vs中國網路戰	美國絕對領先	美國絕對領先	美國領先	美國領先
核武反擊能力	美國絕對領先	美國絕對領先	美國絕對領先	美國領先

資料來源：Rand Corporation（2019）。

參、權力平衡理論

　　古典現實主義學者摩根索（Hans J. Morgenthau, 2005: 192-204）認為國家會透過整軍經武和加入聯盟來達成或重建權力平衡；國家加入聯盟的目的是對抗可能成為霸權的國家或是對抗其他的聯盟。有些國家在權力平衡的關係中擔任所謂平衡者的角色，當權力的天平中的任何一方失去平衡時，平衡者會增加力量在弱的一方，以便恢復權力天平的平衡；過去英國在歐洲長期以來就是扮演平衡者的角色，例如英國會採取加入歐洲較弱的聯盟以對抗歐洲最強的國家，這樣的外交政策會形成沒有永遠的朋友或是沒有永遠的敵人，只有永遠維繫權力平衡的利益（Morgenthau, 2005: 204-208）。權力平衡可以分成兩種：一、偶然形成的權力平衡，例如兩個國家實力不分勝負，自然形成僵局；二、人為的權力平衡，例如一個國家為了防止另一個國家的軍事優勢超越她，因此迎頭趕上，以便尋求權力的平衡（Bull, 1977: 100-101）。[3] 人為的權力平衡不必然能夠維繫和平，因為權力平衡的功能目的不在於維繫和平，而是維繫國家系統本身，當權力平衡穩定時，可以防止國家去發動預防性戰爭；然而，並不是所有的國家都會追求權力的最大化，有些國家在權力平衡的過程中扮演主要的角色，有些國家會在權力平衡的過程中扮演次要的角色，唯有適當的權力平衡才能維繫國際秩序（Bull, 1977: 103, 107）。當多數國家系統中的穩定和秩序被任何一個優勢國家所危及時，權力平衡的基本任務是維繫或是恢復近似均衡的狀態（Claude, 1989: 77）。換言之，權力平衡是國際政治中經常出現的現象，如果可以適當地維持權力平衡，將可以確保國際秩序的穩定，較不會出現戰爭。

　　在權力政治的影響下，國家會因為共同利益而結合，尋求結盟和增進軍備以防止對她們不利的權力傾斜（Wolfers, 1962: 122）。當兩個國家彼此愈高估對方的相對權力位置時，愈可能嚇阻自己採取行動，當兩個國家彼此

3　類似的觀點是權力平衡可以分成兩種：一種是兩個國家出現均勢的狀況，另外一種是國家彼此之間從事操縱權力競爭的過程，相關的討論請參閱Claude（1989: 77）。

低估對方的力量和決心時，愈可能會產生戰爭衝突的危險（Wolfers, 1962: 129）。另外，有國際政治學者主張權力平衡是一種動態的概念，同時不同的國家對於權力平衡的看法也大不相同。對於尋求維持現狀的國家來說，大部分的權力安排是均衡的，但是對於修正主義國家來說，這樣的權力平衡對他們是不利的，應該打破這樣的權力平衡（Wight, 1966: 154-155）。簡言之，權力平衡達成均衡時，可以形成穩定狀態，當權力出現不平衡或是有修正主義國家想要挑戰既有的權力平衡時，容易出現衝突或是戰爭狀態。國家會增加自己的能力來保護自己的利益；國家不應該非法擴張其疆界領域來破壞權力平衡；國家會反對或抗衡特定國家或聯盟成為霸權；重要國家如果消失不見，會影響權力的平衡（Kaplan, 1957: 23-24）。為了達成權力平衡，國家必須採取一些手段。第一，國家對於鄰國的軍隊、經濟等發展狀況必須保持警覺性；第二，國家會尋求與其他國家結盟來改變其與敵國之間不平衡狀態；第三，當其他國家有明顯且立即的危險時，國會可能要選擇介入來維繫平衡；第四，當一方國家威脅另外一方國家時，第三方國家必須介入幫助較弱的一方，讓平衡可以維繫（Gulick, 1967: 53-66）。

　　國際社會因為無中央權威能夠去禁止各國使用武力，因此國家之間的權力平衡變成是國家使用武力的平衡；當一個國家追求霸權地位時，因為沒有其他國家反抗或是縱使有其他國家反抗，還是可能會成功，但是在通常情況下，其他國家可以取抗衡的手段成功地制衡想要追求霸權的國家，形成權力平衡的穩定狀態（Waltz, 1965: 205-210）。權力平衡的維繫或破壞不僅奠基於實際的權力對比，同時也取決於國家的過度自信下可能產生的悲劇。國家加入聯盟的目的是避免被更強的國家支配，因此會選擇加入較弱的聯盟一方，不僅可以突顯自己對於聯盟的重要性，同時可以增加影響力，相反地如果加入較強的聯盟，因為助益不大，無法增加自己的影響力（Walt, 1985: 5-6）。從權力平衡的角度來看，加入弱的聯盟可以形成均衡，加入強的聯盟，反而會讓權力更不平衡。在多極的國際體系中，有兩種情況會破壞所謂的權力平衡。第一，當特定國家擔心盟國如果淪陷，自己將會成為下一個對象，因此多數國家選擇加入不同的對立聯盟，形成激烈對抗，最後發生第一次世界大戰的悲劇；第二，多數國家選擇搭便車的外交政策，期待其他國家承擔抗衡崛起霸權的責任，導致霸權國家可以對於這些國家發生個個擊破的現象，如第二次世界大戰的情況（Waltz, 2001: 166-167）。國家選擇加入聯盟或是採取旁觀角色的主要原因取決於國家所遭遇的威脅。當國家愈容易遭受攻擊，愈可能無條件地加入聯盟來協助被攻擊的國家，因為只有立即、有效的協助，才能讓聯盟不會全面地被打敗；當國家愈不容易遭受攻擊時，愈有可能會置身事外，讓其他國家去承擔抗衡的責任，因為她們期待其他國家可以嚇阻侵略國或是侵略國可能會消耗戰力，最終勝利無法持續太久（Christensen and Snyder, 1990: 144-145）。

在國際社會的無政府狀態下，國家可能採取的策略會因為其目標設定的不同而有不同。首先，在國際政治的自助（self-help）系統中，國家因為擔心自己落後於其他國家，因此會模仿表現較好的國家來增加自己的權力，形成權力平衡，不管國家是否願意或不願意從事權力平衡；其次，沒有一個國家想要其他國家獲得勝利，也沒有一個大國會樂見其他大國成為領袖國家，因此國家會採取守勢的策略，尋求可能的聯盟來協助自己，特別是國家會偏好加入兩個聯盟中較弱的一個聯盟來增加自己的安全，因為國家的目的是平衡自己的權力劣勢，而不是擴大自己的權力（Waltz, 2001: 118-127）。國家期望的不是平衡一旦達成之後，將會被維繫的問題，而是平衡一旦被打破之後，會以一種方式或是其他的方式來恢復平衡的課題（Waltz, 2001: 128）。整體來看，這種權力平衡的觀點主要是關注弱國如何透過內在的整軍經武和外在的結盟行為來保障自身的安全，以求在國際無政府狀態的社會中保持原本的地位，以便能夠繼續地存活下去。這種觀點強調國家為了存活的目標會選擇採取守勢的策略，又被稱為守勢現實主義。

相對於守勢現實主義，攻勢現實主義關於權力平衡的觀點則迥然有別。攻勢現實主義認為大國之間很少有信任，且彼此互相恐懼，她們擔憂其他國家的意向，特別是意向很難看穿；對於國家最大的恐懼就是其他國家有能力和動機來攻擊她們，因為在國際政治無政府狀態下，無中央權威可以求助，只能自保。於是大國不斷地增加權力，認為唯有成為最強的國家時，才能確保其安全；當每個大國都有類似的想法和認爲其他大國也都是不懷好意時，會出現大國政治的悲劇（Mearsheimer, 2013: 74-75）。當情勢變遷對於另外一個國家是有利的時候，大國將會採取積極行動來維繫權力平衡；當變遷的方向對於大國自己有利的時候，將會增加權力來破壞權力平衡（Mearsheimer, 2014: 3）。權力平衡理論可能出現三種權力平衡的因果路徑：一、潛在的霸權國家可能預期其擴張主義的行爲將會導致出現一個軍事聯盟對抗之，因此抑制其擴張主義的行爲；二、潛在的霸權國家開始整軍經武，在遭遇一個抗衡聯盟或無法贏得勝利的軍備競賽之後，開始撤退或裁減；三、潛在霸權國家執行所謂的擴張政策而發動戰爭，被抗衡聯盟所擊敗（Levy, 2004: 36）。這三種路徑的共通性在於避免霸權的產生，霸權國家可能會知難而退或是最終被打敗。權力平衡的成功與否取決於下面幾個條件：一、有足夠的數目和力量的國家結合起來可以力抗崛起的國家；二、防衛國家必須對於軍事能力分配的改變高度警覺，特別是她們的盟國變弱的時候或是敵國變強的時候；三、國家必須有快速回應和迅速改變的行動能力；四、外在的平衡通常依賴軍事能力的投射，現狀國家不能只採取防衛性的軍事部署；五、對於平衡關係重要的國家必須接受戰爭可能是國家政策最後手段；六、當抗衡聯盟內部沒有任何阻礙的時候，抗衡才能夠最爲有效（Schweller, 1999: 9-10）。

　　整體而言，從國際政治權力平衡理論的觀點來看，霸權國家對於崛起國家會採取所謂的抗衡策略，因爲如果不採取抗衡策略，會導致權力的失衡和支配的反轉。對於受到崛起國家威脅的鄰國，保障其安全的有效方法是尋求外部抗衡，與其他的霸權國家進行合作，團結對抗崛起國家，透過正式或非正式的軍事合作來防止崛起國家擴張的野心，抑制其可能的侵略意圖。

肆、失敗的交往政策和成功的嚇阻條件

一、失敗的交往政策

　　美國自1970年代與中國建交以來對於中國採取交往政策；交往政策是假定透過商業、外交和文化的交流將會轉變中國的內部發展和外部行為（Campbell and Ratner, 2018: 60）。然而，自由化市場的力量不但沒有讓中國進行轉變，反而是中國利用外國公司需要取得中國市場的機會，迫使這些公司與中國分享科技或技術，以此讓中國的國家企業從中獲得重大利益；中國不僅沒有自由化，反而箝制言論自由以及嚴密地監控人民的行動自由；美國強大的軍事力量或外交交往政策無法抑制中國整軍經武成為強權國家（Campbell and Ratner, 2018: 62-66）。中國成功的經濟成長已經使其成為具可怕威脅的國家，也是最有能力支配亞洲的大國，甚至中國崛起會破壞美國長期確保亞洲地區免於霸權控制的地緣政治目標（Blackwill and Tellis, 2015: 5）。中國經濟成長的速度，在可預見的未來會超過美國，因此美國採取抗衡政策抑制中國崛起的權力變得非常重要（Blackwill and Tellis, 2015: 5）。甚至交往政策原先設定的目標是，使中國在經濟和政治上自由化後變成負責任的利害關係人，但實際上這樣的政策會威脅中國威權統治者的正當性（Friedberg, 2018b: 187）。當美國持續推行交往政策的同時，卻沒有投注太多的心力在外交和軍事政策上去平衡中國日益崛起的軍事力量，以及沒有注意到中國經濟和社會的開放會導致中國成為戰略的競爭國這些事實（Friedberg, 2018b: 188）。美國支持交往政策的政治領袖認為這樣的政策可以抑制和改變中國，不需要無限地、日益增加抗衡中國的成本，即使當這樣的政策會讓中國變得愈來愈富有和愈來愈強大；從中國領導者的角度來看，中國可以持續享有交往政策的好處，變得更強，愈來愈可以抵擋西方對中國在意識形態上所帶來的壓力，不需要基本上改變中國政權的特性和放棄中國更大的戰略野心；最後實際的發展證明中國占了上風，中國並沒轉變成美國理想中的自由民主國家（Friedberg, 2018a: 13）。

　　美國陷入一個兩難，一方面與中國緊密的經濟連結，可以讓美國獲得經濟上的絕對利得（absolute gains），但是另外一方面美國遭遇到中國利用在經濟交流的過程中獲得較多的相對利得（relative gains）來增強其軍事力量，反而威脅到美國和其亞洲盟國安全的困境（Tellis, 2013: 111）。中國想要達成的目標是美國結束對於臺灣的安全承諾、中國實質控制東海和南海海域、美國撤離亞洲的前進軍事基地、美國與亞洲盟國軍事同盟的終止，以及最終可以在歐亞地區的東方建立一個以中國為中心的秩序（Friedberg, 2018a: 29）。中國和美國目前正陷入一個修昔底德陷阱（Thucydides's trap），中國作為一個崛起國家，會讓維持現狀的國家（美國）恐懼，因此兩國之間很可能會發生戰爭，就如同歷史學家修昔底德認為希臘伯羅奔尼撒戰爭的主要肇因為雅典的崛起讓斯巴達害怕，最終導致戰爭（Allison, 2017: xvii）。雖然目前尚未發生中美戰爭，但是中美之間不可避免地會產生安全、經濟和科技之間的衝突。針對這樣的戰略因應，美國應該採取制衡中國成為東亞的地區霸權以及強化與亞洲國家的軍事同盟或是建立非正式同盟的政策；這樣不僅可以防止中國的地區支配，同時可以和這些國家形成追求相同價值的民主同盟關係（Friedberg, 2018a: 26）。美國執行抗衡策略可能的具體作為是減少中國在全球交易機制下的接近途徑、整合中國的鄰國形成一個同盟來對抗中國、發展集體防衛的策略來對抗中國、以民主意識形態的宣傳來降低中國政權的正當性（Tellis, 2013: 111）。抗衡中國的理性基礎在於美國不能容忍亞洲地區出現同儕的競爭者，會盡全力讓中國無法在亞洲稱霸，中國的鄰國也會擔心中國成為地區霸權，因此會加入美國領導的抗衡聯盟來制衡中國的崛起（Mearsheimer, 2014: 384）。臺灣與美國的關係是屬於非正式的軍事同盟關係，兩個國家在民主的制度和價值上有高度的相容性，這兩種因素有助於凝聚雙方的合作關係。美國在東亞防衛的議題上，維繫臺灣海峽的安全一直是重中之重的任務。臺灣與美國強化軍事安全的合作，可以讓中國認為透過武力攻打臺灣可能要付出慘痛的代價[4]，同時臺灣

---

[4] 西方世界中，稱之為pyrrhic victory，意思是即使戰爭獲得勝利，發動戰爭的國家也必須付出慘痛的代價，得不償失。

在東亞的戰略位置是美國名將麥克阿瑟將軍所說的永不沉沒的航空母艦，臺灣的防衛固守讓威權中國無法突破東亞第一島鏈的民主同盟戰線。

促成美國和中國成為戰略敵對（strategic rivalry）狀態有兩個原因：（一）美國和中國競爭亞洲地區和全球地區的首要地位，美國長期以來是支配國家，而中國尋求最終取代美國，兩個國家不能在亞洲地區和全球層次上同時占有首要地位，因為首要地位只有一個國家；（二）在科技、經濟、軍事和地理位置上，中國有潛力在全球系統層次中去競爭領導地位，當中國取得超前優勢時，將會重新改變對其不利，而對美國有利的制度安排（Heath and Thompson, 2018: 93）。面對這樣的態勢，美國不能採取與中國共享亞洲勢力範圍的政策，因為這樣反而會惡化與中國之間的敵對狀態，因為當中國可以跟美國平起平坐時，其愈有強烈誘因去競爭世界的領導地位，美國應該強化與亞洲國家的軍事夥伴關係、執行外交交往的政策、促進經貿交流的往來（Heath and Thompson, 2018: 111-112, 117）。這種觀點認為美中之間的敵對狀態在短期內不可能化解，美國應該在經濟、科技和安全上積極作為，讓中國在世界上無法與美國成為同儕的競爭對手。在安全上，如何嚇阻中國對於周邊國家使用武力成為關鍵的議題。中國周邊的鄰國認為，與其被劃入中國的勢力範圍或是成為中國的附屬國，寧可選擇與美國發展戰略夥伴關係來制衡中國的崛起（Maher, 2018: 508）。[5]中國崛起以及修正主義的行為造成美國和亞洲盟國強化正式或非正式的軍事合作關係來制衡中國，已經成為刻不容緩的議題，但是如何能夠有效地讓中國放棄使用武力或是窮兵黷武的策略可能更為重要。

二、成功的嚇阻條件

美國對於臺灣安全的保護屬於延伸式嚇阻（extended deterrence）的概念運用。當一個潛在的攻擊國家威脅要使用武力去攻擊被保護國家時，保

5　當然部分中國周邊的鄰國可能對於中國採取扈從多於抗衡的策略，例如菲律賓、寮國或緬甸。其他的周邊國家大多對於中國的軍事威脅和在南海的強勢作為戒慎恐懼，積極加以因應。

護國家對攻擊國家威脅使用武力，以防止或勸阻攻擊國家採取行動，其主要的目標是讓被保護國家免於受到攻擊（Huth, 1988a: 424）。中國長期以來不曾放棄武力攻臺的策略，甚至採取軍機和軍艦繞臺的行動，顯示中國對於臺灣安全的嚴重威脅程度。美國基於《臺灣關係法》會維持自己的能力，以抵抗任何訴諸武力、或使用其他高壓手段，而危及臺灣人民安全及社會經濟制度的行動（第2條）。因之，美國對於中國的延伸性嚇阻是否有效，成為臺海軍事危機是否成功化解或失敗的關鍵因素。美國在日本有5萬4,000名的駐軍人員；在離臺灣不遠的日本沖繩島配置有3萬名的駐軍人員（USFJ, 2019）。美國負責亞太安全的海軍第七艦隊目前有大約50到70艘軍艦和潛水艇、140架飛機和2萬名的水手（US 7th Fleet, 2019）。除了軍力的部署，美國和日本同時有雙邊條約作為可能行動的準據。《美日安保條約》第6條規定美國被授權使用在日本的三軍基地，作為維繫遠東（Far East）國際和平和安全之目的。美國的強大軍力的部署可以向中國傳遞武力攻臺將使其付出慘痛代價的訊息（costly signal）。[6]另外，臺灣的自我防衛能力的提升和鞏固，[7]加上美日的軍事協助，較容易形成可信的承諾，同時有效地嚇阻中國對臺動武的設想行動。

嚇阻理論強調當現狀護衛國家偏好衝突，而非讓步時，其威脅具有可信度，其會被挑戰國家認為是強硬的行動者，因此嚇阻能夠成功；另外一方面當現狀護衛國家偏好讓步，而不是衝突時，其進行威脅時缺乏可信度，可能會被挑戰國家認為其是溫和，甚至是軟弱的行動者，很容易導致嚇阻失敗（Zagare and Kilgour, 1998: 63）。現狀維繫國家也可以偏好升高態勢，而不是選擇直接衝突來嚇阻挑戰國家，當挑戰國家無法以升高自己的態勢來反制現狀護衛國家時，則嚇阻才能夠有效成功（Zagare and Kilgour, 1998:

6　有關嚇阻國家慘痛代價的訊息傳遞可以參考Schelling（1960: 196）。
7　根據美國國防部對於美國國會的報告書指出，從2010年到2018年，臺灣已經向美國購買15億美元（450億）的軍購（Department of Defense, 2018: 103）。2019年，臺灣正準備以3,900億向美國採購66架F-16 V戰機，如果順利經由美國批准出售的話，將會增強臺灣的空防能力。除了戰機之外，還有陸軍裝甲戰車M1A1的採購案。

64）。從保護國、被保護國和攻擊國三方的角度來看，當保護國和被保護國在軍事合作、政治互依和經濟交流上愈緊密時，攻擊國會認為當被保護國被攻擊時，保護國愈可能出兵保護她（Russett, 1963: 107）。延伸性嚇阻理論主張當被保護國對於保護國的利益具有重要戰略價值時，保護國會願意介入被保護國和威脅國的衝突（Danilovic, 2001: 348）。臺灣對於美國基本上有地緣政治的戰略價值、科技發展的分工價值和自由同盟的民主價值。這些價值會成為美國考量臺灣受到中國武力攻擊時，選擇介入的重要原因。不過美國也不希望無故捲入戰爭，特別是當臺灣選擇單方面地改變現狀。

伍、川普總統時期美國的中國政策

古典現實主義學者Morgenthau（2005: 187）提到，兩個大國和一個小國的權力平衡關係中，如果其中一個大國採取擴張主義且同時在競爭的過程中占了上風時，則小國的獨立性會立刻陷入危險；另外一方面，假如一個採取維繫現狀為目標的大國在權力平衡的關係中握有優勢時，則小國的自由將會更安全。當大國擁有比過去更多的權力且超越其他大國時，通常會採取專斷和自大的行為（Waltz, 2009: 32）。權力平衡理論認為當一個歐洲大陸地區可能出現霸權國家時，其地位所掌握的資源會構成世界大國的嚴重挑戰，因此英國形成一個抗衡聯盟來對抗潛在的歐洲霸權國家德國（Levy, 2004: 42）。相同的邏輯可以運用在亞洲的權力平衡上。美國作為一個全球的霸權，不希望中國成為地區的霸權，應該與中國的鄰國形成對抗中國的聯盟，抑制中國的崛起和投射權力到亞洲其他地區（Mearsheimer, 2010: 384-385）。澳洲前總理Paul Keating（2018）認為美國應該採取過去英國對於法國拿破崙、德國威廉二世和希特勒的離岸平衡（offshore balancing）策略，而美國川普總統對於中國從事正確的權力平衡戰略，相較於過去較能維繫亞洲的安全和秩序。權力平衡理論主張，現狀大國採取權力平衡的策略可以抑制崛起國家、維繫秩序的穩定；當一個挑戰國家出現時，對於恢復權力平衡、和平來說，戰爭或是戰爭的威脅可能變得是必要的；這種強制性的策略假定威脅國家可能被勸阻而不發動戰爭，因為戰爭的成本高於戰爭可得到的利益（Paul, 2016: 11）。

　　2016年11月8日美國商人川普以共和黨總統候選人的身分當選美國總統。川普就任總統之後，臺灣蔡英文總統打電話恭喜川普總統，電話中談到臺美之間的經濟、政治和安全的連結。川普總統在社群媒體Twitter證實這件事，引起美國新聞媒體的廣泛報導，當然也引起中國的抗議。川普總統在Twitter繼續回應和反擊，他認為有趣的是「美國賣給臺灣數億的軍事裝備，但是我卻不應該接受一通道賀的電話」。同時他質疑中國在過去進行人民幣貶值、對於美國貨物課重稅及在南海建立大規模的軍事設施時，「有問過美國嗎？我不這麼認為」。從這段談話中可以看出川普總統會將臺灣議題與中美之間的互動脫鉤以及不會讓中國來決定美國要與臺灣如何互動，臺灣和美國持續軍事合作可以確保雙方的夥伴關係。不僅川普總統提升與臺灣的互動層次，美國國會也在2018年2月28日通過《臺灣旅行法》，鼓勵臺灣和美國的官員互訪，進行實質的交流。美國川普總統在2018年4月之後，針對美國和中國的貿易逆差、智慧財產權等問題，透過課以中國產品關稅的手段與中國進行貿易戰爭或談判。除了經貿議題之外，在安全議題上，美國對於中國在南海填海造陸以及用武力強占鄰國的島嶼的強制性外交行為積極反制。2018年10月，美國飛彈驅逐艦迪凱特號駛近南薰礁、赤瓜礁12海里執行航海自由，遭到中國飛彈驅逐艦蘭州號近距離逼近，雙方僅相距41公尺，最後美國飛彈驅逐艦迪凱特號被迫轉向，避免碰撞（自由時報，2018）。從這些事件來看，美國和中國可能在短期之內仍是競爭和衝突的關係，臺灣不是兩國談判的籌碼，可以維繫一定的地位和安全。

陸、結語

　　國際系統的變遷過程一開始通常是漸進式的改變，例如領域控制的易手、聯盟組成的轉變、經濟交易模式的改變，但是當國家認為權力分配、聲望階層和系統規則與其出現不平衡或是無法滿足其需求時，會尋求國際系統的革命性轉變，讓權力平衡的轉移成對於崛起國家有利的方向，革命性的轉變的結果可能是霸權之間的戰爭、多極的權力平衡或是霸權國家的衰落（Gilpin, 1981: 44-49）。換言之，國家相對的權力變遷以及國際秩序不再能夠實質地反映大國之間的實力分配時，既存秩序會被不滿現狀的國家質疑或是挑戰（Layne, 2018: 110）。美國作為全球霸權有兩種選擇：第一，繼續擔任霸主的地位，但這樣的做法可能會增加與不滿現狀國家之間的戰爭風險；第二，維繫既存的秩序，但必須接受權力衰退的事實和霸權地位的終結（Layne, 2018: 110）。從這樣的角度來看，美國和中國之間的衝突是不可避免的，除非美國願意退讓成為世界次強，讓中國成為世界首強。臺灣作為民主小國，無法改變大國之間的權力互動和戰略結構，通常只能選擇與一個大國合作，否則會形成兩邊落空或是排斥的局面。權力威脅理論認為，當國家面臨外在威脅時，通常會選擇採取抗衡（balancing）策略，而不是扈從（bandwagoning）策略，因為這些國家寧可加入抗衡的聯盟而享有大部分的行動自由，也不願意成為威脅霸權的臣屬國家（Walt, 1985: 15）。《臺灣關係法》的立法精神在於保護臺灣的安全，更重要的是讓臺灣可以不受武力的侵犯，享有政權運作的自主性和排他性。臺灣積極強化自身的防衛實力以及持續與美國深化結盟的關係較能夠有效抗衡中國對於臺灣的威脅。同時，臺灣民主化的發展和成就，也會得到世界其他民主同盟國家的支持，確保臺灣民主不會倒退或逆轉成中國威權政體的一部分。

壹、前言

　　中國的崛起不僅改變中國自身的地位或權力，同時也改變了亞太地區的權力結構。美國在亞太地區的權力結構長期以來是透過軸心政策，與亞太國家如日本、南韓、菲律賓、泰國和澳洲所建立的聯盟來維繫。[1]這些聯盟結構的基礎，展現出美國是亞洲的地區霸權。中國的崛起對於美國在亞洲的霸權地位將會構成無法避免的挑戰。雖然目前中國尚未成為美國軍事上的同儕競爭者，但是中國已經足夠強大到可以挑戰美國在東亞盟國的安全以及對於美國在東亞的地位產生嚴重的問題（Christensen, 2015a: 28）。[2]易言之，亞洲的權力布局在中國經濟成長突飛猛進之後，出現重要的結構性轉變，中國的軍事和經濟的實力足以與美國在亞洲展開權力的競逐，使得原本單極的體系已經漸漸轉變成兩極體系的格局。從權力平衡的角度來看，美國和中國彼此經濟互依的結果並無法促使美國選擇放棄亞洲的霸權地位，讓中國成為替代者。亦即，經濟互依並無法解釋大國和大國之間在國際政治上的權力競逐或是均勢平衡。所謂亞洲的權力平衡牽涉著中國是不是和平崛起以及美國和其他的亞洲國家如何因應中國的崛起等問題。一項研究指出，美國和中國的權

---

* 本文曾經發表於《遠景基金會季刊》，第19卷第1期（2018），頁1-56。

[1] 為何美國選擇在亞洲建立雙邊聯盟而不是多邊聯盟的主要理性基礎是美國在亞洲的權力展現（powerplay），建構不對稱的聯盟關係之主要目的除了圍堵蘇聯的威脅之外，同時也抑制這些聯盟的國家對於其敵對國家採取攻擊性的行為，避免美國捲入不必要的大型戰爭，相關的討論請見Cha（2010: 158）。

[2] 中國作為軍事實力較弱的國家也可能會挑戰軍事實力較強的美國，因為戰爭可能的發動因素是領導者的決心和認知，而不完全取決於兩個國家的軍力平衡，相關的討論請見Christensen（2015b: 95-114）。

力差距正在縮小，且美國在亞太地區將不再有戰略優勢或是不再是最強大的國家（Mearsheimer, 2014: 381）。中國的崛起會構成美國在東亞、東南亞和亞洲邊緣地帶的一個戰略安全上的挑戰（Levy, 2008: 32）。假如中國取代美國成為亞洲最強的國家時，將會使美國在全世界的利益和價值面臨重大的危險（Friedberg, 2011: 8）。中國的崛起改變了亞太秩序，[3] 讓大國與大國如美國和中國之間形成兩強爭霸的格局與不可避免的衝突。

　　亞洲的權力結構因為中國崛起產生了重大的變化。中國崛起之後對於亞洲秩序的影響有兩個層面：第一，中國軍事能力的強化和躍升之後，形成中國和美國的安全兩難困境，中國增加自身的防衛能力卻被美國認為是在進行軍備競賽和權力抗衡；第二，中國與日本或越南在領土和主權上有利益的衝突，會形成零和競爭的僵局（Liff and Ikenberry, 2014）。雖然美國在全球的權力布局上仍然是傲視群倫的超級強權，但是在亞洲，美國的行動自由正在下降，因為中國反介入／區域拒止（anti-access and area denial or A2/AD）的能力正快速地擴大，使得美國海軍在中國近海航行的成本和風險增加。當中國將自己整合在自由主義體系的秩序中來增進經濟成長時，同時其也正在轉換財富以增強軍事權力，以挑戰美國所支配的地緣政治（Brooks and Wohforth, 2015/2016: 49）。中國的軍事發展已經構成美國在亞洲軍事布局的真正挑戰，並形成美國在亞洲進行前線防禦的障礙，讓美國在保護其亞洲盟國的行動自由時更加困難（Montgomery, 2014）。亞洲權力平衡的結構性轉變使得美國必須比過去更重視亞洲的戰略布局，強化與亞洲盟國之間的關係，以因應中國崛起對於美國亞太地區支配秩序的挑戰。

　　主張中國將會和平崛起的論點認為，中國國內經濟發展的優先性以及美國全球支配的單極主義會迫使中國避免軍事挑釁和外交政策的冒進（Zhu, 2008）。這種觀點認為中國軍事能力增強的目的在於挑戰臺灣的安全，以及鞏固中國的報復嚇阻能力和強化海域、空域的能力，而不是用來增強中國將權力投射在海外的重要目標之上的能力；同時，中國後冷戰時期所取得

3　所謂的亞太秩序是指亞洲的權力結構可能會出現單極體系、雙極體系或多極體系。

的武器是屬於防禦性質的，目的在於保存中國的領土完整性和臺灣海峽的現狀（Zhu, 2008: 40）。因此，這種觀點強調中國整軍經武的目的是存活和自保。然而，從中國在東海的防空識別區及南海填海造陸的軍事行動可以證明，中國企圖將權力投射在周邊的海域，並挑戰美國在亞洲的霸權地位。[4]東海和南海的軍事對立已經成為美中關係新的引爆點。國際關係學者金駿遠（Avery Goldstein, 2013a）指出，當中國與日本和菲律賓發生東海和南海的領土主權之糾紛和衝突時，美國執行再平衡政策強化與日本、菲律賓和越南的關係，顯示美國準備涉入亞洲地區的衝突以及美中衝突的風險持續地增加。中國對於東海和南海所採取的行動不僅突顯了中國的強勢和決心，同時也否證了中國會和平崛起的論點和命題。[5]

　　主張中國是非和平崛起的論點認為，國家的意向很難預測，未來不確定的風險會形成安全兩難的困境。例如中國對於臺灣的軍事部署一方面是防衛性質，阻止臺灣獨立，一方面也可以是攻擊性質，用來改變目前的現狀；臺灣的軍事建制一方面是維護現狀的防衛性質，另一方面成為改變現狀的保護傘（Goldstein, 2008: 58）。當崛起的中國不滿意現狀的安排時，衝突就無法避免。國際政治理論中，攻勢現實主義者米爾斯海默（John J. Mearsheimer, 2014: 361-362）描繪中國崛起是大國政治的悲劇，認為如果中國持續在經濟上成長，其將會企圖稱霸亞洲，就如同美國過去稱霸西半球一樣；美國會盡全力防止中國成為地區霸權，而中國的鄰國包含印度、日本和南韓、俄羅斯和越南也將會加入美國的聯盟去圍堵中國的崛起，因此中國的崛起是不可能平靜的，會成為大國之間的悲劇。[6]甚至，為了防止這樣的悲劇，米爾斯海默（Mearsheimer, 2014: 384）認為處理中國崛起最適合的戰

---

[4]　連主張中美應加強合作關係的學者都認為如果沒有其他大國抗衡的話，中國將會成為地區霸權，請見Ross（2013: 24）。

[5]　相反地，國際政治學者康燦雄（David Kang, 2007: 4）論證指出，對於東亞的觀察者和其他的國家來說，中國會尋求領土擴張或是使用武力來對抗亞洲國家的可能性很低。這種論點基本上是假定中國會和平崛起或中國是溫和的霸權，但後來事實證明中國尋求領土擴張和使用武力來迫使東亞其他國家如越南和菲律賓接受中國的強制性外交作為。

[6]　另外，有關中國是否是大國的測量、討論和判準，請見唐欣偉（2016）。

略是圍堵，圍堵的政策需要美國集中精神去防止中國使用其武力征服領土，以及防止中國在亞洲擴展更多的影響力。從攻勢現實主義的角度來看，美中兩個大國之間的衝突是結構性的本質關係，美國的戰略選擇必須依循在特定結構中的策略理性。然而，有些現實主義學者主張，美國對於中國的最佳戰略是抗衡，而不是圍堵，因為中國不像過去蘇聯一樣是獨立的經濟體系，中國已經與世界經濟接軌和整合，所以美國只能在無法圍堵的情況下去抗衡中國（Tellis, 2014: 1-9）。換言之，即使執行圍堵策略也無法真正地圍堵中國，因為中國與其他國家有經貿的往來和相互的合作，因之美國只能執行抗衡策略，針對中國以武力改變現狀的部分加以反制或因應。

　　近年來中國積極在南海西沙、南沙群島填海造陸，讓原本分離的島嶼形成一個更大的島，進而構築軍事基地之行為，對於美國來說這可能不只是中國增加自身安全的行動，而是企圖擴大其在南海的影響力和排除美國在亞洲的霸權勢力。本文主要在討論如何定性中國在南海的擴張行為，這樣的行為是否符合結構現實主義的假定和預期；中國在南海的擴張對於美國在亞洲霸權地位的影響；以及中國與鄰近國家越南和菲律賓的南海衝突如何改變她們之間的外交關係等問題。分析這些事件的發展可以幫助我們釐清大國的戰略思維和外交方針。當中國以大國的戰略作為來處理具爭議的主權問題時，受到中國武力威脅的臺灣應該選擇哪種戰略來因應。本文主要的研究問題是崛起大國如何追求權力？大國之間的衝突和互動如何影響小國的外交行為？國際和國內的結構性因素如何促成和限制國家的立場和選擇？本文的問題意識是在現實主義的觀點下，如何定位崛起的中國、臺灣如何維繫與中國和美國之間的平衡，或是哪一種國家整體戰略較符合臺灣整體的國家利益。

貳、中國作爲崛起大國的定性：以南海衝突爲例

一、南海的權力投射

　　結構現實主義者米爾斯海默（Mearsheimer, 2014: 84）認爲大國渴望單獨地支配國家所在的位置，以及控制超出其領土範圍之外的鄰近地區。因此，從結構現實主義的觀點來看，中國企圖稱霸亞洲與控制東海和南海的鄰近海域，是中國作爲大國的理性策略行爲。一個大國對於海權的控制需要仰賴海軍的實力，海軍致力於對抗敵對國家的權力投射，其首要目標是控制海域，而控制海域是指控制海洋表面上交錯縱橫的交通要道，讓自己國家的商船和軍艦可以自由航行；海軍支配海洋時並不需要全面控制海洋，而是要控制海洋上重要的戰略地點，以及阻絕敵人控制這些戰略地點的能力（Mearsheimer, 2014: 87）。東海和南海是中國的戰略地理位置可以投射的鄰近海域。中國在南海的南沙群島如永暑礁等地方，填海造地興建機場和建立軍事設施。基本上，中國企圖透過這些重要的戰略地點來控制南海海域。同時，中國以九段線的歷史權利說（historical right），主張南海的東沙、西沙、中沙和南沙群島等島嶼是固有控制的疆域。[7] 九段線的歷史性權利之主張等同於直指南海是中國的領海，中國可以藉此擴張和延伸其海上權力。[8] 南海的戰略重要性在於五個層面。第一，南海島嶼具有重要的戰略位置。研究海上權力的學者指出，南沙群島和西沙群島控制著重要的戰略地理位置，雖然這些島嶼本身的條件和資源都很差，有些島嶼甚至是無人居住，其空間頂多讓反艦艇巡弋飛彈的小部隊駐紮，但是這些島嶼可以提供占據島嶼的國家相對於貨物通行和海上交通以外的一種海上阻絕（sea-denial）的選項（Holmes, 2014: 66）。美國智庫戰略暨國際研究中心（Center for Stra-

---

[7]　中國具體的主張是南沙群島之外的12海里是領海，而專屬經濟區和大陸礁層是200海里。請見 Simon（2012）。

[8]　國際政治學者阿什利‧泰利斯（Ashley J. Tellis, 2014: 5）認爲南海九段線的主張儼然是中國版的門羅主義。

tegic and International Studies, CSIS）透過衛星照片指出，中國在其控制的幾個南海島嶼中建構大型反艦艇的槍砲（large anti-aircraft guns），以及近距離的武器系統（close-in weapons systems, CIWS）（Asia Maritime Transparency Initiative, 2016）。第二，自由貿易的通行量。每年有5.3兆美元的貿易是經由南海的通道往來，占全球海上貿易的四分之一，而其中美國的貿易量就占1.2兆美元（Fisher, 2016）。對於美國來說，南海的航行自由權非常重要，因為其攸關貨物的成功運送與否。另外，從印度洋到麻六甲海峽，再經由南海到東亞的石油總運量是經由蘇伊士運河運送石油總量的三倍或是經由巴拿馬海峽所運送石油總量的十五倍（Fensom, 2016）。換言之，南海的航道是中東石油國家輸出石油的第一樞紐渠道，其重要性不言可喻。

　　第三，石油和天然氣的含量。根據美國能源資訊局的估計，南海本身富含11億桶的石油以及190兆立方尺的天然瓦斯（U.S. Energy Information Administration, 2013）。第四，豐富的漁獲量。南海的漁獲量占全球的10%；而中國是世界上最大的漁獲生產者和消費者（Dupont and Baker, 2014: 81）。第五，南海除了貿易和資源的重要性之外，也是美國在亞洲的軍力部署第七艦隊重要的交通航道。例如，美國在新加坡派駐第73特遣部隊，其任務是專門為美軍第七艦隊在太平洋和東南亞的行動任務提供後勤支援（維基百科，2016）。美國第七艦隊是維繫美國東亞秩序的主要戰力，南海航道則是第七艦隊在亞洲南來北往的必經之路，透過後勤支援和補給才能執行相關的巡弋任務。綜觀之，南海的島嶼爭議不只是中國與鄰國越南、菲律賓雙邊的主權爭議，其牽涉到中國海上權力的延伸和鞏固，攸關美國與亞洲盟國的安全承諾以及中國崛起對於美國作為亞太霸權地位維繫的挑戰。

　　中國已經在南沙群島七個島礁構築機場和軍事設施（Kaplan著，林添貴譯，2016：36；劉子維，2015）。相關的研究指出，中國南沙填海造陸工程已經大大增進其實力，具體改變南沙戰略結構均勢，這也顯示北京方面繼續鞏固在南沙群島戰略基地的強烈戰略意圖（劉復國，2016：5）。中國在南海填海造陸發展海權的理性基礎在於，中國認為美國的霸權正在衰退，以及美國會執行防堵中國崛起的戰略，因此中國對於南海主權的主張和作為比過去更加地強勢和堅決（Yahuda, 2013）。中國認為美國霸權正在衰退的認知基礎主要是中國權力和地位的提升，而不是美國霸權的急速衰退。因為，如果中國權力和地位持續提升，中國與美國的差距會愈來愈小，因此中國已經具有挑戰美國所掌控的亞洲秩序之能力。美國會執行阻礙中國崛起的策略是指美國重返亞洲的再平衡策略，以及美國積極強化與亞太國家的軍事交流之行動被認為是圍堵中國的戰略布局。因應這樣的國際情勢，中國的戰略有雙重意涵，即透過內部抗衡（internal balancing）和外部排除的結合，來具體實現中國成為亞洲地區霸主的目標；其中內部抗衡是指整軍經武，而外部排除則是指將削弱美國在亞洲的影響力。中國的戰略行為符合國際政治理論中新古典現實主義有關修正主義國家的崛起和對於國際秩序影響的觀點。首先，新古典現實主義者認為，修正主義的國家貪圖未來的權力和資源，其不滿足目前所擁有的現狀，以及她們將不會猶豫地使用軍事力量去破壞國家之間的既存安排（Schweller, 1996: 100）。其次，新古典現實主義強調修正主義國家尋求改變利益的分配如領土、地位、市場、意識形態的擴張、國際法和國際制度的創設和改變（Davidson, 2006: 14）。中國的戰略目標是尋求改變有關領土的利益分配。所謂的領土包含領海的範圍，例如，目前中國所追求的不只是安全，而是藉由南海島嶼的建構來擴張領土的控制，以及經濟資源的掌握。修正主義國家首要的目標不是維繫目前她們所處的國際位置，她們貪圖比目前所擁有的更多的資源和權力，且她們想要改善原本在國際系統中的位置（Schweller, 1996: 112; 1998: 10）。

崛起國家會極力地去挑戰當她們過去國力相對較弱的時期就已存在的領土疆界、國際建制和威望的階層體系（Friedberg, 2011: 40）。同樣地，新古典現實主義也認為，當不滿現狀的國家獲得行動的機會時，會出現修正主義的行為（Rynning and Ringsmose, 2008: 33）。為何崛起國家會成為修正主義的國家，主要的原因是政府是由主張向外擴張的團體（民族主義者）來主導與國際的無政府狀態迫使國家尋求安全和自主性等內外因素的驅動，以及因為其他聯盟國家的支持等因素，讓崛起國家採取修正主義的政策（Davidson, 2006）。例如，中國國家主席習近平在第十九次全國代表大會演說中不斷地提到中華民族偉大復興的中國夢。時任中共政治局常委也是習近平中國戰略藍圖的擘劃者王滬寧教授主張，中國需要一個強大的威權政府來實現國家的偉大復興，以及建立支配全球的秩序（Perlez, 2017）。這種主張顯示中國政府目前是由民族主義者掌權，欲實現國家偉大復興的夢想。實踐中國夢的具體行動反映在中國與鄰近國家的領土爭議，如中國與越南在南海的衝突。2015年5月3日，中國石油公司所屬981鑽油平臺在中國船艦護衛下移，至西沙群島中的中建島以南30公里處的地方鑽探，越南派出船艦阻止鑽油臺固定。同年5月4日，越南外交部發表聲明指出該海區屬於越南專屬經濟海域，要求中國撤離，遭到中國外交部斷然拒絕。同年5月7日，越南海警遭受中國海警蓄意衝撞，並發射水砲攻擊，八艘越南海警船遭撞破，六名官員受傷（自由時報國際新聞中心，2014）。為何修正主義國家要奪取特定領域來擴張其權力的範圍？因為擴張特定的領域或領土可以使得一個國家覺得比以前更安全或是更具有自主性，以及當一個國家具有高度的不安全感或是重視其自主性，而且有機會可以進行時，其會具體實踐修正主義的目標（Davidson, 2002: 131）。

　　中國崛起的速度突飛猛進，根據國際貨幣基金組織的國民生產總額的指標統計，中國已經成為世界第二大經濟體（Statistics Times, 2017）。發展過程中的部分經濟資源可以轉化成國防的力量，甚至國防研發的武器能力可以成為強制性外交的後盾。國家追求自我擴張的外交政策時，不只是把權力當成是一種目的或支配其他國家的人民或領域的擴張，而是代表收復失土的追求或是補償過去的損失如結束不當的歧視、外國控制或是強加在別人的意識形態或生活方式的解放（Wolfers, 1962: 91-92）。中國在南海的主張是採取歷史權利說，主張南海是中國的固有領域。歷史權利說的觀點正好完全符合現實主義對於國家追求擴張外交政策的描繪，雖然中國認為其是追求維護現狀的外交政策。中國與菲律賓在黃岩島的衝突是另外一個中國作為崛起大國在南海試圖擴張的例子。2012年4月10日，八艘中國籍漁船停泊在位於菲律賓呂宋島124海里外的黃岩島進行捕魚作業，菲律賓派出最大噸位的海軍艦艇皮勒號（BRP Gregorio del Pilar），登上中國漁船檢查，認定為非法捕魚，中國則派出兩艘漁政船——中國海監75號和中國海監84號——阻止菲律賓軍方逮捕中國漁民，雙方對峙，緊張態勢升高（Miks, 2012）。同年5月9日，中國派出五艘軍艦護漁，進而實質控制黃岩島（維基百科，2012）。菲律賓於2013年將黃岩島的爭議提交國際海洋法法庭進行國際仲裁，主要的訴訟標的是解釋黃岩島的國際海洋法屬性，以及中國主張九段線與菲律賓的經濟海域重疊的適法性（BBC, 2013）。中國對於南海海域的九段線主張與中國對於原屬菲律賓控制黃岩島的強制性外交作為，迫使菲律賓採取國際仲裁的方式，尋求國際社會的支持。國際常設仲裁法院於2016年7月宣布仲裁結果，認定中國對於南海的九段線主張不符合《聯合國海洋法公約》、中國在南海所占領的島嶼是岩礁，不可以主張200海里的專屬經濟海域，以及中國在南海的人工造島行為違反《聯合國海洋法公約》並侵害菲律賓的主權地位（姜皇池，2016：52）。中國對於仲裁結果的反應是該裁決是無效的，沒有拘束力，中國不接受、不承認（中華人民共和國外交部，2017）。中國不接受國際爭端解決機制的仲裁完全符合現實主義無政府狀態的論點。因為國際政治是無政府狀態，沒有中央的機構可以執行相關的權威，國際組織的仲裁決定並無任何的強制力（Mearsheimer, 2014: 19; Waltz, 2010: 111-114）。中國在南海的強制性外交突顯崛起大國不滿現狀，並積極透過奪取周邊國家的島嶼來增加國家的戰略延伸能力。中國在南海的強制性行動是屬於有利於中國的現狀改變，符合中國對於南海的修正主義式的期望，然而，雖然中國可以從南海爭議獲得利益，但是因為這些爭議同時也讓中國在東南亞失去戰略上的信任，且減少其影響力（Swe et al., 2017）。甚至是將東南亞國家推向與美國更緊密的結盟關係（Storey and Lin, 2016: 14）。

　　中國除了和美國在亞洲的合作對象（越南）或軍事盟友（菲律賓）有主權爭議，中國和美國也有直接的衝突或對抗。美國和中國對於南海的爭執點在於美國堅持國家12海里之外的公海領域之航行自由，而中國則主張國家的專屬經濟區（200海里）以外的海域中，其他國家的軍艦才享有無限制的航海自由，美國不能在12海里之外、200海里之專屬經濟區內的海域進行空軍和海軍的演習（Goldstein, 2013b: 55-56）。2013年12月5日，美國太平洋第七艦隊中的導彈巡洋艦考本斯號（USS Cowpens）於南海公海上對於中國的航空母艦遼寧號進行偵察任務時，一艘護衛遼寧號的兩棲登陸艦試圖截停考本斯號，考本斯號認為其在公海作業拒絕接受命令，並持續航行，雙方對峙僵持不下後，考本斯號只好被迫採取閃避動作並改變航道（林庭瑤、王麗娟，2013）。美中軍艦的對峙衝突突顯雙方立場的重大歧異，美國認為其在南海有公海航行自由，而中國卻認為美國侵入中國船艦所控制的領域。南海所發生的大國衝突爭執點，除了軍事的相互監控之外，更重要的是南海海域的航行權和控制權。美國憂慮中國在南海的軍事行動背後可能隱藏的意圖是控制全球的貿易、宣布南海的防空識別區或是對於亞太秩序和美國太平洋艦隊的支配構成更廣泛性的挑戰（Morton, 2016: 928-929）。除了海上的衝突之外，也出現空中的衝突。2014年8月，中國戰機企圖以翻滾的挑釁方式攔截美國海軍海神號P-8巡邏機，最後差一點釀成軍機相撞事件（BBC, 2014）。美國和中國在南海的直接衝突突顯大國崛起必然挑戰原本的區域秩序之不變模式。

二、南海的軍事衝突

1988年3月14日，中國和越南的軍方在南沙群島的赤瓜礁發生海戰，三艘越南的軍艦被擊沉，導致74個人員傷亡，這是中國自1988年2月在南沙群島建立軍事基地和衛星觀測站之後第一次使用武力；3月底，中國占據了六個島礁，[9]中國的行動反映了其護衛南沙群島主權的意願和能力比以前更堅定（Fravel, 2008: 287-288）。相較於其他中國與鄰國的疆域衝突，中國在離岸島嶼的爭議上很少採取退讓的方式，大多採取使用武力來攻占島嶼，主要的原因是這些島嶼的經濟和戰略的價值（Fravel, 2008: 8）。另外，中國之所以採取強勢的作為的原因，是這些衝突涉及主權疆域和現狀的防衛，如果退讓，將不利於共產黨對國內的統治；對於與中國有爭端的亞洲國家而

9　這六個島礁分別為永暑礁、華陽礁、東門礁、南薰礁、渚碧礁、赤瓜礁。

言，也會有相同的困境（Christensen, 2015b: 106）。換言之，主權和現狀的衝突無法透過雙方讓步的方式來達成最後的協議。對於美國來說，也會出現兩難困境，一方面美國在亞洲有名聲上的理由，對於這些衝突不能表現太弱或是漠不關心，另一方面美國不允許這些相對於中國軍事力量較弱的亞洲盟國讓美國捲入衝突，特別是發生在無人居住的小島之衝突（Christensen, 2015b: 112）。無獨有偶，中國和越南於2014年再次發生主權領土的爭議。中國於2014年5月5日宣布中國海洋石油公司所屬的981鑽油平臺即日起在越南200海里經濟海域內進行鑽探，越南抗議中國違反《聯合國海洋法公約》，要求中國981鑽油平臺撤出越南的經濟海域（威克，2014）。越南和中國同屬社會主義國家，在冷戰初期更是盟友，但是南海豐富的石油及戰略地位的價值讓中國與越南反目成仇。越南積極與美國修好，不讓越戰的陰影破壞兩國的合作，主要的因素便是中國對於越南的強制性外交，以及占領越南所控制的南海島嶼，讓越南選擇與美國合作，以對抗中國的威脅。從美國的外交動向來觀察，當美國和中國發生衝突或是中國和越南有南海主權衝突時，美國會強化與越南的軍事合作關係，例如，解除對於越南的軍售禁令和提供越南海上防衛的軍事武器（左正東，2017）。越南的外交轉向和美國與越南的融冰和解，正好可以說明中國非和平崛起對於周邊亞洲國家和區域強權所造成的影響。

參、臺灣對於中國崛起的回應

　　臺灣對於中國和美國兩個大國的戰略選擇出現過不同的政策轉向。[10]現實主義的理論認為，聯盟形成的策略可以分成兩種類型：抗衡和扈從。第一，抗衡策略是指與其他國家結盟來對抗既存的威脅；第二，扈從策略是指

---

[10] 從現實主義的角度來看，小國的外交政策受到大國的影響，無法選擇。本文認為小國的外交政策選項可能較少，但是還是可以在有限的情況下進行選擇或轉換。

與危險來源的國家結盟（Walt, 1987: 34）。小國對大國採取抗衡是指小國藉由增強本身的實力或是透過聯盟，運用外力來抗拒大國要求小國屈服的壓力；而小國對大國採取扈從的策略則是指小國單方面地限制本身的行為以避免和大國的核心利益衝突，從而保持和大國的和緩關係（吳玉山，1997：19）。臺灣在2008年至2016年，馬英九總統和國民黨執政的時期，選擇扈從策略，與中國擴大政治和經濟的交流，降低兩岸關係的緊張情勢。研究指出，國家的菁英選擇扈從於敵對國家的主要目在於強化其在國內的地位（Larson, 1991）。對於這些國家菁英來說，外交是內政的延長，其意圖在於透過對外關係的改善來提高統治的正當性。甚至，經由扈從政策，擴張性的國家會提供有利條件的經濟資本和貿易來交換政治的服從（Larson, 1991: 93）。例如兩岸擴大經濟交流的前提是接受「九二共識」。[11]換言之，政治讓步是經濟交流的交換條件。但是，臺灣選擇扈從於中國的同時，並沒有形成臺灣加入中國來抗衡美國的聯盟。臺灣和美國仍延續過去的合作關係，美國仍持續對臺軍售。[12]然而，臺灣扈從於中國的外交政策，造成了一些意想不到的後果。美國部分學界和政界人士主張，既然臺灣選擇與專制的中國交往，他們認為美國應該放棄臺灣（Bush, 2014: 221）。同時，扈從政策並沒有讓國民黨在各項大選上得分，甚至反而失去政權。2016年5月民主進步黨主席蔡英文女士當選總統之後，選擇不再扈從於中國，同時持續深化與美國的軍事合作關係。這種外交政策轉向的意涵不能只解讀成國內政黨政治的政策逆轉，必須放在美國亞洲戰略的脈絡下來進行觀察和分析。

一、美國的亞洲戰略

　　美國在亞洲所執行的大戰略對於臺灣的戰略地位有結構性的影響。基本上美國對於亞洲可能採取幾種戰略。[13]第一，圍堵的戰略，透過軸心政策

---

[11] 對於中國來說，九二共識是一個中國原則的體現或是兩岸同屬一中。對於臺灣來說，九二共識是一個中國，各自表述。兩者的詮釋內容不同。

[12] 國關學者胡聲平（2015）研究指出馬總統時期，美國對臺軍售的金額甚至超過陳水扁總統時期。

[13] 美國對於中國的戰略可以細分成六大戰略：強化交往、保證確信、全面協商、離岸平衡、更強抗衡和圍堵。請見Friedberg（2015）。

之執行，與亞洲的國家如日本、南韓、菲律賓、澳洲強化正式的聯盟關係，以及與非正式盟友的國家如臺灣、越南、泰國、新加坡、印尼等合作，來圍堵中國的崛起。全面圍堵政策的執行可能會面臨一些困境。因爲中國與上述這些國家都有程度不一的經濟合作的關係，這些國家不可能全面與中國進行軍事對抗（Tellis, 2013）。第二，離岸平衡的戰略，美國偏好讓區域的大國去制衡崛起的霸權，選擇在一旁觀望，當這樣的政策失敗時，而且當該區域已經出現潛在的同儕競爭國家之後，美國會使用武力來排除威脅，等到恢復約略的權力平衡之後美國才撤軍（Mearsheimer, 2014: 237）。離岸平衡戰略的兩個目標是減少美國涉入未來大國戰爭之風險，以及增進美國在國際系統的相對力量。美國可以解除亞洲和歐洲的防衛承諾，讓美國成爲更安全、更強大的離岸平衡者（Layne, 1997: 87）。甚至，離岸平衡政策的主張者認爲美國不可能阻止其影響範圍內（歐盟、德國、日本）或影響範圍外（中國、俄羅斯）之新的大國崛起（Layne, 2002: 245）。簡言之，離岸平衡政策的主張者認爲，當美國無法改變國際政治中的權力競逐時，美國應該專心於自身力量的增強，而不是積極涉入其他地區的紛爭，進而耗損自己的軍事實力。[14]然而，國際政治學者饒義（Denny Roy, 2016: 201）指出，離岸平衡具有讓美國不去涉入一個不必要戰爭的優點，但當有必要戰爭會發生的情形下，會突顯離岸平衡政策的缺點；如果讓亞太國家在無美國領導的情況下，形成對抗威脅國家的集體行動可能是緩慢且無效的。假如最終證明美國的介入是必要的，太晚介入會比太早介入讓敵對國家取得更強的位置。質言之，假如美國採取離岸平衡的策略或立場，亞洲的盟友並無法有效防堵大國的崛起，而且只會讓崛起大國更爲強大，最終還是要由美國出面來解決這個問題，並不會因爲執行離岸平衡政策就能置身事外而不用介入。

　　結構現實主義的觀點認爲，美國和中國的戰略利益雖然不是直接的對立，卻也很少交集，例如在美國與中國持續增加經濟的相互依賴，以及在中國崛起所產生的制衡壓力的情況下，美國仍繼續尋求其霸權地位的維繫，

---

[14] 有關離岸平衡政策的主張和評析，請見陳麒安（2016）。

因而美國和中國在經濟關係、軍事運作和地緣政治三個面向上會形成主導權的競逐。第一，兩國經濟關係的貿易交流導致美國擔心中國的相對利得或從美國的技術取得不符合美國的國家利益，或是破壞美國所欲維持的強權地位；第二，軍事運作上，中國和美國形成安全兩難的困境，雙方透過軍備競賽爭取亞洲的戰略性支配；第三，地緣政治上，中國對於亞洲其他各國透過經濟的援助或軍事的威脅，與美國展開聯盟建立的競賽或是拉幫結派的競爭（Tellis, 2012）。這種觀點強調在經濟、軍事和地緣政治多重面向上，美國和中國之間無法避免地會發生衝突，與新自由主義強調經濟合作會減少中美關係的衝突的觀點完全不同。

　　古典現實主義的觀點認為，戰略敵對者之間的合作是容易瓦解的，例如中國和美國之間的經濟互賴不會抑制兩國的政治衝突，或是防止戰爭的爆發。從過去歷史經驗顯示，大國爭取成為地區霸權是一種自招失敗的行為，例如日本、法國的拿破崙、德意志帝國與納粹德國；假如中國是理性行動者的話，將不會實際採取成為地區霸權的行動，同時美國對於中國不應採取敵對的態度，適度的讓步是比戰爭更好的替代選項（Kirshner, 2010）。然而，這種觀點無法解釋地區霸權的大國或是強權如何面臨崛起權力挑戰的過程，甚至無法解釋國際現實政治上的權力轉移或權力平衡的現象。大國爭取地區霸權不必然能夠成功，甚至可能遭遇失敗，但是不代表大國會放棄與敵對大國之間的權力平衡競逐。大國會透過內部抗衡的方式如進行軍備建構和模仿敵國的軍事技術，以因應本身軍事能力的劣勢，並增加自身的安全，或是大國會透過加入聯盟來進行外在抗衡（external balancing）；雖然大國認為外部抗衡的方式較不穩固，內部抗衡才是權力平衡的首要戰略（Parent and Rosato, 2015）。換言之，歷史發展經驗上，崛起大國爭取霸權的行為可能在事後被認為是不理性，但是崛起國家和霸權國家的緊張關係或衝突關係是本質的必然，挑戰霸權的地位不一定能夠成功，但是崛起國家放棄與霸權國家權力競逐才可能是不理性的。因為崛起國家最差的情況是屈居第二，不會更壞，如有機會可以成為地區的霸權，可以讓安全更有保障（Mearsheimer, 2014: 4-8）。因之，權力的競逐是崛起大國的企圖，崛起大國的目標不只是存活，更重要的戰略是去挑戰霸權控制的世界秩序或地區的權力結構。[15]

二、中國與美國在南海的戰略博弈

中國在南海與美國的戰略博弈，主要是軍事化島嶼以及航行自由、強化盟國之間的對抗。中國在習近平主席主政下，採取主權擴張目標，在南海持續地填海造島，以及建制軍事設施，甚至是運用軍事優勢奪取鄰國越南和菲律賓原本所占領的島嶼。中國的強制外交和軍事恫嚇引起美國嚴重的關切和不滿，積極尋求反制之道。[16]美國歐巴馬總統在2015年10月25日，以航行自由為名，派遣第七艦隊的航空母艦、驅逐艦進入中國控制的渚碧礁、美濟礁和中建島12海里附近巡弋（蔡明彥，2017：46）。除了原本太平洋的第七艦隊之外，美國另外增派前所未有的第三艦隊巡弋南海（BBC中文網，2016）。美國有兩個艦隊肩負南海防衛任務，確保航行自由和盟國的安全。美國川普總統在2017年5月24日派遣美國導彈驅逐艦杜威號（USS Dewey）進入中國的美濟礁12海里內執行航行自由的行動，以及在2017年7月2日派遣驅逐艦史蒂森號（USS Stethem）進入中國所控制的西沙群島中的中建島12海里內執行航行自由（宋燕輝，2017；孫宇青編譯，2017）。這些行動顯示川普政府堅持《聯合國海洋法公約》上的權力，同時也挑戰中國在南海的單邊行動。除了航行自由的反制，美國也積極鞏固與傳統的亞洲盟國之間的關係。Liff（2016）研究指出，美國擴大強化與正式盟國如澳洲和日本的軍事合作與非正式盟國新加坡和越南的軍事交流，以因應中國的崛起對於亞洲秩序的影響。具體而言，美國提供海上戰鬥艦艇與海上偵察機讓新

---

[15] 有關單極霸權和崛起國家之間的認知對應和互動模式，請見陳欣之（2014）。

[16] 2010年東協區域論壇會議期間，美國國務卿希拉蕊（Hillary Clinton）公開聲明美國在南海有國家利益，以此來回應中國外交部部長楊潔篪所提及，南海對於中國來說，屬於國家的核心利益的說法。請見Wang（2015）。另外，從2011年開始，美國歐巴馬政府在亞洲的策略是執行所謂的再平衡政策（rebalancing to Asia）或是轉向亞洲的政策（pivot to Asia）。具體的軍事部署是美國陸軍派遣兵團執行亞洲任務、將60%的海軍艦隊移往亞洲、美國空軍部署最新一代的戰機。請見Green與Cooper（2014: 26）。

加坡可以監控南海的情勢，以及新加坡讓美國第七艦隊第7驅逐艦中隊部署在新加坡境內的樟宜港；越南則以俄羅斯的基洛級潛水艇巡弋南海，同時強化與美國的外交關係，透過美國的協助進行快速巡邏船艦的訓練，並開放重要深水港金蘭灣給美國、日本等國家使用，以因應中國對於南海的主權堅持和強制性外交的作爲（Liff, 2016: 447-450）。綜合來看，亞洲地區幾個關鍵的國家都對中國崛起採取警覺的態度，透過與美國超級強權的合作和結盟來防堵中國的勢力擴張或是海上權利的侵犯。

　　美國川普總統在2017年12月18日所發布的美國《國家安全戰略報告》中提到，中國挑戰美國的權力、影響和利益，以及企圖侵害美國的安全和繁榮，中國尋求取代美國在印度太平洋地區（Indo-Pacific region）的地位，犧牲其他國家的主權來擴展權力（Trump, 2017）。美國川普政府對於中國的戰略定位是將中國界定成修正主義的強權國家，而一改過去所界定的戰略夥伴關係。另外，美國時任國務卿提勒森（Rex Tillerson）也提到，中國在南海的挑釁行動直接挑戰美國所支持的國際法和規範，美國針對中國挑戰既有的規則秩序，以及中國採取不利於美國和盟國的行動時，將不會退讓（Gaouette, 2017）。戰略方針轉變的主要原因是中國近年來的強勢作爲，運用武力來奪取越南和菲律賓原先占領的島嶼，甚至進行人工填海造島，建構軍事化的基地，同時中國軍艦也企圖挑戰美國在南海的偵察作爲和航行自由。如果美國不採取嚇阻中國的有效手段，不僅使得美國的亞洲盟國遭受威脅，連美國的亞洲霸權地位也可能會岌岌可危。臺灣與美國長期有非正式的軍事合作關係，當美國政府對於中國的戰略進行轉變，臺灣的戰略調整也合理地依循時，完全符合美國在亞洲的利益和政策。研究美中臺三角關係的美國學者陳鼎（Chen, 2017: 183）指出，當中國愈來愈強大且在亞洲地區採取強勢的作爲時，美國和中國的敵對狀態將會升高，臺灣由一個對於中國採取警戒態度的政府來治理時，較有利於美國的國家利益；同時，臺灣對於中國維持一個較不偏不倚的平衡時，較符合美國長期對臺的戰略模糊政策。

　　臺灣在南海目前控制著東沙群島、南沙群島的太平島和中洲礁。目前臺灣政府對於南海問題，採取主權捍衛、航行自由、科學研究和人道救援的基本立場。[17]具體的作為是提升太平島的防衛能力和執行自然保育的任務。太平島的戰略地理位置位於南沙群島的中心，島上有跑道和碼頭供飛機起降和軍艦錨泊，是亞洲海上通道的鎖鑰之地。臺灣因為控制太平島的主權，不僅讓臺灣成為南海海上資源的重要聲索國之一，同時讓臺灣可以實質協助美國亞太防衛巡弋南海的任務。中國崛起之後在南海強勢的作為讓臺灣更加重視南海邊疆的防衛，同時也突顯臺灣對於美國亞太戰略利益的重要性，以及增強美國持續深化與臺灣軍事交流的決心。

三、臺灣的戰略地位

　　臺灣對於美國來說具有重要的戰略價值。亞洲的日本、臺灣、菲律賓、馬來西亞、印尼和澳洲的地理位置成為包圍中國第一島鏈，如果臺灣是中國的一部分，中國便可以突破第一島鏈的包圍，因此臺灣的戰略位置不言可喻（Copper, 2011）。臺灣的戰略價值對於中國延伸海上權力來說是無比重要的，因此美國的目標不是將臺灣作為攻擊中國的基地，[18]而是不讓臺灣落入中國的控制，同時對於美國的亞洲盟國來說，臺灣是測試美國是否有決心防衛中國軍事威脅的試金石，如果美國防衛臺灣失敗，將會失信於亞洲盟國（Bosco, 2015）。[19]國際政治的聯盟理論指出，保護國提供軍事武器和強化聯盟關係可以讓受保護國家增加防衛的信心，同時經由聯盟的互補可以緩和被保護國家擔心被放棄的恐懼，同時減少保護國捲入戰爭的風險（Yarhi-Milo et al., 2016: 92）。臺灣與美國雖然沒有正式的聯盟關係，但是美國持續對臺提供軍售可以讓臺灣不用擔心被遺棄，更重要的是，如果臺灣能夠自

---

17 蔡英文總統在南海仲裁案結果出爐之後，表示臺灣不接受南海仲裁案的結果，但也未提及所謂的南海U形線，此舉可以稍微降低美國與南海區域國家的壓力。請見蔡季廷、陳貞如（2016：104）。有關南海的政策，請見蔡英文（2017）。過去馬英九總統時期對於南海的政策採取主權在我、擱置爭議、和平互惠、共同開發之四項原則。

18 有關臺灣無法成為以傳統武器攻擊中國的基地之原因，是因為中國也會用相同的方式來進行相互的毀滅。請見楊仕樂（2016）。

19 林舟（Joseph A. Bosco）在文章中提到美國名將麥克阿瑟將軍對於臺灣地位的看法：「假如失去臺灣，美國將會失去太平洋海上防衛的要塞，同時日本和菲律賓會變得非常脆弱；假如我們失去臺灣或放棄臺灣，將會失去對於太平洋的控制，我們不需要臺灣作為基地或其他的用途，但是臺灣不應該落入紅色中國的手中」。

我防衛，這樣可以減少美國涉入臺海戰爭的風險。美國之所以透過軍售的方式與臺灣維繫非聯盟的關係，原因爲美國與中國有建立正式外交關係，形成朋友（臺灣）的敵人（中國）是朋友，使得臺灣與美國在安全利益的共同性方面並不一致，加上中國和臺灣軍事力量失衡，美國唯有以軍售武器給臺灣的方式來作爲正式聯盟的替代方案（Yarhi-Milo et al., 2016: 103-119）。如果美國持續對臺軍售對抗中國威脅，臺灣的戰略地位舉足輕重。

　　對於中國在東海和南海的強勢作爲，有學者主張美國應該積極加以反制或因應。例如，美國對於中國的挑釁性行爲應加以批評、持續堅持美國在東海和南海的航行自由、強化傳統盟友的關係、與非盟友國家建立友誼、幫助亞太地區國家發展軍事能力去監控和反制中國的強勢作爲（Christensen, 2015a: 32-33）。當美國選擇與中國抗衡或是平衡的策略時，臺灣作爲小國，應該採取何種策略？小國或次要國家對於大國可能採取軟抗衡（soft-balancing）的策略。所謂的軟抗衡政策是指採與非正式盟友國家的軍事合作關係，來對抗可能的威脅國家。軟抗衡屬於缺乏正式聯盟的沉默抗衡，與其他國家發展非正式的約定或是有限的安全互信來抗衡一個潛在威脅的國家或崛起權力；軟抗衡可能採取有限的軍備建構、臨時的軍事演習或與其他國家在地區的組織或國際的組織合作來對抗潛在威脅的國家（Paul, 2004: 3）。軟抗衡的策略也是一種間接的策略，不直接挑戰威脅國家的軍事優勢，而是透過非軍事的工具來拖延、阻止或破壞大國單邊主義的威脅（Pape, 2005）。臺灣對於中國的戰略近似於軟抗衡的策略。[20]臺灣積極強化與非正式軍事盟友國家美國的軍事合作關係，來抗衡中國對於臺灣的軍事威脅，並因應臺灣相對於中國失衡的軍事力量。亞太地區的國家如日本、澳洲、印度、泰國、越南和印尼，對於中國崛起也都採取不同程度的軟抗衡政策（McDougall, 2012）。外交關係上，目前臺灣與美國、日本的實質關係大幅地提升，如美國國會審議《臺灣旅行法》，鼓勵美臺官員互訪，以及公益財團法人交流協會更名爲公益財團法人日本臺灣交流協會。對於中國崛起

---

[20] 類似的觀點請見Chen（2017: ix）。

抱持警覺態度的國家，如澳洲和印度也積極與臺灣發展實質的關係。另一方面，臺灣不採取直接對抗中國的策略，也不願意接受中國的主權不可分割原則，透過經濟政策的調整如南向東南亞（新南向）的政策來減少對於中國的經濟依賴（裘兆琳、陳蒿堯，2013：23-26）。根據經濟部國貿局2016年統計資料顯示，臺灣是東協第七大外資來源，東協為臺灣第二大貿易夥伴，占總體臺灣對外貿易16%，同時東協也是臺灣第二大出口市場（占19%）（楊珍妮，2016）。[21]換言之，臺灣與東協的經貿關係已經有穩固的基礎，藉由經貿戰略的調整如提升東協第二大出口的地位，可以減低對於中國第一大出口的依賴或牽制。

　　目前臺灣和中國的狀態是外交上的交惡，中國持續地反對和阻撓臺灣參加以國家為成員身分的國際組織或會議。甚至，中國可能會持續遊說與臺灣有邦交的國家選擇與臺灣斷交，改和中國建交。過去的一段時間（馬英九總統執政時期），臺灣選擇採取扈從政策，與中國深化經濟交流，降低兩岸敵對緊張狀態。[22]然而，選擇特定政策必然有得有失。扈從政策有經濟互惠和深化交流的優點，但同時也必須面對中國直接施壓的缺點。特別是中國希望臺灣在與中國進行經濟整合之後，能夠進行政治談判，最後達成和平統一的目標。[23]經濟合作只是解決主權問題的手段或工具之一，利益的獲得不必然換來安全的承諾。[24]這個面向的問題是臺灣選擇扈從於美國不會出現的

---

[21] 過去臺灣與中美洲國家巴拿馬、瓜地馬拉、尼加拉瓜、薩爾瓦多、宏都拉斯以及新加坡和紐西蘭簽訂自由貿易協定（FTA），蔡英文總統任期尚未有任何國家與臺灣簽訂FTA。

[22] 有關臺灣與中國的經濟互依不必然降低軍事衝突的危險之相關論證，請見Kastner（2006）。然而，從2008年至2016馬英九總統執政與中國重修舊好（rapprochement）的政策期間，並沒有發生任何軍事衝突。因此，是國家外交政策，而不是經濟交流影響了臺灣和中國的緊張關係。

[23] 國際政治學者王維正（Wang, 2015）指出，美國雖然公開稱揚馬總統的兩岸關係的成就，但是美國對於海峽兩岸對話的速度和方向仍有疑慮，如果臺灣和中國直接進入政治對話，美國只能退居二線，美國的角色將會減少或是變得不確定，或是假如臺灣快速移動進入中國的軌道後，臺灣將會在美國重返亞洲的戰略中變得較不重要。

[24] 從結構現實主義的觀點來看，以扈從政策作為因應侵略國家的策略不是有利的選項，因為雖然扈從的國家可能得到比原先更多的權力，但是危險的侵略國家比扈從國家得到更多的權力，相關的討論請見（Mearsheimer, 2014: 139-140）。

問題，因爲美國不會要求臺灣與美國統一。另外，選擇扈從於中國的策略之情境下，要在與中國的緊密關係和與美國的緊密關係之間求取平衡是困難的（Liu, 2014: 147）。當臺灣的政府積極尋求與中國整合的情況下，很難期待美國可以保證臺灣的安全，因爲美國會擔心出售給臺灣的武器和技術會移轉給中國（Dreyer, 2013）。換言之，經濟和外交上向中國傾斜可能會造成與美國關係的疏離，同時面臨更多來自中國的促統壓力。綜合來看，任何外交政策的轉向不可能只有正面效果，而沒有負面影響。臺灣選擇軟抗衡中國政策的原因可以分成軍事和經濟兩方面。軍事上，中國對臺威脅持續地增加以及海峽兩岸的軍事失衡，會讓臺灣選擇強化與美國的關係來因應中國的日益壯大的軍事實力。經濟上，如果臺灣過度依賴中國，可能會失去經濟的自主性，甚至是政治的自主性，因爲中國可以透過經濟利益的交換來達成政治整合的目的。[25]

　　當臺灣與中國從原本和緩或友善的外交關係轉變成爲敵對或是較不友善的外交關係時，不僅改變了雙方的互動模式，也影響了美中臺三角關係的架構定位。國際政治的三角關係理論主張三個國家的互動模式可以分成三種：第一，三人行的關係（ménage à trois），三個國家彼此之間都是友善或是和睦的關係；第二，浪漫的三角關係，樞紐的國家與兩個側翼的國家是友善的關係，但是兩個側翼的國家彼此是敵對關係；第三，穩定的婚姻關係，兩個國家之間是友善的關係，但是個別的國家都與第三個國家皆是敵對的關係（Dittmer, 1981: 489）。這三種不同模式會出現不同的利益計算和策略思考。從個別國家的觀點來看，第一種三人行的關係並無法確保最大的利益，因爲個別的國家不知道其他兩個國家所發展的關係是否也符合自身的利益；相對地，在第二種浪漫的三角關係中，作爲樞紐的國家可以獲得最大的利益，因爲兩個側翼的國家都會對樞紐的國家友善，只要樞紐國家公平地

---

[25] 美國前國務卿希拉蕊曾經提到，臺灣政府推動更緊密的兩岸關係可能會導致臺灣失去經濟和政治上的獨立性，以及過度依賴中國會讓臺灣變得更容易受到攻擊。相關的報導請見Pan（2014）。

對待兩個側翼國家，不要讓她們覺得有偏袒任何一方（Dittmer, 1981: 489-490）。從戰略三角理論出發，並考量不同國家的力量大小的觀點認為，一個國家與強國發展正面的關係比一個國家與弱國發展正面的關係是更有價值的，以及對於兩個結成聯盟的國家來說，假如第三方的國家在力量上快速地成長，聯盟的個別國家與第三國家從敵對關係轉變成友善的關係是合理的，因為這樣可以減少抗衡的成本（Wu, 2011a: 9-12）。換言之，當中國快速地崛起，軍事實力增加時，臺灣與美國同時與中國改善關係是合理的，因為這樣可以減少臺灣和美國抗衡中國的成本。以臺灣的外交政策來看，馬英九總統任內（2008-2016）以所謂的九二共識（一個中國各自表述的立場）選擇與中國交往的途徑使得三角關係比較傾向於三人行的關係模式。然而，如前面戰略三角關係理論所提到的，三人行的關係並無法確保最大的利益，因為個別的國家不知道其他兩個國家所發展的關係是否也符合自身的利益（Dittmer, 1981: 489）。例如美國對於臺灣與中國簽訂《海峽兩岸經濟合作架構協議》（*Cross-Straits Economic Cooperation Framework Agreement*, ECFA）有一些疑慮，因為臺灣並沒有事先讓美國掌握相關的資訊（Edward I-hsin Chen, 2012: 18）。換言之，三人行的關係中，任何兩個國家的合作關係還是可能會造成第三方國家的反彈。誠如吳本立（Brantly Womack, 2016: 16）提到，安全三角關係中，最嚴重的是排他性的問題，假如兩個行動者共謀，第三者會處於危險之中。三角關係的任何兩個國家的合作會引起第三國家的反彈，特別是三角關係中的小國，對於兩個大國較無議價能力，很容易陷入兩邊不討好的困境之中。

四、臺灣的國家戰略

2016年民進黨黨主席蔡英文女士當選總統，一改原本對於中國的扈從政策，採取新的外交戰略。目前臺灣的外交戰略基本上有兩個面向。[26] 第

---

[26] 這兩種面向結合起來看，與所謂的避險（hedging）策略不同。避險策略是指一方面與中國積極交往，另一方面尋求美國的保護，以所謂軟抗衡的方式來對抗中國。這種策略主要是東南亞國家對於中國選擇的策略。請見Goh（2005）。另外，有關大國避險策略的外交互動模式請見蔡明彥、張凱銘（2015）。

一，擺脫束縛（leash-slipping），建立自己的軍事力量來最大化獨立處理外交政策的能力，以對抗霸權國家在未來可能會以掠奪或是威脅的方式對其運用權力（Layne, 2006: 9, 30）。例如臺灣在面對中國的崛起或是中國強大的威脅時，選擇擺脫中國的束縛，尋求更大的自主性空間以及抗拒統一的壓力；第二，臺灣繼續深化對美國的扈從政策，擴大購買美國的軍售和強化美臺軍事合作關係，以便對抗中國的軍事威脅。這種雙層次的外交戰略會形成臺灣與中國和美國的三角關係從三人關係轉變成浪漫三角關係，讓美國又重新回到樞紐的角色地位，相對地獲得最大的利益。但美國可能面對的難題是如何公平地對待兩個側翼國家，不要讓她們覺得美國有偏袒任何一方。美國對於臺灣和中國的問題，長期以來採取戰略模糊的政策。所謂戰略性模糊的政策是指美國在海峽兩岸的議題上持和平解決的立場，以及警告中國假如她攻擊臺灣的話，不要假定美國將不會介入，同時也在警告臺灣假如是臺灣挑釁中國的話，不要假定美國將會介入（Romberg, 2003: 92）。[27]臺灣選擇與中國保持距離或是脫離中國控制的軌道對於美國維繫戰略性模糊的外交政策的利益較為一致（Chen, 2016）。當中國與臺灣結合在一起，將會使得臺灣對抗最主要的國家安全威脅——中國——之希望受到破壞，以及危及與臺灣安全唯一保證者美國之間的戰略關係（Dittmer, 2014: 26）。換言之，在三角關係的動態模式中，雙方關係的緊密或疏離的程度會影響到第三國戰略利益的考量和計算。當臺灣與中國的關係過度傾斜，同時會弱化臺灣安全的信心以及疏離美國的防衛承諾。

　　臺灣選擇擺脫中國的束縛，會直接面臨外交上的挫敗和挑戰。蔡英文總統當選之後，已經有九個邦交國與臺灣斷交。目前只有13個國家承認臺灣的主權地位，甚至有幾個邦交國未來也可能會選擇臺灣斷交，進而與中國建交。臺灣的國際空間將會更為縮小。然而，國際政治學者指出，沒有一個

27　美國之所以選擇戰略性模糊政策的理由有三：一、假如嚇阻失敗，美國可以增加回應的彈性；二、不要讓臺灣有膽量去採取對於中國的冒進政策或是挑釁中國；三、防衛臺灣並不是美國的核心利益。請見Wang（2002: 149）。

與臺灣目前有邦交的國家是屬於世界的大國，因此失去其中任何一個邦交國並不會實質地影響臺灣的安全（deLisle, 2016: 558）。臺灣選擇與中國保持一定距離的外交關係，在目前的美中臺互動模式中，仍然可以維繫一定的均衡，沒有讓臺灣成爲大國遺棄的對象（outcast）。主要的結構性因素是，目前美國和中國的關係存在著重要的摩擦，以及臺灣的總統如果是負責任的領導者的話，不會讓臺灣成爲美國和中國之間可能產生的問題之主要來源（deLisle, 2016: 573）。在蔡英文總統上臺之前，中國對臺的政策是讓臺灣在經濟、社會和文化上與中國盡可能地整合，同時藉由可能使用武力的威脅，讓臺灣發現如果拒絕統一將要付出很大的代價；中國的策略計算是，全面性的國家力量會讓臺灣政府沒有其他的選擇，唯有同意去協商統一的事宜（Tseng, 2012: 782）。中國對於臺灣的嚇阻出現了兩面刃的效果，一方面中國成功地讓臺灣不追求獨立，但另一方面臺灣也不會接受中國強迫式的統一（Schreer, 2017）。當蔡英文總統選擇拒絕承認九二共識，其理性基礎在於拒絕中國促統的壓力和尋求自主性。[28]這種外交政策的後果是中國會在經濟、社會和文化上對於臺灣採取緊縮的政策，中斷臺灣與中國官方的往來或是人民的旅遊交流。蔡英文總統或民進黨政府反對與中國統一或是選擇更多自主性的空間，不代表臺灣可以成功地追求法理上的獨立。因爲如果追求法理上的獨立，將會成爲中國動武的理由。維持民主的現狀，是大多數臺灣人民的支持選項。[29]支持儘速獨立或儘速統一都是相對少數的比例。換言之，不論是立即獨立或立即統一都與臺灣的主流民意相違背。

而臺灣選擇維繫現狀的結構性原因是臺灣的民主體制。這也是中國想和平統一臺灣所面臨的最大體制性障礙。臺灣民主化的方向與中國欲統一臺灣的努力相違背（Wang, 2004: 300）。臺灣的民主體制與中國的威權體制

---

[28] 如果美國停止對臺軍售，兩岸軍力嚴重失衡，會導致中國對於臺灣的主權地位的改變有更多的要求，且在臺灣不願意接受中國統一條件的情況下，甚至比中國嚇阻臺灣獨立更可能發生戰爭，而且美國若最後選擇介入臺海戰爭，也可能被認爲是介入中國的內戰。相關的討論請見Chen等人（2017: 228-230）。

[29] 根據行政院大陸委員會（2017）委託學術單位的調查，有關臺灣民眾對於臺灣和大陸的關係的問題，高達83.8%的民眾支持維持現狀，有5.6%的民眾支持儘快宣布獨立，只有3.4%的民眾支持儘快宣布統一。

無法相容並存，除非任何一方放棄自己的體制，選擇與對方實施相同的制度。[30]過去中國在香港推行的一國兩制政策的失敗就是最好的反證，這也是一國兩制在臺灣沒有市場的原因之一。任何在臺灣經由民主選舉洗禮的總統或是政黨，不管是追求哪一種的現狀改變的政策，都無法說服臺灣民眾必須以犧牲民主和自由作為代價。換言之，民主制度是臺灣安全的防護網，選擇與美國深化非正式聯盟的關係可以正當化民主體制的運作和持續。同時，臺灣的民主化可以讓國際社會更加關注臺灣的安全，增加臺灣的安全（楊永明，2004：14-15）。當然，如果臺灣與中國之間是較為友善的關係，可以降低緊張和維繫東亞的和平。然而，從現實主義的角度來看，如果生存是國家最重要的目標，[31]臺灣選擇保護民主和維護現狀的政策是相對理性的外交戰略，即使這樣的戰略可能會造成中國對臺灣進行外交或經濟的制裁或報復。當中國非和平崛起、對於美國的亞洲霸權構成挑戰時，臺灣選擇扈從於美國，而不是完全扈從於中國的策略有其理性的基礎。[32]因為如果中國與美國發生衝突的情況下，臺灣不會同時面臨美國與中國的雙重壓力。臺灣目前的政策走向會使美國不會對於臺灣施加過度的壓力。當然，這樣的政策一定會面臨中國持續文攻，甚至是武嚇的問題。例如，最近中國航空母艦遼寧號穿越臺灣海峽以及中國多次派遣軍機接近臺灣海峽中線即是明證。從現實主義的角度來看，經濟交流可能讓中國獲得更多的相對利得，例如臺灣在主權議題及統一立場上的讓步作為交換。如果相對利得的計算考量比經濟交流可能產生的絕對利得之實質利益，對於臺灣國家安全更重要時，選擇與中國保持一定的距離是結構限制下所產生的理性推演。[33]現實主義強調，國際社會

---

[30] 即使兩個國家都是民主體制，也不必然會選擇統一，兩個國家也可能選擇維持現狀，各自獨立，互不隸屬。

[31] 現實主義的核心假定認為，驅使國家最基本的動機是存活，國家想要維繫主權的地位。相關的討論請見Mearsheimer（1994/1995: 10）。

[32] 持不同觀點的文章，請見Hsieh（2017）、Wu（2016）。另外，有關臺灣從馬英九總統時期選擇與中國和解以及美國交往的避險者策略，到蔡英文總統選擇與中國抗衡和深化與美國的關係的準夥伴者策略之分析，請見Wu（2017: 210）。

[33] 有關國際政治中，國家合作的絕對利得和相對利得的分析和討論，請見Grieco（1998）。

的無政府狀態阻礙國家之間的合作不是因為國家可能欺騙的問題，而是因為無政府狀態造成國家擔心其盟國可以從合作中獲得更多的相對利得，因此變得更強，成為一個目前愈來愈跋扈的朋友或是在未來成為一個可怕的敵人（Grieco et al., 1993: 729）。當國家彼此之間有合作產生相互利得的可能性時，那些感覺不確定的國家會關心利得如何分配、哪個國家分配的比較多，以及分配較多的國家可能用其獲得相對較多的利益來執行損害或破壞其他國家，而不是兩個國家都有利得的問題（Waltz, 2010: 105）。當中國以非和平的方式崛起，會形成臺灣安全的最大威脅，中國在與臺灣經濟交流合作的過程中所得到相對利得，反而讓臺灣擔心中國成為目前愈來愈強勢的富有鄰居，或是在未來成為一個可怕的敵人，或是中國相對利得的考量是中國企圖減低臺灣對於美國的依賴，讓臺灣與中國整合或統一，增強中國在亞洲的地位和實力，排除美國勢力，進而稱霸亞洲。從現實主義的角度來看，臺灣的恐懼和外交政策的轉向並沒有偏離相對利得理論的預期和主張。基本上，小國對於大國基本上有兩種戰略選擇，一為抗衡，二為扈從。[34]結構現實主義認為小國扈從於大國會減少小國存活的希望，因為更難以對付的大國將會變得愈來愈強，甚至是更危險（Mearsheimer, 2014: 391）。因之，當小國對於其他聯盟國家的援助具有信心的時候，她們還是可能對於鄰近的大國採取抗衡的策略（Walt, 1987: 30）。換言之，當臺灣對於美國援助具有信心時，因應中國崛起所可能採取的戰略是抗衡，而不是扈從。以目前的現狀來看，臺灣不可能對於中國採取硬抗衡（hard balancing）的策略，而是採取所謂的軟抗衡的策略，因為臺灣與中國仍有緊密的貿易關係。然而臺灣可透過與其他國家的經濟交流，例如加強對中國有警戒態度的國家如日本、印度、澳洲或是東南亞國家，來分散與中國緊密貿易的風險。當臺灣確立民主制度下的存活是戰略的首要目標時，中國的文攻武嚇的行動可能會屢見不鮮，但是這樣的戰略目標之優點是，可以減少中國透過經濟交流或是讓利來操縱臺灣國內的政治影響和增強美國防衛臺灣的決心。

---

[34] 有關抗衡和扈從的理論和分析，請見吳玉山（1997：18-21）。

　　臺灣的國家戰略除了自身的考量和策略的選擇外，也必須放在亞太戰略安全的脈絡下才能突顯臺灣的地位。在地緣政治上，臺灣與東北亞的連結，特別是與日本的關係舉足輕重。臺日互動的戰略夥伴模式，強調彼此所面對來自中國的共同威脅；以日美安保體制為核心，日本將臺灣海峽視為影響日本國家利益的重要區域，並透過多次《日美防衛合作指針》的修訂，來因應各種可能出現的情境；臺灣則是在周邊海域發揮警戒與防衛角色，配合日美安保體制來確保臺灣海峽的和平與穩定（李世暉，2017：27）。日本與中國主要的爭端問題是中國劃設東海防空識別區以及釣魚臺主權爭議。美國以東海事務中對於日本的安全承諾來交換日本配合美國在南海的戰略布局，例如日本自衛隊參加美國在南海的巡弋任務（郭育仁，2015：119）。日本積極介入南海的戰略目的是聯合美國、東南亞各國、印度與澳洲共同圍堵中國海、空軍的軍力擴張以及保持對於臺海局勢的介入空間和彈性（林菁樺，2018）。臺灣與美日的合作，讓第一島鏈形成重要的安全防禦戰線。

　　臺灣與東南亞國家之間的連結，主要是經貿合作的關係。為了減低對於中國的經濟依賴，投資東南亞成為目前臺灣政府首要的經濟戰略目標。臺灣推動新南向政策已經有初步的成效，2017年臺灣對於東南亞國家的投資比2016年增加了54.5%，對中國的投資比之於2016年，反而呈現負成長的現象（林菁樺，2018）。除了與東南亞國家的經貿交流，臺灣目前也積極深化與南亞國家如印度等的貿易投資和文化交流。透過經貿戰略的調整，不僅可以分散投資的風險，同時可以減少對於中國的經貿依賴和降低經濟制裁的可能性，增加臺灣的安全。綜合來看，臺灣亞太戰略的主軸是強化與美日同盟的軍事合作關係以及提升與東南亞和南亞國家的經貿交流。在安全的天平上，透過與美國、日本和東南亞國家發展更緊密的關係來平衡中國對於臺灣政治經濟的控制或影響。

肆、結語

　　亞太安全的局勢和秩序因為中國崛起的關係，使得原本美國獨霸的單極體系轉變成兩極體系。美國如何平衡或因應中國崛起是亞太秩序維繫的關鍵課題。中國選擇強制性外交的非和平崛起，讓中國周邊的國家如越南、菲律賓和臺灣等審慎思考中國的安全威脅，積極採取相對應的外交戰略來因應。美國也因為中國崛起，選擇再平衡地轉向亞洲政策。其目的是強化傳統的軍事盟國和援助與中國有主權衝突的非正式盟國，藉此來抗衡中國對於這些國家的強制性外交作為，維持美國作為亞洲地區霸權的地位。

　　臺灣作為美中兩強下的小國，外交政策的自主性相對地限縮。然而，中國作為大國所採取的強勢作為影響了臺灣可能的戰略選擇。戰略選擇的變化原因主要牽涉到對於大國的定位解讀或是相對利得的計算。中國非和平的崛起對於亞太秩序構成嚴重的威脅和挑戰。中國不僅擴張其海上的領土，同時與亞太周邊國家發生嚴重的主權衝突。這些行動突顯中國的修正主義行為，對於中國周邊的國家形成重大的安全威脅。當然，中國與這些周邊國家長期以來都有經濟活動的合作和交流。經濟交流和軍事威脅造成這些國家在選擇與中國發展關係上的兩難困境。一方面，與中國擴大經濟交流，可以獲得一些絕對利得，但是另外一方面，中國卻是這些周邊國家的最大軍事威脅，在領土主權的爭議上，這些國家無法與中國抗衡。因此，中國周邊國家選擇強化與美國的盟友或非盟友的關係，以便於抗衡中國的強制性外交或非和平的崛起，亦即執行所謂的兩邊下注以分散風險的外交戰略。

　　臺灣與中國過去的合作和交流關係同樣也產生兩難困境。一方面，擴大與中國經濟交流可以降低緊張關係，另一方面，中國並沒有放棄武力威脅臺灣的策略和部署。當臺灣評估中國對於臺灣所獲得的相對利得比臺灣可能獲得的絕對利得更多時，臺灣就可能理性地選擇與中國保持一定的距離。與中國關係擱淺的同時，臺灣選擇與美國深化軍事合作的關係，除了可以增加防衛的安全之外，同時可以保持一定程度的自主性，不受制於中國的主權牽制和要求。過去的美臺關係的發展中，美國和臺灣一直維持緊密的軍事合作關係，美國是臺灣安全保障的守護國，安全上的防衛無法用經濟利益的獲利加以取代。綜觀之，在外交選擇的優先順序上，安全的相對利得有時比利益的絕對利得更為重要，雖然這樣的戰略可能會有負面的影響，但對於國家以生存為最重要的目標來說，這是必然的利弊得失，也是審慎衡量下所採取的兩害相權取其輕的選擇。

壹、前言

　　美中臺三角關係是亞太秩序中最可能產生軍事衝突的國際政治引爆點之一。主要的衝突點是中國主張臺灣是中國不可分割的一部分，以及不承諾放棄對臺灣使用武力的選項。臺灣在面臨中國的軍事威脅下，持續建構自身的防衛能力來維繫民主的運作和政權的自主性。美國的立場是當臺灣人民安全、臺灣社會與經濟制度遭受到外在威脅，並因此損害美國的利益時，美國總統和國會會根據《臺灣關係法》採取適當行動來回應這樣的威脅。從權力平衡的觀點來看，中國是所謂的挑戰者，臺灣是防衛者，美國則是平衡者的角色。三個國家之間的互動構築成美中臺三角關係的結構。影響美中臺三角關係的重要因素除了三個國家自身的外交政策和國內競爭之外，兩個國家雙邊關係的變遷也會影響到第三方國家如何回應這種雙邊關係之改變。因之，美中臺三角關係是動態的變化，會因為一組雙邊關係的轉變，連動波及到另外兩組的雙邊關係。

　　以美中關係來說，影響雙邊關係變遷的因素可能會涉及權力轉型、戰略設定和利益衝突。權力轉型方面，中國快速崛起之後，在亞洲已經成為足以和美國匹敵的軍事大國，而美國因為中國的崛起，使其原本的亞洲霸權地位受到挑戰，出現安全兩難的困境，中國、美國或中國周邊的鄰國都認為她們自己的軍事整備是防衛現狀，但是對於其他的國家來說，這些軍事行動的意圖是改變現狀（Goldstein, 2017: 14）。戰略設定方面，美國對於中國的外交

*　本文曾經發表於《遠景基金會季刊》，第21卷第1期（2020），頁1-50。

政策從原先強調積極交往的外交政策轉變成競爭抗衡的外交政策的主要原因是對於中國威脅的因應。美國國關學者范亞倫（Aaron L. Friedberg, 2018a: 24-25）指出，中國和美國的關係已經演變成是次強國家和最強國家之間的爭鋒，未來這樣的排序很有可能會逆轉，因為中國會持續採取選擇性利己的途徑來支持符合其利益的國際制度、忽視不符合其利益的國際建制、轉變某些國際組織來符合其目的，以及弱化或是暗中破壞對其正當性構成挑戰的國際安排。利益衝突方面，美國川普總統對於中國的貿易赤字、智慧財產保護、關鍵技術移轉和資訊技術安全等議題上，透過關稅和管制手段來抑制美國的失衡和中國的影響，這正是建立在將中國定位成是戰略性敵對國家的基礎之上。權力轉型讓美中之間形成霸權敵對、重新調整戰略設定和出現戰略利益的衝突。這些結構性的轉變如何影響美中臺關係，值得我們加以深入地分析。一方面臺灣與中國的關係持續地僵持，另外一方面美國和臺灣的關係實質地提升，而美中關係則陷入貿易談判的僵局。本文主要的研究問題是在美中臺三角關係中，美國如何成功或失敗地扮演平衡者的角色？哪些因素會影響平衡者角色的成功或失敗？不同的美國總統採取不同的戰略如何影響美中臺三角關係中權力平衡的變遷？本文主要的目的是從國際政治的歷史經驗和權力平衡的理論框架來分析美國對於臺灣或中國應該採取哪一種戰略，最符合美國在美中臺三角關係中所要維繫的利益。本文採取比較歷史分析作為研究方法：比較歷史研究強調三個面向：第一，解釋和確認哪些原因條件會產生主要的結果；第二，分析歷史的序列和過程的發展；第三，系統化和脈絡化的比較類似和對比的個案（Mahoney and Rueschemeyer, 2003: 11-13）。本文欲透過國際政治平衡者的概念來分析美中臺三角關係，同時以動態的歷史發展過程作為研究範圍，對比和解釋歐巴馬總統和川普總統時期的美中臺三角關係的差異和轉變。[1]

---

[1]   歐巴馬總統任期八年，川普總統任期四年，兩者的時間範圍有很大的差異，然而本文焦點在於美國對於中國戰略因應的轉變。因此，歐巴馬總統時期的美中臺三角關係與川普總統時期的美中臺三角關係可以說是明顯地對比，雖然其任期長短截然不同。

貳、文獻檢閱

　　美國國關學者羅德明（Lowell Dittmer, 1987: 33）指出，戰略三角關係要能夠運作，必須滿足三個條件：第一，每一方與第二方的經營關係中，會經由權變計畫和相應行為來考量第三方可能的反應；第二，假如任何一方的政治軍事力量足夠大到可以從三角關係中的一邊變節叛離到另外一邊時，則這個國家是三角關係的主要組成成員；第三，任何一方與其他兩方的關係，都不是穩定和持久的聯盟關係。換言之，戰略三角關係是動態變化的模式，隨著一方國家與他方國家結盟行為的轉變而在結構層次上有所變遷。戰略三角關係的交換關係模式可以分成以下幾種：第一，三人行關係：三個國家之間都是友善的關係；第二，浪漫三角關係：樞紐國家和兩個側翼的國家是友善的關係，而兩個側翼的國家彼此是敵對的關係；第三，穩定的婚姻關係：兩個國家是友善的關係，但是她們個別與第三方的國家都是敵對的關係（Dittmer, 1981: 489）。另外，如果三個國家都是敵對的關係，會形成單位否決（unit veto）的關係。有關於這四種戰略三角關係模式和角色請見圖5-1（Dittmer, 1981; 1987; Wu, 2011a: 39）。首先，三人行的關係可以讓三方國家以最小的成本來合作，但是對於個別國家來說，三人行的關係並不是最確定的關係，因為個別國家對於另外兩個國家之間的關係是不是也符合她的利益通常是不確定的（Dittmer, 1981: 489-490）。其次，在浪漫三角關係中，當樞紐國家公平地對待兩個側翼國家時，其可以在與這兩個側翼國家之間的關係中獲得最大的利益，但是浪漫三角關係也可能會讓個別的側翼國家擔心樞紐國家和另一個側翼國家形成一個敵意的聯盟來排除她（Dittmer, 1981: 490）。再者，穩定的婚姻關係奠基於對於第三方的相互敵意，但是當雙方的關係是不對稱的關係時，第三方國家可能會說服較弱勢的一方脫離原本的婚姻關係，而建立一個新的、更有利的平衡關係（Dittmer, 1981: 490）。[2]

2　國關學者羅德明（Dittmer, 1987: 33）認為浪漫三角關係比婚姻關係更不穩定，主要的原因是維持樞紐地位的困難；因為樞紐國家的相對有利位置會讓其他兩個側翼國家認為其是有特權的。

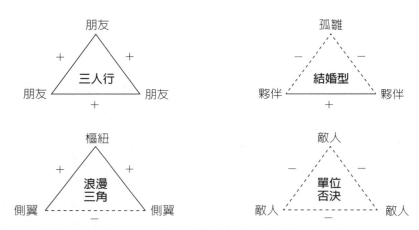

圖5-1　戰略三角關係的模式和角色

資料來源：Wu（2011a: 39）。

說明：「＋」與實線表正向關係；「－」與虛線表負向關係。

換言之，戰略三角關係理論中的個別模式並不是固定不變的關係，其可能會轉換成其他的模式，或是兩個國家的關係很可能會從敵對關係變成友善關係或從友善關係變成敵對關係，視第三方國家的行動和策略而定。例如，在浪漫三角關係的模式中，當兩個側翼國家不再視彼此爲敵對關係，而選擇和解的時候，同時這兩個側翼國家不是形成所謂的反抗樞紐國家之聯盟的情況下，浪漫三角的模式才可能轉變成三人行的模式。如果兩個側翼國家的結盟是具有抗衡樞紐國家的性質，會讓樞紐國家認爲兩個側翼國家是共謀，甚至讓樞紐國家感受到有可能被排除的威脅，因此浪漫三角模式較不會轉換成三人行模式（Dittmer, 1987: 35）。樞紐可以搖擺在兩翼之間，誘使兩翼爲了博取樞紐的友誼而給與其利益，同時樞紐也會促使兩翼相互猜忌，防止二者和好，一方面增強兩翼追求自己的動機，一方面避免兩翼合謀（吳玉山，1997：178）。對於樞紐國家來說，兩個側翼的國家維持一定程度的敵對狀態，較有利其左右逢源的戰略利益。

　　考量三角關係整體報酬（payoffs）均衡的觀點認爲，三人行的關係是最穩定的，因爲在三人行的關係中，三方都是朋友的關係、對於每一方來說都是次佳的位置，而且沒有輸家可言；再者，相對於三人行的關係，浪漫三角關係是次穩定的；而在婚姻關係中，兩個夥伴關係的國家彼此是屬於中度滿意的程度，但是第三方的孤雛國家所得到的報酬是最低的，因此是較不穩定的關係；至於單位否決則是最不穩定的關係（Womack and Wu, 2010: 378；包宗和，2009：344）。這種觀點的推演是基於三方國家基本上是屬於國力相對平等；當三方國家的國力是大小有別時，則三角關係中不同模式穩定程度之排序也會不同。當三方國家屬於大國、中國和小國的國力差距時，以大國為樞紐的浪漫三角關係最為穩定；三人行關係次之；大國和中國是婚姻關係；而小國是孤雛的情況下是較不穩定的；三方關係都是負面的單位否決模式則是最不穩定的關係（Womack and Wu, 2010: 381-382）。

　　然而，浪漫三角關係的分析框架運用在美中臺三角關係上會出現一些結構性的限制和特徵。因為美國作為世界霸權，不需要在美中臺三角關係中擔任樞紐的角色來說服中國或臺灣依循其意志，美國也不需要為了從臺灣獲得一些利益而向中國傾斜，或是美國也不會把臺灣當成是其迫使中國讓步的籌碼，真正影響美中臺三角關係變化的驅動因素是美國國內的選舉循環以及中國和臺灣的改變（Womack and Wu, 2010: 397）。換言之，國際政治和國內政治的雙層賽局影響了美中臺三角關係演變的路徑依賴。

　　另外，以國力大小計算美中臺戰略三角關係不同模式之由高而低的總體效用的排序為：第一，以臺灣為樞紐的浪漫三角關係；第二，以美國為孤雛的結婚型三角關係；第三，以中共為孤雛的結婚型三角關係；第四，單位否決型的三角關係；第五，三人行關係；第六，以中共為樞紐的浪漫三角關係；第七，美國為樞紐的浪漫三角關係；第八，以臺灣為孤雛的結婚型三角關係（紀凱露，2005：125）。對於臺灣而言，以臺灣為樞紐的浪漫三角關係是最為有利，而當臺灣成為孤雛國家，美國和中國是結婚型的三角關係的情況下，對於臺灣是最不利的。整體來看，國力大小和不同三角關係模式的配套和結合之下，可以動態地分析美中臺三個國家之間細緻的模式變化和政策互動。然而，在戰略三角關係的理論推演中，我們可以發現不管是大國、中國或小國都有可能成為樞紐國家（Dittmer, 1987: 40; Womack and

Wu, 2010: 381-382；涂志堅、唐欣偉，2001；紀凱露，2005：125）。整體來看，美中臺三角關係的理論是屬於動態變化的分析框架，兩個國家的關係變化以及國力大小等因素皆會影響第三方國家的行為。

1972年2月28日，美國尼克森總統與中國國務院總理周恩來簽署《上海公報》，其中有關美國對於臺海問題的立場是美國一中政策（One China Policy）的源起和內涵。美國在《上海公報》中提到，美國認知（而不是用承認）臺灣海峽兩邊的中國人都主張一個中國、臺灣是中國的一部分，美國政府不挑戰那樣的立場，美國重申希望由兩岸中國人和平解決臺灣的問題。1979年1月1日，美國卡特總統與中國簽訂《美中建交公報》，展開雙方的外交關係，同時與中華民國斷交，廢止《中美共同防禦條約》。美國承認中華人民共和國是中國唯一合法的政府。1979年4月，美國國會擔心總統或行政部門過於向中國傾斜，忽視臺灣的安全，因此選擇透過立法的方式如制定《臺灣關係法》來保障臺灣的安全。《臺灣關係法》第2條規定，任何企圖以非和平方式來決定臺灣的前途之舉——包括使用經濟抵制及禁運手段在內，將被視為對西太平洋地區和平及安定的威脅，而為美國所嚴重關切；提供防禦性武器給臺灣人民；維持美國的能力，以抵抗任何訴諸武力、或使用其他高壓手段，而危及臺灣人民安全及社會經濟制度的行動。

雷根總統時代，美國與中國於1982年8月17日簽署《八一七公報》，該公報主要內容是美國承認中華人民共和國是中國唯一的合法政府，以及認知中國有關只有一個中國以及臺灣是中國的一部分之立場；在這樣的脈絡下，雙方同意美國持續與臺灣人民維持文化、商業和其他非正式的關係。[3] 1992年布希總統任內，批准向臺灣出售150架F-16戰機以維繫臺海之間的軍事平衡。1995年和1996年之間發生臺海危機，中國向臺灣北方基隆和南方高雄

3　雷根總統在簽署《八一七公報》之前，向臺灣提出六項保證（Six Assurances）：一、美國不贊成對於對臺軍售設定期限；二、美國不在臺灣和中華人民共和國之間作調人；三、美國不會施加壓力要求臺灣與中華人民共和國談判；四、美國對於臺灣主權的長期立場沒有改變；五、美國無任何計畫修改《臺灣關係法》；六、《八一七公報》的內容不應該被解讀成美國對臺軍售前會徵詢北京的意見。雷根總統的六項保證是讓臺灣確信美國並沒有放棄臺灣。

附近的海域試射飛彈，美國柯林頓總統派遣兩個航空母艦戰鬥群到臺海附近巡弋，最後中國停止試射飛彈，解除臺海危機。這次的臺海危機突顯的意義是，當中國選擇對臺灣動用武力的行動時，美國會選擇介入，關於介入的方式屬於戰術運用的層次，會依照事件的態勢來決定可能採取的行動。小布希總統持續軍售臺灣，加強臺灣的防衛力量，以改善臺海之間的軍事失衡。整體來看，美中關係正常化以來，美國歷任總統始終堅持一個中國政策。一中政策是戰略模糊策略的具體展現，美國避免擁護臺灣和中國所提出的任何有關主權的主張，同時美國從來沒有正式地聲明一個中國是解決臺灣海峽問題的唯一選項（Tucker, 2005: 209-210）。質言之，美國長期以來一直扮演著平衡者的角色，美國對於中國或臺灣的主張和訴求不會進行表態，如果海峽兩岸選擇非和平的手段來解決爭議，這會是美國所無法接受的底線。

參、分析架構

　　戰略三角關係的框架對於解釋美中臺三方國家的互動分析具有理論性的意涵，本文的目的在於提出一個不同的解釋框架，來補充或修正戰略三角關係理論，同時解釋和分析平衡者成功平衡的可能條件。首先，主張臺灣可能扮演樞紐的角色、中國和美國成為側翼國家的觀點在邏輯上可能，但是實際運作上可能會出現扞格之處。臺灣的國家實力比之於中國的國家實力和美國的國家實力來說相對較小，無法擔任樞紐的角色，且臺灣的外交作為只是促使中國與美國之間選擇友善或是衝突的部分原因，臺灣並無法防止中美兩國之間的和好或是避免兩者合謀，影響中美之間關鍵的原因還是美國和中國雙方的互動和自身的選擇。誠如國關學者吳玉山（1997：178-179）所言，如果樞紐的實力太小，兩翼當中的任何一翼都可能使用軍事力量或是其他強制手段來迫使樞紐改變對於另外一翼的態度，這就變成了敵人的朋友是敵人的情況。因此，樞紐必須擁有一定的實力，同時保持對於兩翼的態度彈性，且樞紐的地位也牽繫於兩翼之間的敵對關係，雖然樞紐可以採取動作來分化兩翼，但是兩翼之間的內生因素不是樞紐可以控制的，另外一方面如果樞紐過度傾向與其中一翼的關係，則另外一翼就缺乏了追求的動機，容易將樞紐視為另外一個敵人。換言之，當樞紐無法保持一定程度的平衡時，浪漫三角關係可能會產生結構性的變化。其次，美國在三角關係中原本是最大國的地位，卻成為側翼國家而不是樞紐國家，這樣的觀點會導致國家角色和國家實力之間的衝突，美國作為大國的外交行為可能會受到臺灣和中國的影響，但是其外交政策本身還是有高度的自主性，不完全取決於中國和臺灣對於美國政策的挑戰。換言之，美中臺三角關係中，美國作為樞紐的地位長期以來都沒有改變，[4]改變的是美國在中國和臺灣之間的平衡移動，以及中國和臺灣的外交作為影響美國對於中國或臺灣的親疏遠近。

　　如果國力大小是結構性因素的話，本文認為美國在美中臺三角關係中一直扮演著平衡者的角色，其擔任樞紐的地位並沒有明顯地改變（請參閱圖5-2）。可能的改變是美國與中國的關係、美國與臺灣的關係或是臺灣與中國的關係。當美國偏離中間的位置，如傾向中國時，則美國與臺灣的距離（UC和臺灣之間）比之於美國和中國的距離（UC和中國）相對較遠。反之，如美國傾向於臺灣時，則美國與臺灣的距離（UT和臺灣之間）比之於美國和中國的距離（UT和中國之間）相對較近。另外，美國對於臺灣海峽的政策中線與中國和臺灣之間的維持現狀是直線連結的關係，如果中國和臺灣任何一方想要改變現狀，則美國會扮演平衡者的角色，讓中國和臺灣回到這個中間的直線上。在中國和臺灣的軸線上，中國和臺灣的立場也可能會變動。當中國和臺灣願意擱置主權爭議，而以求同存異的方式來互動時，則臺灣和中國的距離會愈來愈近，此時美國必須衡量兩岸關係的改善是否符合臺灣的主流民意和美國的國家利益。當雙方或是任何一方採取改變現狀的策略

4　專研戰略三角理論的羅德明（Dittmer, 2011: 22）認為，後冷戰時期的美中臺互動屬於浪漫三角關係模式，美國是樞紐，在臺灣和中國兩個側翼國家中扮演平衡者的角色。本文也認為美國長期以來在美中臺三角關係中是扮演樞紐的角色，但是在論證方向上比較強調美國作為平衡者的角色以及產生的影響。

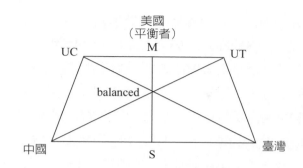

圖5-2 美中臺三方的平衡關係

資料來源：筆者自行繪製。

說明：M表示美國處於中間位置；S表示中國和臺灣維持現狀的關係；UC表示美國傾向中國；UT表示美國傾向臺灣。

或是行動時，例如中國採取武力犯臺或臺灣宣布臺灣獨立，會離現狀中線愈來愈遠，則美國作為平衡者的角色需要積極介入加以平衡，以免美國被迫直接涉入兩岸的衝突。美國作為平衡者的難題在於，美國自身對於臺灣和中國外交所可能產生的不均衡、如何衡量臺灣和中國的具體外交行為是不是偏離現狀以及如何讓雙方彼此克制，不要升高緊張態勢。這些難題都可能對美國擔任平衡者的角色形成阻礙，甚至是導致平衡失敗。

一、國際政治中平衡者的角色

　　國際政治中，國家擔任平衡者的功能在於防止一個國家或聯盟可以對其他國家進行支配或是建立帝國所造成的失衡，通常平衡者會經由彈性的外交、支持的轉移、扶助弱國來對抗強國，甚至在必要時可以運用武力來維繫平衡（Sheehan, 1989: 124）。平衡者通常會防衛、支持維持現狀的國家或是整個系統中相對較弱的國家，而不會加入較強的一方，因為較強的國家不會讓平衡者來支配她，平衡者也不可能對於修正主義的國家發號施令，這兩種情形都可能會推翻原本的結構（Sheehan, 1989: 128）。當兩個國家之間產生所謂的平衡問題時，第三方國家可能會成為鷸蚌相爭，漁翁得利的一方（Wight, 1966: 156）。因為加入其中一方之後，另外一方會失敗，反之亦然。在大部分的情況下，平衡者會保持所謂冷漠（aloof）或是中立（un-committed）的立場（Sheehan, 1989: 124）。平衡者之所以可以保持冷漠或是中立的立場，是因為平衡者對於所要平衡的兩造國家都沒有征服的野心；平衡者主要的目標是維持地緣上的戰略利益，因此平衡者通常會選擇不介入兩造國家之間的平衡和保持中立，但是在需要的時刻會選擇採取介入的關鍵性行動（Sheehan, 1996: 69）。一個有效的平衡者必須同時是自我克制以及可以快速地對於其他國家訴諸強而有力的限制，因為只有平衡者才可以阻止或減少其他國家追求霸權的誘因，也只有這種具強大力量的國家才可以制衡其他國家破壞權力平衡的非理性行動和錯誤計算，達成其所欲實現的目標（Liska, 1957: 37）。英相邱吉爾（Winston Churchill, 2003: 101）提到，過去四百年來英國的外交政策是反對歐洲最強大、最有侵略性以及最具支配性的國家，和防止低地國家（the Low Countries）落入最強大的國家之手中。英國強大的國力以及地理位置上的孤立地位使其對於歐洲大國之間的權力平衡有決定性的影響，同時英國也是維繫弱小國家的權力和自由的可靠保護國（Liska, 1957: 37）。地緣政治上，英國沒有與任何歐洲國家共享疆域，可以避免疆域類型的攻擊，同時因為英國發展強大的海軍，隨時可以到歐洲馳援，等於還是與歐洲毗鄰接連，這些條件讓英國非常適合擔任平衡者的角色（Gulick, 1967: 66）。我們可以從英相邱吉爾在英國國會中的一段演說來說明英國長期所信奉的平衡者之外交政策：

　　英國的政策從來不考慮是哪個國家或統治者可能會統一歐洲，不管是西班牙、法國、德國或是希特勒的政權，英國唯一的關注是誰是最強的國家或是具有潛在優勢的專制國家，我們不擔心我們被指控是支持法國或是反對德國，假如情勢變更，我們同樣會支持德國，反對法國，這是一個政策的法則，而不是因為偶然情況下，喜歡或不喜歡或是其他情感所產生的暫時權宜之計（Churchill, 2003: 102）。

　　現實主義學者摩根索（Morgenthau, 2005: 204-208）認為，過去英國在歐洲長期以來就是扮演平衡者的角色，例如英國會加入歐洲較弱的聯盟國家來對抗歐洲較強的聯盟國家，這樣的外交政策會形成沒有永遠的朋友或是沒有永遠的敵人，只有永遠維繫權力平衡的利益。英國採取這種外交政策的主要原因是，英國強大的國家實力使其可以擔任平衡系統中的護衛者，她會比一些小國家聯合起來更能有效地扭轉情勢（Sterling, 1974: 55）。然而，國際政治學者指出，英國在第二次世界大戰前夕所扮演的平衡者角色是失敗的，因為英國企圖在德國和法國之間周旋，而不是採取行動加入較弱的法國一方，迫使德國接受英國是居中協調的角色；相反地，英國對於德國採取所謂的綏靖政策（appeasement，或稱為姑息主義），讓德國認為英國會保持中立的立場，不會介入德國在歐洲的擴張（Newman, 1968: 187-195）。[5]換言之，英國的平衡失敗是造成第二次世界大戰的一個重要原因。當平衡者沒有支持較弱的一方，同時對於較強的一方採取讓步的政策來換取喘息的機會時，可能無法達成真正的和平，反而招致戰爭的發生。

　　所謂的綏靖政策是指第二次世界大戰前英相張伯倫（Neville Chamberlain）對於德國所主張和奉行的外交政策，張伯倫考量英國國內的財政困難，主張縮減軍備支出以及駐歐軍隊的預算，覺得運用權力平衡的觀點對於德國採取抗衡的政策是危險的，他認為可以藉由迎合極權國家的要求來解決問題，只要這些讓步不會損及英國的利益就好了，同時可以藉由排除雙方爭論焦點的方式來分化軸心國家，擴大英國的外交資本（McKercher, 2013: 165-167）。英國對於德國所採取的綏靖政策的立場讓希特勒所領導的德國認為可以征服整個歐洲，不必擔心英國介入。英國外交史學家麥克契爾（B. J. C. McKercher, 2013: 168）總結這段歷史經驗指出，綏靖政策曾經有戰術

---

[5]　首先，所謂的綏靖政策與扈從政策是不同的，綏靖政策是指滿足修正主義國家所提出的要求，請見Kaufman（1992: 420）。其次，國關學者米爾斯海默（Mearsheimer, 2010: 163）提到，具體的外交行為是奉行綏靖政策的國家同意第三國家的所有領土或一部分領土割讓給侵略國家。另外，國關學者瓦特（Stephen Walt, 1987: 17）認為扈從政策是指與危險來源的國家合作。再者，扈從政策具體的方式是小國單方面地限制本身的行為以避免和大國核心利益相衝突，請見吳玉山（1997：19）。質言之，綏靖政策和扈從政策兩所指涉的意涵不同，綏靖政策是犧牲第三國的主權來解決自己的危機，而扈從政策是調整自己的政策，以便於和危險來源國家合作。

上的利益，但是在戰略層次上，綏靖政策最終被證明是失敗的。平衡者要能夠成功地平衡，必須要在冒險國家建立軍事基地擴大權力之前，甚至平衡者必須對於破壞平衡的小事件或是威脅仍然很模糊的時候就要先採取行動（Newman, 1968: 193）。如果英國早一點選擇加入法國的一方來建立優勢的力量壓制德國，就不會造成權力的失衡，讓戰爭一發不可收拾（Newman, 1968: 194）。英國之所以對於德國先採取綏靖政策以及後來的低度抗衡手段，主要的原因是英國擔心重新整軍經武會導致通貨膨脹以及軍事徵用社會資源，甚至英國的主政菁英樂觀地自行降低對於德國的威脅認知，認為德國的威脅沒有那麼嚴重（Schweller, 2006: 69-75）。抗衡成本的考量讓英國並沒有在關鍵的時刻與歐洲的盟國聯合起來對抗圖謀稱霸的德國，第二次世界大戰爆發之後，德國甚至以空軍轟炸英國，最終讓英國無法置身於事外、持續保持孤立自主。

二、平衡者的消極平衡和積極平衡

　　如果平衡國家對於較弱國家採取冷漠或是消極態度，會讓較弱國家放棄抵抗的行動，因為依靠其自身的力量不足以對抗較強的國家。平衡者要能夠成功地維繫平衡，必須與較弱的國家結盟。1938年3月德國希特勒總理以捷克斯洛伐克之蘇臺德地區有300多萬德意志民族為藉口，想要出兵捷克斯洛伐克。當時法國與捷克斯洛伐克有簽訂軍事互助條約，法國面臨是否出兵保護捷克斯洛伐克的難題。一開始法國總理達拉第（Édouard Daladier）對於德國採取堅決反抗的態度，並稱會出兵協助捷克斯洛伐克，但是當法國尋求英國協助時，換回英國相對冷漠的態度或英國只願意對於法國提供最少的援助之回應後，法國認為如果自己必須單獨面對軍事強國德國的情況下，縱使法國選擇介入，也無法挽救捷克斯洛伐克，最後法國在不情願的情況下只好與英國同樣採取綏靖政策，與德國簽署《慕尼黑協定》，將蘇臺德地區割讓給德國（Fergusson, 1968）。第二次世界大戰期間，英國首相邱吉爾（Churchill, 1986: xiv）認為，如果英國早一點採取抗衡的策略，可以更容易地阻止這場不必要戰爭（the Unnecessary War）的發生。從這些事件來看，第二次世界大戰前英國對於德國的軍事侵略以及是否協助法國對抗德國的行動皆採取消極的態度，讓法國也無力阻止捷克斯洛伐克被德國併吞。如果當時英國選擇與法國團結力抗德國，可能第二次世界大戰的歷史將會被改寫，或至少不會出現整個歐洲都被德國席捲的慘況。法國雖然有意履行互助條約來保護捷克斯洛伐克，但單靠一己之力並不足以成事。當英國對於德國採取綏靖政策時，等同於英國放棄平衡者的角色，選擇對於較強國家讓步，而不是加入較弱國家的一邊，這樣的策略反而養大了強國的胃口或是讓強國認為平衡者不會與較弱國家結盟來對抗自己。等到強國一一併吞周邊鄰國之後，縱使平衡者想要再執行抗衡策略，可能也為時已晚。換言之，當平衡者對於較強國家可能的軍事威脅採取模糊或是冷漠的立場時，反而會讓較弱國家提早放棄對抗的準備和決心。

　　所謂的積極平衡是指領導者深思熟慮地執行有效的權力平衡戰略，成功地嚇阻或是阻止侵略國家採取具體的侵略行動（Roth, 2010: 2）。積極平衡也是一種硬抗衡，國家採取建立或是提升軍事能力，並且創造或是維持正式的軍事聯盟或是反對聯盟，以便於與主要的敵對國家之軍事能力相互抗衡（Paul, 2004: 3）。國家之所以選擇抗衡的原因有二：（一）如果沒有在一個潛在霸權國家變得更強之前來抑制她，將會讓自己國家的存活陷於危險之中，因此較安全的策略是加入較弱的一邊，目的是為了避免被潛在霸權國家所支配；（二）如果國家選擇加入較強的一邊，則新加入國家的影響力會較小，如果加入較弱的一邊，因為較弱的一邊更需要協助，則新加入國家的影響力會更大（Walt, 1987: 18-19）。相較於英國的消極平衡策略，當時美國採取積極抗衡或是離岸平衡的政策。面對德國的威脅，美國羅斯福總統常常暗中地支持英國的國防以及對德國施加壓力，讓美國成為提供民主國家武器的火藥庫，而英國變成美國防衛的最前線，美國之所以採取抗衡策略的原因為，美國認為增加軍備支出可以刺激經濟成長以及凝聚選民的支持（Trubowitz and Harris, 2015: 309）。從平衡者的選擇來看，如果平衡者加入較強的一邊，其對於較強國家的影響力有限，如果平衡者與較弱國家結盟，其實力之壯大將會使得局勢扭轉，讓較強國家無法得寸進尺或是個個擊破。同時，平衡者與被平衡的國家相對而言是較為平等的關係，可以經由協商來聯合行動或是作戰。質言之，加入較強的一邊是屬於消極的平衡，而加入較弱的一邊是屬於積極的平衡。

三、平衡者與較強國家合作的矛盾

　　當平衡者認為與較強國家透過直接協商的方式可以解決國際危機，會導致自身角色的衝突或是無法繼續扮演平衡者的角色，讓權力平衡向較強國家一方傾斜。第二次世界大戰前，1938年9月，英相張伯倫為了化解德國與捷克斯洛伐克之蘇臺德地區的危機，選擇與希特勒在德國直接會面，希特勒以外交辭令的方式提到讓一個高齡的英國首相風塵僕僕地到德國來很不好意思，而英相張伯倫認為希特勒看起來像一個平凡的人，會遵守其諾言；希特勒在會談中語帶威脅地告訴張伯倫，他準備發動世界戰爭來解決這個問題，但是如果英國接受蘇臺德地區分離出去的話，他可以和英國坐下來談，英相張伯倫認為希特勒的目的單純只是要蘇臺德地區自決；英相張伯倫回到英國之後，緊急召集法國總理達拉第會談，要他同意德國所開出的蘇臺德地區從捷克斯洛伐克分離出去之條件，並且向捷克斯洛伐克政府施壓，要他們接受德國的要求（Parker, 1993: 162-165）。英相張伯倫認為德國出現攻擊性的原因更多是來自於政權的不安全感、德國經濟困境和社會的動盪，而不是來自於領域的擴張（Rock, 2000: 52）。英相張伯倫認為德國希特勒的要求是有限的，答應德國的條件就可以解決這次的危機。英國一開始之所以採取綏靖政策的原因，是相信希特勒會接受外交斡旋的方式與英國和法國達成歐洲勢力劃分的協議，然而英國沒有同時採取強制的手段反而讓希特勒認為可以為所欲為（free hand），後來英國發現必須用綏靖政策和強制手段雙管齊下來對付德國時，德國的軍事力量已經更壯大了，英國只能讓步或退讓（Newman, 1968: 167-169）。換言之，英國沒有同時採取蘿蔔和棍棒的政策，天真地認為遞出橄欖枝可以使希特勒接受協商的安排，結果反而讓原本可以恢復權力平衡的狀態快速地向德國一方傾斜。

　　英相張伯倫選擇與德國協商的外交途徑，受到希特勒的威脅利誘和對於德國誤判之影響，不僅無法讓德國放棄侵略的行動，甚至英相張伯倫接受希特勒的主張，反過來要法國和捷克斯洛伐克政府也要接受德國的條件。平衡者選擇向較強國家讓步時，會讓對抗較強國家的聯盟信心瓦解、腹背受敵，因為這些受到威脅的國家在外部有較強國家的軍事進逼，在內部同時受到大國霸凌，無法決定自己的命運。對於較強的國家來說，其目的是讓這些反抗國家分化或是讓關鍵大國同情其立場，瓦解反對聯盟形成的可能性，使其可以肆無忌憚，繼續予取予求。德國在戰略上之所以不願意與英國合作的原因是，在1937年德國已經是歐洲最強大的國家，沒有受到任何歐洲大國的威脅，而其傳統的歐陸對手——法國的戰略則是以防衛目的為主，同時法國國家內部的紛擾也讓其不至於構成德國的威脅（Rock, 2000: 63）。當平衡者對於較強國家的意圖和行為產生嚴重的誤判以及平衡者不僅沒有考量弱國的處境和採取濟弱扶傾的外交戰略，甚至讓權力天平向較強國家一邊傾斜，反而讓較強國家食髓知味，繼續併吞，逐漸壯大到無法抗衡的狀態。當時希特勒併吞奧地利之後，想進一步染指捷克斯洛伐克的蘇臺德地區，藉機測試民主國家的反應，英相張伯倫對於希特勒的東歐擴張計畫並未表示反對，等於讓德國可以為所欲為；希特勒當下判定英國沒有抵抗德國的決心，而英國之所以採取容忍的理由是為了與德國一起對抗她們共同的敵人——蘇聯，所以選擇採取鴕鳥心態或是視而不見（Ruggiero, 2015: 68）。英國的戰略錯誤在於為了防堵遠方次要的敵人蘇聯，反而向鄰近主要的敵人德國讓步，讓德國可以從歐洲掠奪更多的國家和資源，甚至英國對於德國併吞奧地利時也睜一眼，閉一眼，最終讓這些弱國一一成為德國的囊中物，德國則變成歐洲的巨人。

四、較弱國家與平衡者的依賴關係

　　權力平衡原則主張，兩個敵對國家之中較弱的國家會選擇與其他國家結盟，來改善其較弱的劣勢地位，經由聯盟的力量來與較強的國家匹敵或甚至是超越她，防止被較強的國家支配或控制（Sterling, 1974: 50）。當較弱國家面臨一個具有侵略性的強國威脅時，較不可能選擇與威脅國家結盟的扈從策略，因為威脅國家的侵略意向不會因為和其結盟而改變，較弱國家還是會成為受害者；較弱國家而是會選擇與較不可能對其支配的國家結盟（Walt, 1987: 26）。1914年8月2日，第一次世界大戰之前，比利時總理布羅克維爾（Charles de Broqueville）悍然拒絕德國的最後通牒時提到，「假如我們必須滅亡，最好是光榮地戰死，我們沒有其他的選項，屈服無法達成任何的目的，假如德國勝利的話，不管比利時的態度為何，都將成為德意志帝國的一部分」（Walt, 1987: 26）。為了確保不會被滅亡，弱國會尋求與其他國家結盟來進行外部抗衡。第二次世界大戰時，法國面對德國的強大威脅，對於德國採取抗衡的策略、擔心德國對於法國的侵略，並積極尋求英國的協助，因為法國認為只有在英國的協助之下，其才可能抵禦強大的德國軍隊。較弱國家與平衡者結盟的優點是，平衡者對她並沒有侵略或是併吞的野心，她不會擔心結盟之後反而被結盟國所併吞。然而，如果平衡者不願意協助相對較弱的國家，團結對抗較強國家時，整個權力平衡會出現向較強國家一方嚴重傾斜，甚至讓較弱國家原本採取堅決抗衡的立場退卻成讓步的綏靖政策。

　　第二次世界大戰發生前，法國對於英國的立場是當德國對法國發動戰爭時，希望英國能夠協防法國，但沒有要其保證參戰，這樣的戰略讓英國懷疑法國視英國的協助是理所當然的，且認為沒有信心的法國政府可能會對德國採取調停的手段而對英國只是表面順從；相對地，法國則認為英國相當頑固，為了自己的國家利益與德國自行交易，例如英國和德國在1935年所簽署的《英德海軍協定》（Young, 1996: 69）。在英法同樣面對德國的威脅時，英國大部分的政治人物認為法國人對於德國是過度恐懼；英國主張只有英國和其他的現狀國家修改第一次世界大戰後所簽訂的不正義和賠償性的《凡爾賽條約》，才能真正解決德國的問題，同時英國認為法國和捷克斯洛伐克的互助條約是挑釁的和不必要的，最後法國在高度依賴英國的情況下，只好放棄單獨對抗德國的行動（Kaufman, 1992: 423）。英國沒有打算派兵到歐洲參戰，甚至在1937年決定把對抗德國的責任推給法國去承擔（Mearsheimer, 2010: 263）。一開始法國在簽署《慕尼黑協定》之前，堅決採取抵抗德國的立場，然而在英國決定對德國妥協之後，法國失去最大的盟國支助，只好被迫放棄孤軍奮戰的想法，甚至被德國和英國逼上談判桌簽下《慕尼黑協定》，毀棄與捷克斯洛伐克所簽訂的互助條約，最終讓整個捷克斯洛伐克成為德國鐵騎下的戰敗國，法國自己後來也難以倖免於德國的入侵。[6]為了對抗威脅國家，較弱國家生存的唯一選擇是與對其沒有併吞意圖的國家進行結盟以對抗強國，然而如果平衡者不願意協助，很容易讓較弱國家改弦易轍，與平衡者一起採取同樣的扈從政策。較弱國家與平衡者之間的互信不足，甚至相互猜忌，讓抗衡聯盟無法凝聚或鞏固。當較強國家認為敵對聯盟抵抗的決心已經鬆動或是無法團結之後，反而強化其原本強勢的信心，繼續進逼來達成揮軍統一的使命。只有當較弱國家和平衡者對於共同威脅的認知一致且採取相同的抗衡戰略時，才能讓較強國家考量侵略失敗可能必須付出的昂貴成本。第一次世界大戰期間，英國和法國曾經併肩作戰，最終打敗德國贏得戰爭勝利。很可惜的是，過去的成功經驗並沒有讓英國和法國在第二次世界大戰前體會到合作的可貴之處，反而是處處擔心對方的背叛，而不是團結抵抗可怕的強敵。

肆、比較歐巴馬總統時期和川普總統時期的美中臺三角關係

一、歐巴馬總統時期的美中臺三角關係

在歐巴馬總統時期，兩岸關係相對融洽，雙方的互動和交流也非常頻繁。國關學者吳玉山（Wu, 2011a: 35-36）指出，馬英九總統時期，臺灣與中國重修舊好不是受到抗衡需要的影響，而是取決於抗衡成本的影響：在中國相對於美國權力崛起的情況之下，兩岸關係的惡化會讓臺灣在經濟和國

6　法國對於捷克，以及英國對於歐洲低地國來說，都是屬於保護國的角色。當德國的軍事實力逐漸坐大時，英國應該試圖扮演平衡者角色，與法國一起對抗德國，因為德國與英國的實力已經接近，英國不足以成為法國的保護國，只有雙方同心協力，才能對抗德國。

防的抗衡成本增加以及美國與中國雙邊關係的改善，會讓臺灣作爲孤雛的角色更不利（Wu, 2011a: 35-36）。吳玉山教授（Wu, 2011b: 50-51）認爲中國崛起之後，使得臺灣較不可能對於中國採取對抗的態度，重修舊好的途徑被認爲是必要的；臺灣運用所謂的一石兩鳥的策略，不僅可以與中國改善關係，同時也可以修補臺灣和美國的關係。美國國關學者郝志堅（Dennis V. Hickey, 2011: 246-247）指出，美國不會反對臺灣與中國之間的對話和交流，但是美國也不會介入兩岸對話的過程，這樣會讓美國陷入過去在中國內戰一樣的泥濘，讓雙方都對美國感到不滿。然而，臺灣與中國密切的交流會疏離過去在美國國會中長期支持臺灣的國會議員。例如共和黨眾議員羅納巴克（Dana Rohrabacher）辭去美國國會臺灣連線的主席職位，他認爲繼續支持臺灣連線是不必要的，因爲臺灣已經選擇和專制的中國在一起，而不是對抗中國（Hickey, 2011: 243）。國關學者鄭端耀（Cheng, 2013: 377）指出，馬英九總統時期，臺美關係有改善，但是卻沒有太多實質層次的提升，例如美國歐巴馬總統並沒有批准臺灣所提出購買F-16C/Ds戰機的需求；當兩岸關係改善後，反而讓臺灣更難從美國方面獲得更先進的武器。從美國對於臺灣和中國融冰和解的反應可以看出，扈從政策會出現利弊得失的後果，與中國發展較友善的關係，會讓美國認爲臺灣沒有抗衡的決心，同時兩岸緊張情勢低盪的情況下，美國軍售臺灣的合理性和正當性會被減弱，此時臺灣購買美國先進的武器可能會破壞兩岸之間的互信。權力平衡理論主張，當國家對於一個危險且無法滿足的侵略國採取有效抗衡戰略且這對於嚇阻或是擊敗這個侵略國是必要的，如果國家反而選擇採取不抗衡或是無效的抗衡策略的話，稱之爲低度抗衡（Schweller, 2006: 10）。馬英九政府選擇向中國傾斜的戰略屬於權力平衡理論中的低度抗衡，透過創造性的九二共識、一中各表來低度回應中國對於臺灣主權的宣稱和要求（Chen, 2015: 321-322）。[7]

---

[7] 馬英九總統曾經提到中華民國是主權獨立的國家，但目前實際的統治權範圍只有臺澎金馬地區，基於《中華民國憲法》，兩岸不是國與國的關係，而是特殊關係，也就是互不承認主權、互不否認治權，請見謝莉慧（2019）。兩岸不是國與國的關係，這種說法是屬於小國單方面地限制本身的行爲以避免和大國核心利益相衝突的扈從政策，見吳玉山（1997：19）。另外有

馬英九總統的新兩岸政策擴大了兩岸的合作空間，但是臺灣向中國傾斜會讓中國占有談判的優勢，如果談判不成，損傷較大的可能是馬政府（林繼文，2009：297）。簡言之，兩岸關係的和解並無法同時提升臺灣和美國的關係，甚至被美國認為臺灣的抗衡決心減弱或是鬆動，同時這樣的政策反而可能讓臺灣在談判的過程中處於相對不利的立場。

臺灣選擇對中國採取相對扈從的戰略與美國整體的亞太戰略出現扞格之處。在歐巴馬總統執政初期，美國尋求與中國合作，決定不要讓紛擾的人權、西藏和臺灣議題影響全面的美中關係，這樣的政策定位使得美國不再成為臺灣和中國之間的平衡者（Wu, 2011: 144-145）。然而，後來歐巴馬總統在第二任任期中，調整戰略部署，選擇重返亞洲的政策，在亞太地區投入有關外交、經濟和戰略等資源，以確保美國在亞太地區的利益（Clinton, 2011）。軍事安全方面，美國執行亞太地區的再平衡政策的目的是美國要有效地維繫其在亞洲的軍事權力的投射能力，以便對抗中國目前所執行的反介入／區域拒止的不對稱戰略（Chase, 2014: 132）。美國國關學者沙特（Robert Sutter, 2010）指出，當美國選擇重返亞洲，與許多亞太國家一起準備如何因應中國的強勢作為時，臺灣馬英九政府對於這個政策不太感興趣，因為臺灣的策略不是避險（兩邊下注以分散風險），而是選擇與中國站在一起，執行的是跟這些亞洲國家不一樣的政策。美國前國務卿希拉蕊提到，臺灣政府推動更緊密的兩岸關係可能會導致臺灣失去經濟和政治上的獨立性，以及過度依賴中國會讓臺灣變得更容易受到攻擊（Pan, 2014）。美國歐巴馬總統（Obama, 2014）對於兩岸擴大接觸的政策並沒有表示反對的立場，但是提醒臺灣必須在尊嚴和尊重的基礎下執行兩岸交流。美國執行重返亞洲政策的主要原因是，中國崛起強大之後會挑戰美國在亞太地區的戰略利益。當美國對於中國的定位轉變時，會使得臺灣向中國扈從的政策形成疑慮或矛盾，美國提醒臺灣與中國互動的過程中，應該保持審慎的態度，而不

研究指出馬英九總統時期所執行的戰略不是扈從，也不是抗衡，而是避險策略，相關的討論請見吳崇涵（2018）。

能爲了降低兩岸關係的緊張，做出過多的讓步。

　　美中臺三角關係中，美國作爲平衡者最重要的工作是確保臺海現狀的穩定以及反對以武力的方式來改變這個現狀。所謂現狀的狀態可以從臺灣民眾對於統獨立場的分布測知。馬英九總統執政時期（2008-2016），臺灣民眾支持維持現狀再決定以及永遠維持現狀的比例高達60.2%，偏向獨立和儘快獨立的比例是21.8%，偏向統一和儘快統一的比例爲10.2%（政大選舉研究中心，2019）。從這個長期的調查趨勢來看，廣義的維持現狀選項是臺灣民意的主流價值。當美國以臺灣主流民意作爲指標來界定現狀的狀態時，會認爲臺灣採取扈從於中國的政策是偏離主流民意，甚至是違反美國的利益，主張美國應該將臺灣從中國的軌道中拉回來，這樣才可以維繫臺海之間的常態平衡（Chen, 2016）。從權力平衡的角度來看，如果臺灣選擇與最大軍事威脅國家採取和解或扈從的手段，美國作爲平衡者若表示反對，好像是美國不願意見到兩岸和平的發展或是阻礙兩岸交流，但是如果臺灣在與中國的互動過程中，爲了達成經濟交流或互惠的目的，而必須接受中國所提出的條件時，這時臺灣便無法運用美國的反對來當成後盾回應中國。馬英九總統在任的時候，中國部分的政策圈人士將馬總統的立場定位成獨臺，獨臺政策所推動的是主權共享、政治實體共存、不改變現狀與相互不否認等三項議程（呂一銘，2009）。換言之，中國方面認爲馬英九總統並沒有推動統一的進程和決心。甚至在馬總統卸任之後，中國國家社會科學院臺灣研究所前所長余克禮批評，馬英九總統執政八年信奉「不統、不獨、不武」和「只經不政」政策路線，迴避兩岸政治談判，既加劇臺灣的臺獨分離傾向，更讓兩岸政治議題成爲臺灣政治禁忌；對兩岸政治關係傷害很大，也讓兩岸的政治關係實際倒退（藍孝威，2016）。臺灣研究所余克禮所長的意見不必然代表北京的立場，但是至少北京沒有反對或是默許這樣的說法。余克禮所長的談話透露出一些重要訊息；中國與臺灣經濟交流的最終目的是政治談判，如果沒有接受中國的政治談判，即使雙方在經貿方面頻繁互動的情況下，也是傷害兩岸政治關係，讓兩岸關係停滯不前。當臺灣採取單方面地限制本身的行爲以避免和中國核心利益相衝突的扈從政策之後，中國並沒有因此而滿足，反而認為臺灣不想進行政治談判，推動統一；另外一方面，美國因為臺灣與中國的交好，認為臺灣向中國傾斜，留給美國很多的不確定性和不透明性。美國歐巴馬總統讚許2008年以來海峽兩岸的低盪，但其同時也表達臺灣可能太過於傾向中國，而以犧牲安全為代價（Chen, 2014: 32-33）。類似的觀點指出，如果臺灣和中國直接進入政治協商，美國只能退居二線，其角色將會縮減或是變得不確定，以及假如臺灣移動進入了中國的軌道，會讓臺灣的關鍵地位較沒有作用（Wang, 2014: 374）。美國前亞洲資深官員和智庫的政策分析學者容安瀾（Alan Romberg, 2015: 13）指出，兩岸關係的適當管理並不構成美臺非正式關係或美中關係的全部，兩岸關係的發展對於美國國家利益的潛在影響是美國首要關注的選項。臺灣原本想要兩邊討好的政策，最後卻形成兩邊對於臺灣互相拉扯或是兩邊都對臺灣表示不滿。對於小國臺灣來說，要在兩個大國中國和美國之間維繫一個巧妙的平衡是一個困難的任務，因為雙邊討好的政策會不可避免地產生信任度以及國家利益的矛盾（Liu, 2014: 147）。任何過度偏離現狀太遠的政策，都會讓美中臺三角關係的天平失衡，必須透過添加更多的砝碼才能扭轉回到穩定的平衡。當臺灣與中國屬於同一邊，美國在另外一邊的時候，會導致美國很難有施力點，特別是當美國慢慢覺得中國需要被制衡，而不能夠採取全面性的交往政策時，臺灣與美國的政策會形成偏離或是脫鉤的現象。歐巴馬總統第一任之初期，因為要與中國合作，無法在美中臺三角關係中積極扮演平衡者的角色。其執政後期，因為中國的強勢作為，讓美國選擇執行重返亞洲的政策之後，臺灣並沒有依循平衡者的戰略調整而轉變，造成平衡者無法有效地執行平衡工作。

二、川普總統時期的美中臺三角關係

　　川普總統在競選期間提到，中國正在掠奪美國，美國和中國的貿易逆差已經高達365.7億美元，他要中國不要繼續操縱匯率、停止非法的出口補助和寬鬆的勞工和環境政策（BBC, 2016）。川普總統上臺之後，並沒有像一些美國總統在大選期間嚴詞批評中國，在當選後與中國握手合作。川普總統前後一致地具體實踐他的競選承諾；2018年3月開始對於中國進口到美國的商品課徵關稅，開啟美中貿易戰的序曲。目前美中貿易戰陷入膠著狀態，未來可能達成暫時性協議或是延長戰事，值得持續地關注。研究中美關係的學者指出，美中貿易戰的重要性已經遠遠超越所謂的經濟關係，貿易已經變成中國和美國在競爭更大的世界領導權的替代手段，兩個國家之間有愈來愈多的菁英認為美中關係在貿易、國家安全和政治價值等議題上是零和競爭（Economy, 2019）。美中貿易一直是美國對於中國的交往政策中的核心項目，當美中貿易出現裂痕或是衝突時，全面性的交往政策可能必須重新檢討。另外，在國家安全方面，川普總統上臺之後，對於中國的戰略定位也進行大幅度的調整。例如，2019年6月1日美國國防部所發布的《印太戰略報告》明確指出，中國是一個修正主義的國家，強勢的中國會為了政治、經濟和安全的利益而與美國發生衝突，短期內中國尋求成為印太地區的霸權（Indo-Pacific regional hegemony），最終目標是成為全球霸權；中國之所以成為印太地區威脅的原因有幾個面向：（一）中國共產黨領導階層暗中破壞國際體系來汲取資源以及損害以規則為基礎的國際秩序；（二）中國從來沒有放棄對臺使用武力，甚至一直使用各式軍機繞行臺灣以傳遞中國武力犯臺的決心；（三）中國海警船進入日本控制的尖閣群島（臺灣稱為釣魚臺），危及自由貿易的流動、威脅其他國家主權、破壞地區穩定；（四）中國的一帶一路計畫，讓當地國債務高築，無法償還之後，再以租借主權的方式來作為償債的擔保（U.S. Department of Defense, 2019）。在川普總統時期美中關係從相互合作的局面，進入一個全面競爭的時代。當中國和美國之間成為較為敵對的關係時，美中臺三角關係的結構已經產生重大的變化。因為當美國認為中國對於美國所欲維繫的亞洲秩序是嚴重的威脅時，美國與臺灣的關係會變得更為緊密，甚至會形成前面所提到的平衡者和較弱國家的合作或依賴關係。

　　臺美關係的提升可以從兩個面向來看：（一）行政部門的互動。首先，2019年5月，臺灣國家安全會議秘書長李大維赴美與美國國家安全顧問波頓（John Bolton）會晤，這也是臺灣和美國在1979年斷交之後的最高層級行政官員互動（侯姿瑩，2019b）。在臺灣與美國無邦交的情況下，兩國的國家安全顧問的會面顯示川普總統外交政策的自主性和臺美關係的深化。臺灣外交部原本處理臺灣與美國關係事務之單位為北美事務協調委員會，2019年6月6日美國和臺灣雙方同意更名為臺灣美國事務委員會，突顯臺灣和美國關係的提升（游凱翔、侯姿瑩，2019）。在軍售方面，2019年7月9日，美國國務院批准22億美元的臺灣軍購案，其中包含108臺M1A2戰車和250枚刺針防空飛彈與相關設備（Reuters, 2019）。2019年8月18日美國川普總統正式批准出售臺灣66架F-16V型戰機之80億美元的軍事採購案，這是美國自1992年批准臺灣購買150架F-16A和F-16B型以來最大的戰機軍購案。（二）國會部門的支持。在川普總統時期，美國國會對於臺灣的支持可以說是以兩黨共識為基礎，跨黨派地通過支持臺灣的法案。2018年3月通過《臺灣旅行法》，目的在於促進臺灣與美國間的高層官員交流。臺灣國家安全會議秘書長李大維和美國國家安全顧問波頓的會面可以說是《臺灣旅行法》適用的效力。2018年12月美國國會通過《亞洲再保證倡議法》，支持臺灣和美國在經濟、政治和軍事上發展緊密的關係。2019年7月，美國國會又通過《臺灣保證法》（*Taiwan Assurance Act*），要求對臺軍售常態化以及重啟美臺貿易協定的會議。整體來看，臺灣與美國的關係在川普總統以及國會的支持下，可說是自1979年美國和臺灣斷交以來最好的狀態。例如，美國國防部（U.S. Department of Defense, 2019: 20）在2019年6月1日所發布的《印太戰略報告》中，提到新加坡、臺灣、紐西蘭和蒙古四個民主國家是美國在印太地區中可信任、有能力和當然的夥伴，這四個國家幫助美國執行世界任務，積極採取步驟去支持自由和開放的國際秩序。《印太戰略報告》中，將臺灣稱為國家，雖然不是正式的外交承認，但是可以顯見美國對於臺灣地位的重視。臺美關係的提升除了受到中美關係的連動以外，同時也涉及到臺灣的外交戰略選擇以及權力平衡的結構轉變。

　　川普總統時期，中國對於臺灣的文攻武嚇不減反增。文攻方面，中國國家領導人習近平主席在2019年1月2日發表《告臺灣同胞書》，其中提到「我們秉持求同存異精神，推動兩岸雙方在一個中國原則基礎上達成『海峽兩岸同屬一個中國，共同努力謀求國家統一』的『九二共識』，開啟兩岸協商談判，推進兩岸政黨黨際交流，開闢兩岸關係和平發展道路，實現兩岸領導人歷史性會晤，使兩岸政治互動達到新高度」（新華社，2019）。習近平主席的九二共識內容是指兩岸同屬一中，共同努力謀求國家統一。這個九二共識的定義與過去臺灣所提到的九二共識有所不同。臺灣方面所指的九二共識的內涵是一個中國，各自表述。中國的九二共識並沒有提到各自表述，只有指涉兩岸同屬一個中國和謀求國家統一。如果1992年中國海峽兩岸關係協會和臺灣海峽交流基金會所達成的共識是如中國所宣稱的話，則這樣的九二共識的內容為臺灣是中國的一部分，未來將朝向統一方向前進。換言之，中國對於現狀的定義是臺灣屬於中國的一部分。在臺灣方面，蔡英文總統呼籲中國：「必須正視中華民國臺灣存在的事實；必須尊重2,300萬人民對自由民主的堅持；必須以和平對等的方式來處理我們之間的歧異；也必須是政府或政府所授權的公權力機構，坐下來談；這『四個必須』才是兩岸關係是否能夠朝向正面發展的最基本、也最關鍵的基礎」（中華民國總統府，2019）。蔡英文政府對於現狀的定義是主權國家的事實和民主體制的維護，不接受所謂的九二共識。從美國的角度來看，如果沒有得到臺灣多數人民支持的主張，不管是統一或是獨立，都是偏離現狀。對於美國來說，蔡英文總統所採取的是維持現狀的政策，與其所持的立場相符合（Wei, 2018: 412）。武嚇方面，中國在臺灣選擇維持現狀的情況下，仍然持續以強制性外交的手段威脅臺灣。中國從2016年到2019年多次派遣軍機和軍艦繞臺的行動，除了突顯中國軍事實力之外，也傳遞中國有能力可以武力攻臺的訊息。2019年3月底中國兩架殲-11戰機突然飛越海峽中線，臺灣方面則派出戰機緊急升空攔截（游凱翔，2019）。整體來看，中國這些文攻武嚇的行為都是對於現狀的破壞，不僅沒有辦法讓臺灣進入中國所設定的政治軌道，反而提升臺灣的威脅認知，並與美國發展更緊密的關係來對抗中國的威脅。美國和臺灣之間緊密的軍事安全連結改善了臺灣海峽之間的權力不對稱以及增加了中國軍事強制行動的成本（Wang, 2019）。中國增強對於臺灣軍事威脅的力道反而造成與預期截然相反的後果，讓臺灣對於中國更具有戒心，也讓臺灣和美國的關係更加緊密。歐巴馬總統和川普總統時期美中臺三角平衡者

表5-1　比較歐巴馬總統時期和川普總統時期的美中臺三角平衡關係

	平衡者角色	與較強國家	與較弱國家
歐巴馬總統時期	消極平衡	積極合作	維持現狀
川普總統時期	積極平衡	對立衝突	積極合作

資料來源：筆者自行整理。

關係的差異請見表5-1。

　　美國和中國之間相對敵對的關係，以及美國和臺灣之間相對友善的關係，使得美中臺三角關係的結構轉變，讓美國恢復成為積極平衡者的角色，具體執行平衡的任務，協助較弱的國家臺灣，來對抗較強的國家中國。美國的一中政策具有創造性和彈性，它可以伸縮或是延伸，視不斷變化的戰略情況和美國國家安全需要而定；美國在印太地區擴大與臺灣合作的廣度和深度，來應付一個更強大和更強勢的中國是具有戰略上的利益（Chen, 2019）。美國在臺海問題上的首要偏好是維持現狀，同時在臺灣和中國之間會維持一個巧妙的平衡，甚至有時會向一邊傾斜，之後向另外一邊傾斜，美國會以達成穩定的目的來合理化其立場的改變（Dittmer, 2011: 23）。然而，在美中臺三角關係的脈絡上，平衡的效用會因為平衡者的外交政策而產生變化。首先，如果美國長期往較強國家傾斜，疏離較弱國家的話，會使得原本的平衡變得更單邊傾斜，讓美國無法有效地擔任平衡者的角色。同時這樣也會讓較弱國家受到較強國家更大的政治壓力，因為較強國家會認為較弱國家已經漸漸失去平衡者的支持以及較強國家認為其已經採取和平的方式來對待較弱國家，則較弱國家應該在主權上讓步，進一步迎合較強國家的要求。其次，當臺灣和中國的關係變得相對友好且兩岸關係出現相對和平的狀態時，美國也無法繼續擔任兩岸衝突中的平衡者角色，反而讓美國從原本處在中間的位置轉變成在天平的另外一方，甚至美國再也無法左右逢源，利用一方的立場來平衡另外一方的政策，另外一方亦然。如果臺灣與中國發展出三角關係中穩定的婚姻關係模式，會嚴重破壞臺灣對於最大安全威脅國家中國的防衛目標以及危及與臺灣安全唯一的保證國美國之間的戰略關係（Dit-

tmer, 2014: 26）。換言之，如果臺灣和中國發展出友好關係，美國對臺軍
售會失去正當性，臺灣方面也會認爲兩岸關係改善之後，對於購買美國軍事
武器的需求下降。再者，美國應該如過去英國所擔任的角色一樣，不會選擇
加入較強國家的一方，因爲較強的國家不會讓平衡者來支配她，平衡者也不
能夠對於修正主義的國家發號施令。例如美國選擇加入較強國家如中國一方
的話，中國不會讓美國來支配她，美國也不能對於中國指揮命令（翁明賢，
2010：66）。美國選擇傾向較弱國家的一方時可以達成雙重的目的。一方
面可以抑制較強國家對於平衡者的挑戰，另外一方面較強國家也無法以較弱
國家已經失去平衡者的支持，來繼續對其施加壓力，甚至是強迫較弱國家變
成較強國家的一部分或是成爲附庸。在這種情況下，如果較強國家選擇用展
現武力或是軍事恫嚇的方式來對於較弱國家進行威脅時，反而會讓較弱國家
與平衡者之間的關係更爲緊密。對於較弱國家來說，加入較強國家的一方會
造成自己與平衡者之間的關係疏離，同時當較強國家逼迫較弱國家在主權層
次上必須接受其要求時，平衡者無法來化解較弱國家的危機或僵局，因爲是
較弱國家自己選擇與較強國家發展緊密的關係，如果平衡者選擇介入的話，
較強國家會對平衡者進行抗議或挑戰，認爲這是屬於她們之間聯盟內部的問
題，不希望平衡者加以干涉。如果平衡者自己和較強國家也是採取合作途徑
的話，平衡者對於較弱國家可能面臨的犧牲或讓步，也會出現愛莫能助或是
無能爲力的情況，因爲平衡者只能對於同樣是盟友的較強國家道德勸說，無
法施加壓力，同時平衡者也會擔心這樣的勸說會讓她與較強國家的關係變酸
（sour）。

　　當平衡者與較強國家是敵對或是競爭的關係時，平衡者會希望較弱國
家能夠加入她這一方，因爲這樣可以增加更多的籌碼來因應較強的國家。平
衡者與較弱國家之間的關係，以及較強國家與較弱國家之間的關係的不同
之處在於，平衡者對於較弱國家並沒有主權的要求或是併吞的可能，平衡者
對於較弱國家的目標是維持其獨立自主的狀態，不要讓其成爲較強國家的禁
臠或是從屬。從較弱國家或是小國的角度來看，如果可以受到平衡者的保
護，免於較強國家的併吞，同時保有政權運作的自主性時，雖然不是最佳的

方案（因爲較強國家仍然會持續地威脅較弱國家），但至少可以持續存活。這種狀態較能維繫三邊的平衡，較強國家對於較弱國家不至於輕舉妄動，較弱國家也不會因爲與平衡者疏離而選擇採取極端立場或是偏離現狀的路線，平衡者可以針對較強國家破壞現狀的可能軍事行動加以因應和抵抗，如同螳螂捕蟬，黃雀在後的諺語狀況。[8] 從平衡者的角度來看，必須具備兩種不同角色，一方面平衡者對於其他兩造國家部分的外交互動必須保持中立，不偏不倚，另外一方面，如果兩造國家之間出現嚴重的失衡或是一造國家對於另外一造國家採取軍事行動時，則平衡者必須考慮採取介入的角色，以防止危機擴大。平衡者在平衡過程中失敗的可能原因有幾個。第一，當平衡者必須保持不偏不倚的立場時選擇介入，或是應該介入時卻保持中立或是冷漠的立場，這可能對於其他兩造國家傳遞錯誤訊息或是讓其中一造國家誤以爲是向其傾斜，而對另外一造採取不同的立場。第二，平衡者的主要功能是維繫平衡，讓原本出現特定優勢國家的不平衡狀態，因爲平衡者加入弱勢國家的一方而改變平衡，如果平衡者對於軍事優勢國家採取綏靖政策，則不平衡狀態會加劇，弱勢國家會更沒有保障，很容易成爲軍事優勢國家的附庸國。第三，平衡者誤判兩造國家的政治情勢，認爲軍事優勢的國家不會採取任何行動或是認爲弱勢國家可以自我防衛，在安全上並沒有明顯而立即的危險。第四，平衡者很容易被兩造國家的外交政策所拉扯和牽動，當平衡者無法產生有效回應的政策時，很容易被捲入不必要的紛爭，不僅不能化解危機，反而擴大危機的範圍。

---

[8] 從軍事合作的關係來看，美國對於臺灣是保護國的角色，但是從戰略三角關係來看，美國在兩岸之間一直是扮演平衡者的角色。

伍、結語

　　美中臺三角關係之所以能夠類比或是適用到第二次世界大戰之前的英德法三角關係，主要的原因是德國和中國一樣都想成為地區的霸權，擴展其世界影響力。[9]如果把中國定位成英相張伯倫眼中所認識的德國的話，執行綏靖政策或是屈從政策不足為奇。然而，中國崛起之後，在東海、臺灣和南海的強勢作為，很難再被界定成是溫和的霸權。美國強化印太戰略的聯盟關係，可以說是對於中國的抗衡和防備。美中臺三角關係不同模式的轉變可以說是在這個背景下的產物。國際政治中，大國通常會擔任平衡者的角色，但是大國受限於自身的國家利益和國際情勢的研判，可能會選擇與較強國家合作。當大國認為較強國家願意接受國際規則或是維持現狀時，則雙方可以共同合作解決所面對的問題。當大國認為較強國家在經濟實力增加之後發展軍備，成為修正主義來威脅或是侵犯周邊國家的主權時，可能會開始採取警戒態度，透過聯盟的方式來阻止較強國家的崛起。對於小國臺灣來說，最佳的狀況是在兩大國之間左右逢源，兩邊都不得罪，但是從本文的分析來看，小國通常只能選擇靠向一邊，對於另外一邊盡量維繫關係或是避免挑釁，無法兩邊都完全討好。以目前臺灣的主流民意來看，維持現狀是美中臺三角關係均衡的必要條件。從民主價值和安全保障的層次來看，當中國持續作為一個戰略的威脅者時，臺灣與美國密切合作可以保障臺灣的安全和存活。當美國認為臺灣有維持現狀的決心以及臺灣沒有主動挑釁中國的情形下，就會持續地深化臺美關係來對抗中國。

　　美國在美中臺三角關係中一直是扮演平衡者的角色。美國自身對於臺灣

9　中國想成為地區霸權的例證之一是中國在南海地區對於周邊鄰國的強勢霸凌作為，請見Zhang（2019）。另外，本文藉用第二次世界大戰的例子來說明平衡者的重要性，主要是強調法國當時軍事實力相對於德國軍事實力的劣勢，與臺灣軍事實力相對於中國軍事實力的劣勢是類似的情況，而不是將法國國力大小等同於臺灣國力大小。從結構和實力大小來看，目前的美中臺三角關係是不對等關係，主要在於美中兩大，臺灣為小，而第二次世界大戰前，英國、德國、法國形成權力相互制衡的三角權力關係。然而，本文的重點在於大國對於次強國家或次弱國家的平衡行為，而不是三國實力差距的大小。

或是中國可能偏離現狀的行爲會加以警告或是嚴重關切。但是如果美國並沒有傳遞清楚的嚇阻訊息以及中國執意採取強制性外交的政策時，還是可能會出現像過去所發生的1995年、1996年臺海危機。從過去美國和中國的合作過程觀之，會發現美國常常無法勸阻中國對於臺灣的強制行爲，這也是平衡者和較強國家合作最容易出現的矛盾。因爲較強國家有其自主性，特別在其成爲經濟和軍事大國之後，較不會理會美國的警告而放棄邊緣政策。根據第一、二次世界大戰的經驗，當大國與較弱國家選擇團結一致對抗較強國家時較能嚇阻強國的侵略，以及當大國對於較強國家採取綏靖政策時，非但沒有化解危機，反而養虎爲患，最終導致自身國家的淪陷。歷史不必然會重複，但是歷史的教訓可以說是殷鑑不遠。一個成功的平衡者要隨時審度天平中的不均衡，透過具體行動來維繫平衡，因爲如果天平嚴重失衡的話，則平衡者將會面臨更嚴重的危機和衝突，選擇事先預防和因應會比事後彌補來得更爲重要。總之，當美國能夠成功扮演平衡者的角色時，較能讓美中臺三角關係維繫權力平衡。

壹、前言

　　長期以來，美國對於臺海問題的立場是採取所謂雙重嚇阻的作為，美國反對中國對臺灣動武以及美國不支持臺灣獨立。[1]一方面美國透過向臺灣出售防衛性的武器來嚇阻中國對於臺灣所可能採取的軍事行動，在必要時美國會介入臺海的軍事衝突；另一方面美國不支持臺灣獨立，不會爲了臺灣尋求獨立而被迫捲入臺灣與中國之間的戰爭（Christensen, 2002: 8）。雙重嚇阻的政策源自於戰略模糊的策略思維，美國是否會介入臺海之間的戰爭將會視情況而定，如果一方挑釁對方，而另外一方並沒有違反美國的既定政策時，則美國會採取介入或是保持觀望的立場。戰略模糊策略的主要效益是讓臺灣和中國雙方對於美國可能採取的策略是模糊的，美國可能會介入或可能不會介入，端視誰先挑起爭端的情況而定。在戰術層次上，如果美國採取介入的方式，其可能的行動選項也是模糊的，不讓任何一方冒進地改變美國所無法接受的現狀或是逾越美國所設定的紅線。戰略模糊的天平之所以能夠保持平衡的關鍵因素是中國或臺灣選擇不挑戰現狀，然而如果有任何一方企圖改變現狀或是升高緊張態勢，則平衡者持續執行戰略模糊的政策，可能會讓均衡的

---

[1]　美國對於中國和臺灣的戰略模糊策略源起於杜魯門總統時期。1950年韓戰爆發後，杜魯門總統派遣第七艦隊進入臺灣海峽以防止整個亞洲地區陷入衝突，杜魯門總統擔心國民黨攻擊中國大陸，同時也擔心共產黨會奪取臺灣，因此他宣布所有對抗中國大陸的軍事行動必須停止以及當危險過後美國的海軍會撤退；雖然其宣布對於臺灣的處置尚未決定以及投入對於臺灣的經濟和軍事協助，但杜魯門總統沒有想要創造兩個中國或是確保臺灣獨立的計畫（Dean P. Chen, 2012: 3-4; Tucker, 2009: 13）。因此，杜魯門總統對中國和臺灣相對中立的立場被認爲是美國戰略模糊策略的初始由來。

關係變成單邊的傾斜，甚至會導致嚇阻失敗的後果。

　　支撐戰略模糊策略運作成功的兩大支柱：一、美國在亞洲的強大軍力以及臺灣的防衛能力可以嚇阻中國直接對臺動武；二、中國對於臺獨的動武威脅以及美國對於臺獨的反對警告讓臺灣不會單邊地改變現狀。當第一個支柱被破壞時，例如中國直接對臺灣執行軍事行動時，美國會採取適當行動來回應臺海危機。當第二個支柱被侵蝕時，例如臺灣採取法理臺獨的行動時，美國會對臺灣施加壓力，以免讓中國有對臺動武的藉口。戰略模糊的平衡結構取決於平衡國的國家實力大於挑戰國的國家實力或被保護國的國家實力，因為平衡國可以制約其中的一方，防止緊張態勢螺旋上升演變成戰爭狀態。然而，當挑戰國的國家實力漸漸可以追上平衡國時，則平衡結構會出現傾斜的情況：一方面挑戰國與被保護國的軍事實力差距愈來愈大，造成強制性外交的現象頻繁出現；另外一方面挑戰國與平衡國的軍事實力差距愈來愈小時，容易陷入安全兩難的困境。[2]本文主要的研究問題是在美中臺三角關係的互動中，為何戰略模糊策略在執行上較容易導致嚇阻失敗？結構性的因素如何促成美國從戰略模糊策略轉變成戰略清晰策略？為何戰略清晰的策略較容易成功地達成延伸性嚇阻的目標？本文將以三次臺海危機以及川普總統時期和拜登總統時期的美中臺三角關係模式來說明戰略選擇和結構平衡之間的關係。本文所使用的研究方法是國際政治的歷史途徑。歷史途徑的解釋可以提供國際政治理論一些例子來說明特定理論的論點，以及研究歷史的個案可以釐清理論較無法觀察到的事實（Trachtenberg, 2006: 39）。本文希冀透過國際關係的理論框架如嚇阻理論、延伸性嚇阻和實際發生的三次臺海危機之間的策略互動，來解釋和分析美中臺三角關係動態變遷的過程和結果。戰略模糊策略或戰略清晰策略屬於一個國家所執行的不同戰略選項。戰略模糊策略是指一個國家對於可能採取的具體軍事行動不揭露，讓目標國家去猜測，最

2　所謂安全兩難的困境是指一個國家增加防衛能力的目的是確保自身安全，但是這樣的行動會讓敵對國家產生邪惡的想像，也開始增加其防衛能力，形成軍備競賽和螺旋上升的惡性循環，相關的討論請見Jervis（1976: 64, 66）。

後選擇克制或謹慎的行為。戰略清晰策略是指一個國家對於可能採取的具體軍事行動是明確堅定的，藉此傳遞清楚的訊息給目標國家，使其不要誤判平衡者不會介入或是不願協助防衛。嚇阻策略屬於一個國家傳遞昂貴成本的訊息給目標國家，當目標國家認為如果採取行動可能會遭到該國家的報復行動並付出慘痛的代價，因而選擇不採取行動。延伸性嚇阻是一個防衛國傳遞昂貴成本的訊息給挑戰國，希望挑戰國不要攻擊被保護國，否則防衛國會介入來協助防衛被保護國。戰略模糊策略或戰略清晰策略都可能產生嚇阻或延伸性嚇阻的效果，或是造成嚇阻失敗或延伸性嚇阻失敗的結果。本文的目標在於分析戰略模糊或戰略清晰策略應用在美中臺三角關係上所可能產生的嚇阻或延伸性嚇阻的效用。

　　首先，支持戰略模糊策略的陣營認為戰略模糊策略具有達成雙重嚇阻的成功條件。當美國對於臺灣的承諾層次太低時，中國會選擇攻擊臺灣，當美國對於臺灣的承諾層次太高時，臺灣在美國的全力支持下，可能會激怒中國；因此採取所謂的戰略模糊策略可以達成雙重嚇阻的效用：一方面可以嚇阻臺灣不要激怒中國，因為如果臺灣宣布臺灣獨立後受到中國攻擊的話，則美國將不會協防臺灣；另外一方面可以嚇阻中國，讓中國相信美國採取兩岸需以和平的方式解決爭端的立場，假如中國無緣無故地攻擊臺灣的話，美國將會防衛臺灣（Benson and Niou, 2001）。其次，支持戰略模糊策略的主張提到不確定性會導致謹慎，假如中國領導者對於美國將如何回應臺灣所遭受的攻擊範圍和規模是不確定的話，他們會對於美國的決心做最壞的打算，因此可以幫助嚇阻衝突；假如美國對中國的嚇阻失敗或是假如中國使用武力去防止臺灣獨立時，則臺灣對於美國的支持和範圍不確定，就能夠嚇阻臺灣實踐獨立，假如臺灣獨立被嚇阻，中國較不可能企圖使用武力（Johnston et al., 2021）。支持戰略模糊策略的陣營認為如果採取戰略清晰的立場會出現許多的問題：一、很多偶然狀況是不可預測的，清楚地劃定界線反而會創造錯誤的安全感；二、戰略清晰的政策會讓臺灣和中國持續試探美國的立場，甚至可能破壞美國的立場；三、戰略清晰政策會限制美國可用的選項（Tucker, 2005: 205-207）。類似的觀點指出戰略模糊可以導致觸動美國回應的紅線很難辨別，同時可以防止中國利用現存承諾的漏洞（Chang-Liao and Chi, 2021: 51）。戰略模糊概念的本質是美國不清楚地表明萬一中國攻擊臺灣，美國是否會防衛臺灣，如果美國放棄戰略模糊策略的話，會根本改變臺灣海峽的現狀以及給予臺灣獨立運動之許可（Wu, 2021: 179, 183）。

　　戰略模糊策略的假定是美國採取這樣的策略可以成功地嚇阻中國和臺灣採取冒進的行動。這樣的假定建立在中國的軍事實力不足以挑戰美國在亞洲的地位以及中國和臺灣的軍力平衡並沒有太大的差距之上。然而，當中國的軍事實力日益強大以及兩岸軍力嚴重失衡時，繼續採取戰略模糊策略反而容易讓中國測試美國的底線，同時模糊或不確定性不僅不會讓中國更謹慎，反而會讓中國更加地冒險，選擇挑戰美國的極限和探索美國可能採取的回應行動。過去幾次所發生的臺海危機可以突顯中國企圖挑戰美國戰略模糊策略的限制。第一次和第二次臺海危機發生在中美關係敵對的時期，中國砲擊金門、馬祖和攻占一江山島和大陳島來測試美國的防衛範圍和行動選項，第三次臺海危機發生在中美關係低盪或交往時期。1995年中國在臺灣海峽中線附近試射飛彈，美國採取戰略模糊的策略來回應，反而讓中國在1996年選擇更靠近臺灣的基隆和高雄外海試射飛彈，證明美國對於中國軍事行動之嚇阻失敗。當美國在美中臺戰略三角關係中扮演樞紐地位時，執行戰略模糊策略可以嚇阻中國和臺灣破壞現狀，但是當戰略結構轉變如中國崛起、強大到可以挑戰美國在亞洲的地位時，會讓戰略模糊政策失去其效力，面臨到改弦易轍的局面，美國應執行戰略清晰政策才可能有效嚇阻中國入侵臺灣和維繫臺海和平。

貳、戰略模糊策略和樞紐嚇阻理論

一、戰略模糊策略

　　戰略模糊的策略是指可能性的承諾（probabilistic commitment）。防衛國家對於最終是否採取介入的行動故意創造不確定性，以不確定性來勸阻挑戰國進行挑戰以及將風險轉移至被保護國；可能性的承諾是指當挑戰國與被保護國之前的協商失敗後，造成雙方可能選擇戰爭的情況下，防衛國會選擇介入（Benson, 2012: 13）。換言之，戰略模糊策略不是一個全面的承諾或是無承諾，而是選擇採取不揭露承諾的層次，因爲一方面如果防衛國採取明確而清楚的防衛承諾將會鼓勵盟友國家採取魯莽的機會主義行動，導致防衛國捲入不必要的戰爭，另一方面假如防衛國無承諾或是低度承諾時，挑戰國可能會認爲防衛國不會介入，因而壯膽發動攻擊，防衛者必須在這兩種情況下尋求平衡（Benson, 2006: 18-19）。戰略模糊策略是一種雙重嚇阻的結構。除非防衛國介入，否則一個挑戰國將會攻擊另一個挑戰國；另一個挑戰國只有在防衛國協助下才會進行攻擊；在這種雙重嚇阻的結構下，防衛國在執行懲罰其中一個挑戰國的挑釁行爲時，相對而言是較爲困難的，因其必須選擇一個審愼的模糊承諾，藉由在中間的移動或轉換來操縱挑戰國和另一挑戰國之間的想法，以達成雙重嚇阻的目的（Benson, 2006: 5-7）。然而，當一個挑戰國的軍事實力遠大於另一個挑戰國的軍事實力時，則防衛國的嚇阻策略對於軍事實力較強的挑戰國會相對地較爲無效。換言之，三角平衡結構較容易失衡或傾斜。

二、樞紐嚇阻理論

　　三個國家之間的戰略互動會出現不同的樞紐嚇阻的模式。基本上樞紐嚇阻模式有三種可能性：（一）對於敵對國家之間的兩手策略模式（Janus-faced foe）：假如敵對國家的一方認爲樞紐國家會與另外一方國家結合起來反抗她的話，則樞紐國家可以同時嚇阻兩個敵對的國家發動戰爭；（二）同甘不能共苦的朋友模式（fair-weather friend）：敵對的兩方國家不要期待樞紐國會幫助任何一方，假如她們之間發動戰爭的話，樞紐國家可能會採取觀望的立場，不會介入她們之間的衝突；（三）騎牆策略（straddle strategy）模式：假如樞紐國選擇保持中立，則一個敵對國將會發動戰爭，同時另外一個敵對國如果沒有樞紐國堅定的支持下不會從事戰爭；樞紐國需要在保持中立和支持另一敵對國之間擺盪，亦即樞紐國對於不會主動發動戰爭的國家進行其會保持中立的威脅，但另外一方面對於可能會主動發動戰爭的國家威脅其將會與另一個國家形成聯盟來對抗她（Crawford, 2003: 6-8）。騎牆策略模式運用在美中臺三角關係之中會出現兩種狀況，美國不會在所有的情況下皆承諾協防臺灣以及拒絕支持臺灣獨立以嚇阻臺灣的挑釁行為，同時美國也確保兩岸之間以和平的方式來解決衝突，以及藉由幫助臺灣自我防衛以對抗中國無緣無故地攻擊臺灣（Crawford, 2003: 8）。

　　樞紐嚇阻理論中的騎牆策略模式的特徵有：（一）樞紐國會利用敵對國家希望得到支持和避免被孤立的恐懼來進行操縱，以讓這些敵對國家謹慎而行以及願意達成妥協；（二）不確定性：假如其中的一個敵對國相信她需要樞紐國的支持才能贏得勝利，而另一個敵對國需要樞紐國保持中立，她才敢冒險發動戰爭，當這兩個敵對國家對於樞紐國的立場都不確定時，就可以防止戰爭的發生；（三）兩個敵對國家皆會擔心自己的行為可能會疏遠樞紐國，導致樞紐國參加另外一方的陣營，因此樞紐國可以運用兩個敵對國家都會選擇來討好自己的情況下，讓其可以周旋在兩個敵對國家之間，並要求兩個敵對國家進行讓步或妥協（Crawford, 2003: 20-21）。一個國家之所以能夠成為樞紐國，是因為其可以與另外兩個國家的其中一個國家進行結盟，而這兩個國家彼此之間缺乏這樣的彈性，因此樞紐國可以成為掌握權力平衡的決定者（Jervis, 1997: 181）。在大部分的情況下，成為樞紐國本身是非常有利的，有時鼓勵兩個敵對國家產生摩擦，甚至是鼓動兩個敵對國家之間發生衝突，如此一來，樞紐國便可以分而治之（Jervis, 1997: 188）。[3]基本上，樞紐國會支持兩個敵對國家中較為合理正當的國家以及阻止抑制可能會訴諸武力的國家（Jervis, 1994: 123）。然而，對於可能訴諸武力的國家採取嚇阻行動會出現過與不及的問題，樞紐國的嚇阻行動可能被訴諸武力的國

---

[3] 研究西方戰爭的歷史發現，當兩個國家之間發生衝突時，就像兩隻水鳥為了爭奪一隻魚而打架，這時漁夫可以不費吹灰之力地將兩隻水鳥和魚通通抓起來，相關的討論請參閱Blainey（1988: 60）。這種比喻與中文鷸蚌相爭，漁翁得利的寓言故事之意涵相同。從權力平衡的角度來看，兩個國家可能會擔心發生衝突之際，另一個國家會趁虛而入，為了不要讓另一個國家得利，因此兩個國家寧可選擇不發動戰爭的方式來解決雙方之間的衝突。

家解讀成具有絕對的敵意，或是樞紐國相對友善的提議可能被訴諸武力的國家認爲其是軟弱的（Jervis, 1994: 123）。質言之，樞紐國如何維繫兩個敵對國家的平衡，防止其中一國鋌而走險邁向戰爭之路，是樞紐嚇阻策略的重中之重。

　　樞紐國的策略是否能夠奏效，取決於是否提供盟友國家保證或確信以及是否向敵對國家明確地表達嚇阻之意，同時要在危機擴大之前先預防性地傳達確信和嚇阻，等到事態嚴重時再來進行的話則爲時已晚。第一次世界大戰前，英國外相格雷對於盟國法國和俄羅斯傳遞模糊的確信，一方面是爲了避免過度刺激德國，希望法國和俄羅斯受到抑制但不要與英國疏離，以及另一方面想嚇阻德國卻又不要激怒德國，這樣的模糊戰略卻導致最糟的結果，法國和俄羅斯認爲英國不會向她們提供軍事援助，德國則認爲英國不會眞正地保持中立；換言之，法國、俄國以及德國的認知正好與英國外相格雷的想法背道而馳，在危機迫切的時候，英國外相格雷想給法國和俄羅斯更多的保證或是更強力地嚇阻德國時，已經爲時已晚，戰爭一觸即發（Snyder, 1997: 334）。類似的觀點也指出，雖然後來英國外相格雷對於德國下最後通牒，希望德國停止破壞比利時的中立性，但是德國不予理會，大舉揮軍比利時和法國；換言之，英國的騎牆策略無法嚇阻心意已決的德國，如果英國外相一開始採取戰略清晰的政策，堅定力挺法國和俄羅斯，讓德國認知英國的堅定立場的話，則或許可以避免第一次世界大戰的慘痛教訓（Zagare and Kilgour, 2006: 636-637）。[4]質言之，樞紐國過度執行戰略模糊的策略反而會讓同盟國家認爲其可能會背棄而感到恐懼，以及讓敵對國認爲嚇阻國缺乏防衛決心，選擇先下手爲強的攻擊性行動。

三、美中臺三角關係與樞紐嚇阻理論

　　美中臺三角關係符合樞紐嚇阻理論的結構關係。1972年2月28日美國總

---

[4]　相反地，克勞佛（Timothy W. Crawford, 2003: 78）認爲英國的樞紐嚇阻或是所謂的騎牆策略之所以失敗不是因爲其模糊性，而是基於法國可以跟俄羅斯結盟以及德國可以跟奧地利結盟的選項。換言之，對立聯盟強力對抗的情況下，英國也無能爲力。

統尼克森破冰之旅訪問中國，與中國簽署《上海公報》。《上海公報》中提到，美國認知（acknowledge）到海峽兩岸的中國人皆主張只有一個中國，以及臺灣是中國的一部分，美國政府不會挑戰那樣的立場；美國確認其最終的目標是將軍隊撤離臺灣，當這個地區的緊張程度降低時，美國會逐步減少在臺灣的駐軍。美中關係的改善衝擊著臺美的軍事同盟關係，在美國爲了拉攏中國來對抗蘇聯的戰略格局下，《中美共同防禦條約》的終止成爲大國之間讓步合作的交易條件。尼克森總統之後的卡特總統與中國簽署《建交公報》，於1979年1月1日生效。《建交公報》中提到美國承認中華人民共和國是中國唯一的合法政府以及美國認知到只有一個中國、臺灣是中國的一部分之立場。換言之，美國承認中華人民共和國是中國的合法政府，同時理解中華人民共和國的主張，但並未承認臺灣是中國的一部分。中華人民共和國與美國的建交，也預告著臺灣和美國的關係即將轉變。《中美共同防禦條約》在1980年1月1日，中美簽署《建交公報》後的一年後正式廢除，美臺軍事同盟的關係正式結束。

　　美國國會爲了因應卡特總統與中國建交之後的美臺關係之維繫，於1979年1月1日通過《臺灣關係法》。《臺灣關係法》第2條規定，任何企圖以非和平方式來決定臺灣的前途之舉——包括使用經濟抵制及禁運手段在內，將被視爲對西太平洋地區和平及安定的威脅，而爲美國所嚴重關切；提供防禦性武器給臺灣人民；維持美國的能力，以抵抗任何訴諸武力、或使用其他高壓手段，而危及臺灣人民安全及社會經濟制度的行動。同法第3條規定，當臺灣人民安全或是臺灣人民的社會與經濟制度遭受威脅，並因此損害美國的利益時，美國總統必須立即通知國會，總統和國會將會依據憲法程序，採取適當行動來回應這些威脅。從這兩項條文來看，《臺灣關係法》塡補了《中美共同防禦條約》廢除後的權力眞空，繼續以非正式的關係來維繫臺美之間的軍事合作。當臺灣安全遭受威脅時，《中美共同防禦條約》的條文規定美國在符合憲法程序的情況下，會採取行動來因應共同的危險。《臺灣關係法》中也有類似的條文，美國總統會依據憲法程序，採取適當行動來因應。然而，從條文的用語來看，所謂採取行動或適當行動基本上都是一般性和抽象性的規定，並沒有列舉出可能的行動選項或是美國可能採取的特定軍事行動，屬於所謂的戰略模糊策略，讓美國可以依據突發狀況決定採取哪一種行動來因應臺海危機。[5]

　　1982年8月17日，美國和中國簽訂聯合公報（《八一七公報》），美國提到不尋求執行軍售臺灣的長期政策，不管是在質或量上，軍售臺灣不會超過美中建交以來所供應的層次以及美國傾向採取逐漸地減少對臺灣軍售，經過一段時間，一直到最終的解決方案。同日，美國雷根總統也對於臺灣提出六項保證；[6]六項保證的目的在於平衡《八一七公報》減少臺灣軍售的影響。雖然《八一七公報》中提到美國將逐漸地減少對臺軍售，然而這項政策是有其前提條件的。根據最近的解密文件顯示，美國雷根總統發給時任的國務卿和國防部部長的備忘錄中指出，美國逐步減少對臺軍售的前提是建立在中國必須承諾會以和平方式來解決中國和臺灣之間的差異（侯姿瑩，2019a）。美國川普總統時期的一中政策的內容除了美中三個公報以外，特別加上六項保證，同時強調六項保證中的第四項保證有關美國從未改變關於臺灣主權的立場，是指美國不承認臺灣是中國的一部分（Chen, 2022: 63）。從戰略平衡的角度來看，川普總統的策略是讓原本一中政策有關臺灣的模糊部分更加地清晰，成為美臺關係提升的重要基石。

參、分析架構：嚇阻和延伸性嚇阻

一、嚇阻

　　所謂的嚇阻是指一方藉由將會如何行動來影響另外一方的期望以及影響其可能形成的選項（Schelling, 1980: 13）。嚇阻策略是同時傳遞威脅和

---

[5]　Dean P. Chen（2012: 8-9）認為戰略模糊策略不只是安全上的嚇阻策略，其具有防止中國用武力統一臺灣進而消滅臺灣的自由和民主，以及同時也有讓中國轉變成自由民主國家的雙重目的。

[6]　請參閱第五章的註3，相關的文件請見American Institute in Taiwan（2022）。

確信兩種信號的政策。一方面威脅者所形成的威脅，愈容易讓被威脅者認爲是可信的或是認爲威脅者有誘因採取行動時，愈容易達成其目的，且最終不需要實際執行這樣的威脅行動；另一方面威脅者也需要讓被威脅者認爲這是最後明顯的機會（last clear chance），被威脅者需要放棄原本想要進行的行動或是選擇執行威脅者偏好的行動（Schelling, 1980: 35-37）。當攻擊國認爲嚇阻國的嚇阻是可信的且將會採取行動時，則攻擊國可能會放棄其原本的意圖，以避免嚇阻國的反擊或報復。1948年的柏林危機事件可以解釋嚇阻國如何成功嚇阻攻擊國採取升高態勢的行動。第二次世界大戰後，德國東部由蘇聯占領，德國西部由美英法三國分占，而位於蘇聯占領區的柏林則一分爲二，東柏林是蘇聯占領，西柏林由美英法三國占領。美英法三國發表共同聲明，宣布經由馬歇爾計畫聯合推動西德地區的自由貿易和以及制定憲法建立德意志聯邦共和國，這樣的作爲導致蘇聯的不滿，於是蘇聯封鎖西柏林，同時切斷其電力供應（Zagare, 1987: 11-13）。面對蘇聯的封鎖，美英法三國並沒有退讓，反而對西柏林採取空中運補物資的方式來反制蘇聯的封鎖行動，最終蘇聯在衡量如果爆發戰爭可能對其較爲不利的情況下，選擇退讓的方式來解除柏林危機（Zagare, 1987: 20）。美英法三國強勢的嚇阻行動讓蘇聯只能兩害相權取其輕，放棄其封鎖西柏林的行動。[7]嚇阻國的軍事實力和名聲因素的結合較能勸阻攻擊國採取軍事行動，嚇阻國的軍事力量會造成潛在攻擊國破壞現狀的成本，使潛在攻擊國難以得逞；嚇阻國過往的名聲威信，更會讓潛在攻擊國相信嚇阻國必定會以武力報復、嚴懲破壞現狀的行爲，進而嚇阻潛在攻擊國，讓其不敢採取軍事行動破壞現狀（Huth, 1997: 74）。基本上，名聲因素會牽涉到潛在攻擊國對於嚇阻國的軍事指揮能力、軍事戰鬥能力和軍事武器的品質和表現之實力評估（Huth, 1997: 76-77）。換言之，美英法三國聯合所採取的嚇阻行動，足以讓蘇聯相信這個聯盟的軍事實力和堅定決心，因此選擇放棄封鎖，而不是繼續升高態勢釀成

7　應用到美中臺三角關係上，美臺非正式的同盟關係和美日同盟關係的合作，較能夠嚇阻中國入侵臺灣。

戰爭。

　　反之，當攻擊國認為嚇阻國的嚇阻只是虛張聲勢，且嚇阻國介入衝突的成本和風險很高時，攻擊國可能會不理會嚇阻國的嚇阻信號，繼續執行其原先的攻擊計畫。1950年發生的韓戰屬於嚇阻失敗的典型案例。韓戰的肇始是北韓入侵南韓，而美國率領的聯合國部隊在南韓仁川登陸揮軍北韓。當時美國低估中國介入韓戰的人數以及認為中國宣稱介入韓戰的威脅只是虛張聲勢或是可以被反嚇阻的，事實上中國對於美國想要執行統一韓國的策略讓其只能採取介入的手段，因為統一韓國之後，中國可能會面臨攻擊，另外一方面當中國軍隊越過鴨綠江到北韓之後，美國還是認為中國的可信度很低，因此決定採取升高態勢的方法來反擊中國的軍隊（George and Smoke, 1974: 188-192）。美國和中國堅決升高態勢的意圖和行動讓雙方沒有退路，只有走上戰爭一途。

　　嚇阻戰略奏效的核心在於嚇阻可以讓可能發動攻擊的國家產生恐懼，其經由理性的計算而選擇放棄攻擊行動；然而如果攻擊國的領袖不在意這些威脅或恐懼，則嚇阻政策還是可能會失敗（Morgan, 1977: 22, 51）。攻擊國的風險計算必須考量四個可能的因素：戰爭目標的價值、嚇阻國可能採取的回應所造成的損失、嚇阻國可能的回應選項以及在這些選項中獲勝的可能性；相對地，嚇阻國也同樣必須考量四個可能的因素：採取回應行動的價值和利害得失的平衡、交戰的成本、成功防衛的可能性、攻擊國的回應行動（Snyder, 2015: 12-13）。攻擊國和嚇阻國的成本計算和策略評估會影響嚇阻成功或失敗的可能性。

　　嚇阻研究指出，造成嚇阻失敗的關鍵因素是攻擊國相信嚇阻國的承諾、可信度和軍事能力是脆弱時，以及當嚇阻國沒有及時地提出嚇阻的承諾和對於攻擊國的行動採取容忍或是輕忽的態度時，很容易讓攻擊國認為防衛國沒有決心，因此決定放手一搏（Orme, 1987: 121-122）。當攻擊國認為嚇阻國可能帶來的傷害並不會很嚴重或是攻擊國認為被攻擊國可能不會升高成大規模報復的情況下，嚇阻很可能會失敗（Questor, 1989: 55）。強調從被嚇阻國的角度出發的嚇阻理論也指出，當被嚇阻國誤解嚇阻國所傳遞的訊息和未能相應性地採取不行動，以及被嚇阻國並沒有形成「自我嚇阻」，對於嚇阻國所傳遞的訊息並不感覺恐懼時，很容易造成嚇阻失敗（Freedman, 1989: 201）。嚇阻國基本可以採取兩種模式進行昂貴信號的傳遞：（一）嚇阻國傳遞身不由己（tying hands）的信號讓攻擊國認為其將會背水一戰或破釜沉舟，使得攻擊國知難而退；（二）選擇軍事動員的沉沒成本（sunk cost）[8] 的模式來進行嚇阻，當攻擊國知道嚇阻國已經開始進行軍事動員，可以證明其不是虛張聲勢，因此選擇退讓（Fearon, 1997: 70）。嚇阻是以威脅傷害對方作為談判的力量，只有讓對方相信會採取行動，而不是誇大的恫嚇或是言語上的虛張聲勢時，嚇阻才能成功（Lauren et al., 2021: 196）。換言之，嚇阻必須傳遞明確信號，且讓對方認為可信，才能成功地嚇阻。

　　嚇阻基本上是一種恐怖平衡的策略，當攻擊國意圖選擇發動奇襲或是閃電戰時，嚇阻國藉由更強大的軍事能力和有效快速反應的報復能力來嚇阻攻擊國，因此攻擊國沒有誘因來執行攻擊；另一方面對於嚇阻國來說，其可能因為戰爭後果是恐怖的，而不願意先發動攻擊（Morgan, 2003: 14）。雙方會認為嚇阻策略可能是不穩定的，避免對於穩定的情況一直測試以及避免挑起對方輕率的反應（Kahn, 1965: 13）。因之，嚇阻策略的執行很容易出現兩難：一方面當嚇阻國的嚇阻信號以及嚇阻國不能接受攻擊國的哪種行動是模糊不清時，很容易造成嚇阻失敗；另外一方面嚇阻國對於未來的回應必須保持一定的模糊成分以作為後來行動的調整空間（Morgan, 2003: 17）。對於嚇阻國來說，其進行嚇阻是阻止攻擊國發動攻擊，但對於攻擊國來說，其可能採取的攻擊選項也是一種嚇阻策略，阻止嚇阻國對其採取先發制人的攻擊。當嚇阻國採取軍事行動的目的是嚇阻攻擊國的計畫時，很可能被攻擊國解讀這是對其攻擊的準備，因此攻擊國認為最好先發動攻擊，以避免自己被嚇阻國攻擊（Morgan, 2003: 20）。換言之，雙重嚇阻失敗會形成安全兩難困境中的螺旋上升模式，最終引爆戰爭。

8　所謂的沉沒成本是指不管結果如何，這些成本已經支出，因為選擇繼續行動或是離開，都不會影響這些成本的支出。

二、延伸性嚇阻

　　嚇阻政策的運用除了嚇阻國和被嚇阻國的雙元對決之外，同時也會牽涉到第三方國家的戰略互動。嚇阻國所執行的嚇阻政策基本上是讓攻擊國認爲若採取攻擊，其成本和風險會高於其利益，且嚇阻國介入並防衛被攻擊國的可能性很高以及其介入會比不介入獲得更多的利益；同時嚇阻國會透過宣布和行動來傳遞訊息，讓攻擊國認爲其會信守承諾來執行保護被攻擊國的行動（George and Smoke, 1974: 59-60）。當攻擊國認爲防衛國如果爲被保護國而戰的損失比讓被保護國被攻擊國攻占的損失更少時，則防衛國出兵防衛被保護國的可能性會愈高，反之，當攻擊國認爲防衛國如果爲被保護國而戰的損失比讓被保護國被攻擊國攻占的損失更多時，則防衛國出兵保護被攻擊國的可能性會愈低（Huth and Russett, 1984: 500）。除了利益得失的計算外，攻擊國和防衛國之間的軍事力量平衡對於嚇阻是關鍵因素，一方面攻擊國會評估其是否有足夠的軍事力量來贏得和防衛國之間的戰爭，另一方面防衛國也會評估其是否有足夠的軍事力量來贏得和攻擊國之間的戰爭（Huth and Russett, 1984: 501）。如果攻擊國認爲和防衛國的戰爭注定會失敗，其會發動戰爭攻擊被保護國的機會就會降低，如果攻擊國認爲可以打贏和防衛國的戰爭時，其可能發動戰爭的機會就會增加。

　　國際政治中牽涉三方之間的戰略互動，稱之爲延伸性嚇阻。所謂的延伸性嚇阻是指當一個國家的盟國遭受另一個國家武力威脅時，則這個國家的領導者認爲可以藉由對潛在攻擊國家的報復威脅來保護其盟國；延伸性嚇阻可以區分成：（一）一般的延伸性嚇阻：防衛國以威脅來嚇阻攻擊國對於盟國的攻擊；（二）立即性的延伸性嚇阻：潛在攻擊國正積極地準備軍事行動欲攻擊被保護國，而防衛國明確地表示或是具體執行軍事行動以防止潛在攻擊國使用武力（Huth, 1988b: 1, 16）。延伸性嚇阻常常發生於兩個國家之間的領土界限衝突。一個國家主張要收復失土，另一個國家主張要維持現狀，兩個國家存在著不能妥協的利益衝突（Weede, 1983: 238）。當防衛國和被保護國的經濟連結愈強、武器移轉愈多以及攻擊國和防衛國的軍事力量愈平衡時，愈容易成功地嚇阻攻擊國採取攻擊的行動；然而即使防衛國和被保護國形成軍事聯盟，也不一定能夠成功嚇阻攻擊國的侵略（Huth and Russett, 1984: 516）。延伸性嚇阻要能夠成功取決於幾個要素：（一）防衛國的軍事力量優於攻擊國；（二）防衛國與被保護國是軍事同盟國家；（三）防衛國與被保護國之間有貿易關係；（四）防衛國在軍事衝突中會採取以牙還牙的報復手段；（五）防衛國家採取堅定、具有彈性的外交政策。另外一方面導致延伸性嚇阻較無法成功的原因是被保護國與攻擊國相鄰、被保護國對於攻擊國來說是具有重要的軍事價值和重要的戰略物資（Huth, 1988b: 41-55）。

三、延伸性嚇阻的失敗和成功

　　導致延伸性嚇阻失敗除了地理和戰略因素之外，軍事力量的平衡、談判手段以及先前的經驗也會促成延伸性嚇阻的失敗。（一）軍事力量的平衡上，當攻擊國較具有優勢以及防衛國較不具優勢時，延伸性嚇阻較容易失敗；（二）談判方式上，當採取過度讓步或是過度強硬的方式時，容易導致嚇阻失敗，因為過度讓步會顯示防衛國缺乏決心以及在軍事上未充分準備，而過度強硬會讓攻擊國沒有退路，同時認為防衛國可能會採取先發制人的軍事行動；（三）先前防衛國嚇阻失敗的歷史經驗會讓攻擊國認為其有機可乘，因此導致嚇阻失敗（Huth and Russett, 1988: 38-39）。

　　另外，影響延伸性嚇阻的成功或失敗的因素之一是嚇阻國的可信度。當嚇阻國對於被保護國的承諾被攻擊國挑戰時，其必須傳遞報復行動的威脅信號給攻擊國，讓攻擊國相信其願意肩負高成本的防衛任務，否則嚇阻國防衛決心的聲望將會減損，同時攻擊國也會認為嚇阻國只是在虛張聲勢（Danilovic, 2001: 342-343）。當嚇阻國在潛在衝突地區的利害關係愈大，愈可能採取延伸性的立即嚇阻行動；當被保護國對於嚇阻國和攻擊國來說利害關係皆很大時，嚇阻國和攻擊國皆不可能對另外一方的威脅保持沉默；當被保護國對於嚇阻國和攻擊國的利害關係都同樣大時，最可能發生戰爭（Danilovic, 2001: 343）。

　　軍事能力和聯盟可信度也會影響延伸性嚇阻成功或失敗的結果。當嚇阻國和被保護國形成聯盟之軍事能力比潛在攻擊國的軍事能力更強，以及嚇阻國和被保護國的共同利益愈大，聯盟的可信度愈高時，愈容易對於潛在攻擊國產生嚇阻效用（Johnson et al., 2015: 315-316）。當嚇阻國和被保護國的軍事能力勝過攻擊國的軍事能力，但是聯盟的可信度較低時，攻擊國要考量對抗一個強的軍事聯盟之高風險；當攻擊國的軍事能力勝過嚇阻國和被保護國的軍事能力，但聯盟的可信度較高時，攻擊國也需要擔憂會同時面臨與嚇阻國和被保護國進行多方作戰的風險（Johnson et al., 2015: 316）。質言之，軍事能力和可信度因素彼此互補時，強的單一因素都可能對於攻擊國形成嚇阻作用。反之，聯盟弱的軍事能力和低的可信度對於攻擊國無法產生嚇阻效果。

　　另外，嚇阻國本身的權力改變也會影響其和被保護國的聯盟連結。當嚇阻國的權力改變，使得原本與被保護國的連結由強轉弱時，攻擊國會認為嚇阻國和被保護國的聯盟較不可信，因此較容易發動攻擊，反之，當嚇阻國的權力改變造成原本與被保護國的連結由弱轉強時，攻擊國認為其聯盟較可信，因此較不容易發動攻擊（Johnson and Joiner, 2019）。嚇阻國對於被保護國的外交政策和聯盟承諾會影響攻擊國的評估。攻擊國對於順從嚇阻國的要求與不順從嚇阻國的要求之間的機會成本之比較，是嚇阻國是否能夠成功的關鍵因素之一（Chan, 2004: 177）。在多數的情況下，嚇阻國對於攻擊國可能對被保護國的攻擊所進行的延伸性嚇阻是會成功的，但如果攻擊國具有堅定的決心，即使其相對的軍事能力較弱時，也可能貿然採取戰爭行動，例如1950年代中國對臺灣的軍事攻擊（Wu, 1990: 546-547）。當攻擊國認為對於被保護國採取先下手為強的攻擊行動為最佳策略，把握目前的最佳時刻，以免後來失去機會之窗的考量之下，其還是可能會選擇挑戰軍事實力較強的嚇阻國對於被保護國的介入行動。[9]

---

[9]　攻擊國在其軍事力量明顯劣於防衛國的情況下，之所以執意選擇攻擊防衛國的原因是目前可能是最好的時機，錯過這個時機之後，攻擊國的軍事能力可能會下降，與防衛國的軍事能力差距

肆、美國的戰略模糊策略與延伸性嚇阻之運用

一、第一次臺海危機

　　第二次世界大戰結束後，中國爆發國民黨和共產黨的內戰，毛澤東所領導的共產黨取得最後勝利，於1949年建立中華人民共和國，而蔣中正所領導的國民黨退守臺灣，繼續維繫中華民國的政權。美國民主黨杜魯門總統一開始想放棄對於蔣中正的支持，後來因為韓戰爆發，擔心中國和蘇聯的共產勢力全面擴散至亞洲各地的骨牌效應，因此派遣美國第七艦隊協防臺灣，其目的是一方面防止中國大陸攻擊臺灣，另外一方面也防止臺灣反攻大陸（Benson, 2012: 154-155）。美國的戰略目標是雙重嚇阻，希望中國大陸和臺灣雙方保持克制，不要發動軍事攻擊。1954年蔣中正向美國施壓欲制定《中美共同防禦條約》，毛澤東主席於是採取攻擊性軍事策略，於同年9月3日發動對金門的砲擊，目的是嚇阻美國和中華民國不要締結共同防禦條約，這個軍事作為卻造成與預期相反的結果，中華民國和美國在1954年12月2日簽署《中美共同防禦條約》（Whiting, 2001: 108-109）。《中美共同防禦條約》第5條規定，「每一締約國承認對在西太平洋區域內任一締約國領土之武裝攻擊，即將危及其本身之和平與安全，茲並宣告將依其憲法程序採取行動以對付此共同危險」；第7條規定，「中華民國政府給予美利堅合眾國政府接受依共同決議之決定，在臺灣、澎湖及其附近為其防衛所需要而部署美國陸海空軍之權利」（國史館藏，1954）。《中美共同防禦條約》的影響是假如中國要收復臺灣的主權，必須打贏美國或是說服國民政府加入中華人民共和國，當美國在臺灣有駐軍時，這兩種可能性都無法實現（Stolper, 1985: 53）。換言之，《中美共同防禦條約》是戰略清晰策略的展現，美國與中華民國形成軍事聯盟來對抗中共的入侵，但是條約用將依其憲法程序採

　　將會變得更大，例如1941年日本偷襲美國珍珠港的軍事行動以及1973年埃及總統沙達特（Anwar Sadat）攻擊以色列的軍事行動，相關的討論請參閱Stein（1991: 16）。

取行動以對付此共同危險的字眼之情況下，對於美國選擇是否、何時和如何回應臺灣海峽之間的衝突仍然保有彈性（Garver, 1997: 59）。同時，《中美共同防禦條約》只適用於臺灣和澎湖，其他領土的協防需要共同協議決定（第5條），因此在防衛外島的部分仍出現戰略模糊策略的空間。

　　最初，美國艾森豪總統對於是否防衛金門和馬祖採取不表態或是有疑慮的戰略模糊策略，同時《中美共同防禦條約》條文中所包含的領土只有臺灣和澎湖，不包含其他的外島，這樣的策略反而讓毛澤東繼續測試美國的決心和底線（Chang and He, 1993: 1511-1512）。在危機發生的過程中，艾森豪總統所採取的政策是讓敵人持續地猜測，而國務卿杜勒斯（John Foster Dulles）也告訴國會，「行政部門希望共產黨可以被不確定性所嚇阻，持續地試探我們會在哪個地方阻止他們」（Tucker, 2005: 190）。艾森豪總統和杜勒斯國務卿認為，如果明確告訴中共美國會防衛哪個領土，中共的人民解放軍會奪取其他沒有提到的領土（Tucker, 2009: 14-15）。美國對於中華民國外島的戰略模糊策略讓中共得以見縫插針或見機行事。

　　1954年中華民國和美國之間正式的軍事聯盟締約並無法嚇阻中國大陸對於外島的攻擊。1955年1月中國解放軍發動一江山島戰役，成功占領一江山島，並發動對於大陳島的砲擊。中國方面的研究指出，中共高層的決策思維並沒有因為《美臺防禦條約》而改變作戰方針，反而強化了解放軍攻占一江山島的決心，從軍事的角度來看，奪取蔣中正所控制的東南沿海島嶼是阻止《美臺共同防禦條約》將它們涵蓋其中的最可靠保證（牛軍，2009：168-169）。換言之，1955年中共的軍事行動企圖縮小《中美共同防禦條約》的防禦範圍，再次探索美國對於外島遭受攻擊所可能採取的回應行動。中共攻占一江山島和大陳島的目的是把其作為全面解決沿海島嶼問題的突破口，迫使美國壓迫蔣中正撤出所有的沿海島嶼（戴超武，2003：131）。最後駐守大陳島的中華民國軍隊和居民在美軍的護衛下撤退到臺灣。美國艾森豪總統公開表示任何對於臺灣的入侵，都必須輾過美國的第七艦隊，以突顯美國協防臺灣的決心。[10]美國國會在1955年1月通過《福爾摩沙決議案》（*Formosa Resolution*），認為目前中共對於金門等島嶼的攻擊是為了幫助或為了攻打臺灣做準備，因此授權美國總統在必要的時候，可以使用武力確保臺灣和澎湖群島免於受到中共軍事的攻擊（U.S. Department of State, 1955）。美國國務卿杜勒斯也指出，他不相信放棄金門和馬祖會讓中國共產黨更節制，中國共產黨事實上在探索美國是否有準備作戰的意向，中國共產黨一直到正面遭遇美國的軍隊以前會持續其攻擊行為（Rushkoff, 1981: 474）。甚至，艾森豪總統公開提到，美國會使用戰略性原子武器來對抗中國共產黨（George and Smoke, 1974: 291）。艾森豪總統認為，當美國的意圖本質愈明確時，愈可以減少戰爭的風險（Brands, 1988: 144）。

換言之，艾森豪總統執行戰略清晰的策略，對於中國的軍事行動傳遞相當清晰的嚇阻訊號，例如在威脅的部分是提到美國可能會使用戰略性原子武器來對付中國的軍隊，確信的部分是指出美國的意圖行動很明確，必要時美國會介入來防衛臺灣。具體行動方面，艾森豪總統承諾在臺灣部署原子武器以及戰爭發生時會對於臺灣海峽進行海上封鎖。中國解放軍在占領一江山島和大陳島戰役中贏得勝利之後，前線的軍事將領認為應該乘勝追擊，繼續攻擊臺灣，而毛主席則認為攻擊臺灣的行動太過於冒進，同時他研判雖然中國取得軍事勝利，但是在政治上是失敗的，因為中國很可能會與美國發生軍事衝突，因此決定縮手，結束對於金門的砲擊（Chang and He, 1993: 1514）。整體而言，美國對於中國共產黨的嚇阻是部分成功、部分失敗的，成功的部分是嚇阻中共對於金門和馬祖發動全面性的攻擊，而失敗的部分是中國會持續採取有限探索如砲轟離島的方式來腐蝕美國對於臺灣的承諾（George and Smoke, 1974: 267）。簡言之，中共測試美國戰略模糊策略的底線成功占領一江山島和大陳島，但另一方面中共也受到美國戰略清晰的策略所嚇阻，並沒有採取更進一步的入侵金門、馬祖、澎湖或臺灣本島的行動。

---

10 然而，美國護衛中華民國國軍從大陳島的撤退事件可能被中國共產黨解讀成美國決心是弱的，相關的討論請見Rushkoff（1981: 473-474）。

二、第二次臺海危機

　　第一次臺海危機結束約三年後，又爆發第二次臺海危機。1958年8月23日，中國解放軍對於金門、馬祖等臺灣外島進行砲彈射擊以及對於金門進行海上封鎖。當時中華民國蔣中正總統將臺灣的三分之一兵力放在金門，其主要的目的是讓美國進行兩害相權取其輕的選擇，防衛這些小島或是冒著失去臺灣的危險（Tsou, 1959: 1078-1079）。美國願意協助國民政府運補金門，但是不支持蔣中正總統採取軍事行動反攻大陸，因為這樣會讓美國捲入中國的內戰（Tsou, 1959: 1085）。同時，美國認為金門的重要兵力不能淪落到共產黨的手裡，這樣會瓦解臺灣的士氣，協助防衛金門可以增加美國的可信度和反對綏靖政策的態度，如果在中共脅迫下失去這些島嶼會讓蔣中正總統的統治權威失去信用，以及將臺灣奉送給中國共產黨，甚至造成中國共產黨控制亞洲其他地區的連鎖反應（Accinelli, 2001: 140）。美國艾森豪總統希望維繫國民政府的存活、臺灣海峽的穩定，以及在事實上兩個中國的狀態下同時抑制國民政府和共產黨政府雙方之間相互攻擊的計畫；美國的兩難在於一方面需要壓制國民政府採取反攻大陸的軍事行動，一方面又不希望質疑蔣中正政府以統一大陸為名所維繫的國內正當性（Accinelli, 2001: 109）。亦即，美國有擔心陷入圈套（entrapment）的恐懼，不願意被迫捲入與中國共產黨的全面性戰爭（Rapp-Hooper, 2015: 190）。

　　美國艾森豪總統（Eisenhower, 1965: 294）認為中共軍隊砲轟金門之後，會進一步對金門採取封鎖行動、執行兩棲行動攻擊金門，然後用空軍轟炸臺灣的機場，假如中共軍隊直接對臺灣本島攻擊時，美國必然會全面協助，假如中共軍隊攻擊離島金門是作為攻擊臺灣本島的預備時，其作為總統就可以合理化美國介入行動。艾森豪總統傳遞確信的訊號，認為防衛金門和馬祖的安全與臺灣的安全是連結在一起的（George and Smoke, 1974: 364）。國務卿杜勒斯在1958年9月4日發表《新港聲明》（*Newport State-ment*），指出中共的計畫是先攻占金門，再來解放臺灣；假如中共相信美國會積極介入反擊中共入侵、有可能使用核子武器的話，中共很可能不會入侵金門，情勢會很快緩和下來，如同1955年的情形（Office of the Historian, 1958）。美國當時在臺灣已經部署屠牛士核子巡弋飛彈（Matador nuclear cruise missile），因此美國對於中共的核嚇阻威脅是可信的（Kristensen, 2008）。同時，美國提供蔣中正軍隊240公厘和8吋的榴彈巨砲來反擊中國對金門的砲擊。美國之所以願意援助蔣中正軍隊，主要是因為美國一開始研判蔣的軍隊無法在轟炸以及封鎖下存活，同時中國共產黨的軍隊砲擊金門的下一步很可能會進行更全面性的攻擊，美國很可能在無事先警告的情況下與中國爆發戰爭，但後來的情勢發展，雖然評估中國共產黨的軍隊可能沒有進一步的行動，但是假如沒有美國的援助，蔣中正總統的軍隊將無法堅守陣地（Rapp-Hooper, 2015: 191）。換言之，美國總統艾森豪和國務卿傳遞清楚的延伸性嚇阻訊息，如果中共入侵金門作為攻擊臺灣的跳板，美國會介入，甚至會動用核子武器來反擊中共。

　　毛澤東砲擊金門的目的是向美國提出警告並示威，但其也避免事態擴大，導致中美之間開戰（徐焰，2011：160）。毛澤東說：「我們向金門打了幾萬發砲彈，是火力偵察；我們不說一定登陸金門，也不說不登陸；我們相機行事，慎之又慎，三思而行，因為登陸金門不是一件小事，而是關係重大，問題不在於哪裡有9.5萬蔣軍，這個好辦，而在於美國的態度；美國同國民黨訂了《共同防禦條約》，防禦範圍是否包括金門、馬祖在內，沒有明確規定；美國是否把這兩個包袱也背上，值得觀察」（戴超武，2003：337）。毛澤東選擇進行第二次砲擊金門的決策思維是其認為「蔣中正敗逃大陸後，占據中國兩部分地區，一部分是金門和馬祖沿海島嶼，一部分是臺灣和澎湖列島；這兩部分統稱臺灣地區；當時臺灣駐有美國軍隊並受到美蔣《共同防禦條約》的保護，如果打臺灣，會為美國參戰提供口實，也會引起一些中立國家的不安與誤解，而金門、馬祖等沿海島嶼則不同，那裡沒有美國駐軍，也不受美蔣《共同防禦條約》的制約，我們打金門可以不和美國人直接交鋒」（廖心文，1994：32）。毛澤東之所以選擇砲擊金門，而不攻占金門的原因是所謂的絞索政策，把金馬留在蔣中正的手裡拖住美國，因為如果逼蔣中正撤退金馬，形式上是收復了沿海島嶼，但實際上是對美國讓步，這樣做的話，首先會把臺灣孤立起來，造成兩個中國的局面，然後製造臺灣地位未定、託管臺灣，把臺灣變成美國的永久殖民地（廖心文，1994：35）。毛澤東認為要讓金門和馬祖外島成為一個中國的連繫臍帶，不要永久形成分立分治的狀態。

　　1958年八二三砲戰發生後，美國艾森豪總統下令美國第七艦隊協助國民政府對於金門和馬祖的運補以及保護國民政府的船艦，但同時三令五申美國軍艦不可主動攻擊共產黨的軍隊，除非是迫不得已的最後手段（Gordon, 1985: 644; Halperin, 1966: 207-208）。艾森豪總統雖然明確執行運補外島，但仍採取戰略模糊的策略。艾森豪總統（Eisenhower, 1965: 296）提到，「限制蔣中正進行反攻大陸的行動是不容易的，一方面要讓其謹慎行事，對於美國在什麼情況下會支持臺灣保有一些存疑，因為如果無條件支持的話，會鼓勵其反攻大陸，另外一方面，如果給予國民政府太少的支持時，會傷害蔣中正以及同時幫助了敵人中共」。第二次臺海危機一樣是由中國主動挑起的臺海軍事衝突。[11]這次的衝突瀕臨著全面性開戰，甚至是核子武器戰爭之風險。雖然美國認為金門和馬祖的戰略價值較低，但美國仍採取預防性的措施來介入第二次臺海危機，以防止事態擴大導致澎湖和臺灣遭受攻擊。美國強大的軍力和可能使用核子武器的可信威脅讓中國共產黨的軍隊不敢繼續推進入侵金門。一方面美國也同時保持一定的戰略性模糊讓中國懷疑和猜測，但另外一方面也抑制蔣中正的軍隊，不要採取冒進的方式反攻大陸、讓美國參加中國的內戰。中華民國國軍的奮戰不懈以及美國防衛金馬的決心和實際行動導致中共在1958年的臺海危機以失敗收場（林正義，1985：178）。延伸性嚇阻理論提到，當嚇阻國和被保護國形成聯盟之軍事能力比潛在攻擊國的軍事能力更強，以及嚇阻國和被保護國的共同利益愈大，聯盟的可信度愈高時，愈容易對於潛在攻擊國產生嚇阻效用（Johnson et al., 2015: 315-316）。中華民國和美國在軍事防禦上的緊密合作成功地嚇阻中共進一步入

---

[11]　毛澤東提到砲擊金門的行動，是扮演三國志中張飛魯莽但謹慎的角色，砲擊金門是政治操作，而不是軍事上奪島的行動，相關的討論請參閱Stolper（1985: 125）。

侵金門、馬祖外島和臺灣、澎湖。

三、第三次臺海危機

　　1995年7月中國為了抗議臺灣李登輝總統訪問其母校美國康乃爾大學，瞄準臺灣的基隆外海進行飛彈試射；1996年3月8日為了抗議臺灣民選總統，中國解放軍在離基隆外海22海里和高雄外海32海里處進行飛彈試射，是為第三次臺海危機。在危機一開始，美國依循過去的戰略模糊策略來因應。例如1995年11月中美國國防部助理部長奈伊訪問中國，中國逼問奈伊美國針對中國飛彈試射可能會採取的回應時，奈伊對於美國可能採取的行動仍保持模糊的立場（Scobell, 2000: 238）。奈伊說，美國如何回應中國對於臺灣的攻擊，必須視當下的狀況而定，如1950年的韓戰，美國一開始不介入，後來又改變政策選擇介入，同時當下並沒有對於中國的軍事行動施加壓力（Ross, 2000: 103）。例如，美國柯林頓總統公開指出，中國軍事演習的目的是傳遞臺灣和美國一個政治上的訊息，並不是要準備採取立即的行動攻打臺灣（Garver, 1997: 97）。甚至，在1995年8月初，柯林頓總統透過國務卿克里斯多福在東協區域論壇的外交場合上經由中國外長錢其琛轉交給中國江澤民主席的一封信提到，美國尊重中國有關世界上只有一個中國，臺灣是中國的一部分的立場（Garver, 1997: 79）。這樣的立場改變了過去強調美國認知只有一個中國，臺灣是中國的一部分之一中政策立場。柯林頓總統對於中國行動的解讀和讓步，造成嚇阻失敗，中國繼續於1996年進行更逼近臺灣的飛彈演習。嚇阻理論的理性模式提到，嚇阻國在危機過程中所採取的對策或措施會影響立即性嚇阻（immediate deterrence）的成功或失敗（Fearon, 1994: 247）。例如，當強勢的嚇阻國選擇軍事動員的方式來進行嚇阻，亦即對於攻擊國傳遞昂貴的信號時，較容易讓嚇阻成功（Fearon, 1994: 243）。反之，當攻擊國對於嚇阻國可能採取的行動並不清楚或是很模糊時，將會導致攻擊國繼續行動，而不會偃旗息鼓或鳴金收兵。

　　1995年臺海危機發生後，美國國會要求柯林頓總統譴責中國對於臺灣的軍事恫嚇以及要行政部門向國會報告美國如何防衛臺灣以對抗中國彈道飛彈的攻擊；國會的壓力增加了柯林頓總統誤判中國情勢的成本，柯林頓總統信誓旦旦地認為中國不會實際攻擊臺灣和發生軍事流血衝突，然而如果柯林頓總統誤判的話，等於證明國會的主張是對的或是有先見之明，縱使柯林頓總統最後選擇採取軍事行動介入臺海危機，不管最終是否成功，都會將先前消極和模糊的態度歸因為是促成危機擴大的原因（Garver, 1997: 98）。1995年臺海危機一開始發生時，美國並沒有傳遞可信的威脅，甚至認為中國的飛彈試射是政治意義大於軍事意義，等到1996年飛彈試射更接近臺灣時，美國才開始進行嚴重的關切或嚇阻。例如，美國國務卿克里斯多福在1996年3月指出中國的飛彈試射行動是魯莽的、冒險的及意圖恫嚇和脅迫的（Garver, 1997: 103）。1995年、1996年臺海危機在美國派遣尼米茲號航空母艦戰鬥群和獨立號航空母艦戰鬥群到臺灣附近的海域進行監控中國的軍事行動後，最終得以落幕。美國的行動是在提醒中國，美國對於防止中國以武力統一臺灣的行動上是有利益的（Blechman and Wittes, 1999: 24）。中國方面的觀點指出，後來的發展表明1995年7月至1996年3月解放軍展開的一系列軍事演習，固然突顯了軍事鬥爭在和平統一臺灣戰略中的特殊作用，但其本質就是軍事威懾，是為了防止臺灣海峽局勢演變成國際危機的重要步驟；解放軍軍事行動的限度也是一清二楚的，既不準備攻擊臺澎金馬的任何一部分，更沒有任何與美國發生軍事衝突的意圖和可能；同1950年代中國兩次臺海用兵相比，沒有任何理由能使人們相信，解放軍公開宣布了目的、規模、時間和地點的軍事演習，會導致中美之間的軍事衝突（牛軍，2004：50）。

　　這三次的臺海危機可以證明美國忠實執行戰略模糊的策略，很可能會直接和間接促成危機的升高，以及具體執行戰略清晰策略最終如何化解臺海之間的危機。[12]以下將討論戰略模糊策略和戰略清晰策略理論性的意涵和差異。

---

[12] 與本文觀點相反的論點認為，美國的戰略模糊策略避免了三次臺海危機中美國和中國直接發生戰爭，請參閱Pinsker（2003）。

伍、戰略清晰策略和單邊嚇阻

一、戰略清晰策略

　　當樞紐國家相信一方國家深具威脅，其通常會與另外一方國家形成聯盟來對抗威脅國家，而不是選擇成為騎牆國家來增加自己的談判利益（Jervis, 1997: 188）。美國川普總統認為中國崛起是美國安全、繁榮和權力的主要威脅，必須集中更大的關注和資源來對抗中國威脅（Beckley, 2020: 228）。針對臺海可能發生的衝突，2017年美國國防部部長馬蒂斯（James Norman Mattis, 2017）在新加坡參加香格里拉對話時提到，美國國防部會堅定執行與臺灣和其民主政府合作的承諾，在符合《臺灣關係法》的規定下，美國有提供臺灣必要的防衛性武器的義務，美國支持在臺灣海峽兩岸人民可以接受的方式下，和平解決所有的議題。2018年川普總統所提出的美國印太戰略架構（U.S. Strategic Framework for the Indo-Pacific, 2020）以及2020年12月27日川普總統簽署美國國會參眾兩院所通過的《臺灣保證法》就是協防臺灣和嚇阻中國的例證。首先，美國印太戰略架構提到，美國將會使臺灣能夠發展不對稱的防衛戰略和能力，可以協助確保安全、免於強制的自由、彈性以及軍事能力。其次，《臺灣保證法》的條文規定，臺灣的安全和其民主是整個印太戰略地區持續和平和穩定的重要成分，也符合美國的政治、經濟和安全利益；海峽兩岸的軍事力量平衡持續地朝向有利於中國的方向移轉，中國正對於臺灣從事全面性軍事現代化行動以增強其人民解放軍的投射能力以及執行聯合行動的能力；美國應該對臺灣進行持續常態性的軍售，特別是發展和整合不對稱的能力，包含水下作戰以及空防的能力（第2條第3、4款、第3條第3款）。美國國會所通過的《臺灣保證法》將臺灣的安全和民主界定成是美國的國家利益之一，以及常態化軍售臺灣的規定可視為戰略清晰策略具體執行的例證。

　　川普總統多次公開強調臺灣民主的重要性、美國和臺灣安全的夥伴關係（Chen, 2020: 405）。美國國務院東亞暨太平洋事務助理國務卿史達偉

（David R. Stilwell, 2020）指出，美臺關係不是美中關係的子集合，美國和臺灣的友誼是獨立的，源自於共享價值、文化近似和商業、經濟的連結。川普總統時期，美臺關係顯著提升，與美中關係的惡化形成強烈的對比。從嚇阻理論的觀點來看，防衛國增加與被保護國的合作承諾時，也是傳遞嚇阻訊息給挑戰國，不要貿然地採取成本和代價極高的軍事行動。這種嚇阻稱之為拒止的嚇阻（deterrence by denial），企圖以傳統的陸海空軍能力來影響攻擊國對於成功達成侵略目標的估計，讓攻擊國相信無法經由侵略達成目標，藉此來抑制、降低或拖延可能的攻擊（Gallagher, 2019: 32-33）。

二、單邊嚇阻

　　川普總統時期，美國從過去的戰略模糊策略漸漸往戰略清晰策略移動。[13]促成這種結構性轉變的主要驅動因素是中國崛起之後所執行的修正主義行為。近年來，中國對於臺灣採取邊緣政策的軍事手段。邊緣政策是指故意製造一種不能完全控制的風險，藉由暴露必須共同承擔風險來騷擾和恐嚇對方，或是嚇阻對方若採取相反行動來干擾，不管對方是否願意，都將會一起掉入危險的深淵（Schelling, 1980: 200）。因此邊緣政策是指一個國家操縱戰爭的共同風險，以突顯對手國家缺乏決心和無能力同時挑戰對手國家，迫使其退縮承諾（Lebow, 1981: 57）。這樣的國家樂意去承擔一些戰爭的風險來達成其目標，因為她相信風險變大時，另一方的國家會選擇退讓或妥協（Kahn, 1965: 12）。中國自2016年開始，持續以軍機和軍艦繞行臺灣，甚至派遣戰機多次越過海峽中線和進入臺灣西南航空識別區。中國執行邊緣政策的目的在於抗議臺灣和美國外交關係的提升以及美國總統和國會對於臺灣的支持。臺灣方面，蔡英文總統（Tsai, 2020）指出，「我們已經是一個獨立的國家，我們叫自己中華民國（臺灣）」。

---

[13] 事實上美國更早執行部分戰略明確策略（本文稱之為戰略清晰策略）的是共和黨的小布希總統，小布希總統在記者提問當中國攻擊臺灣，美國是否有義務防衛臺灣時，他回答：會使用一切辦法協助臺灣防衛（whatever it took to defend Taiwan），同時小布希總統實施美臺軍事交流和美國出售給臺灣軍艦、潛艦以及反潛機等作為來具體執行戰略明確的政策，相關的討論請見林正義（2007: 17, 21-23）。

　　換言之，美國執行樞紐嚇阻的過程中，臺灣自我克制的行動讓美國不需要對於臺灣進行可信的威脅或嚇阻，因此平衡結構從雙重嚇阻轉變成單邊嚇阻，唯一的目標是嚇阻中國武力犯臺。[14]同時，當美國具體執行戰略清晰政策，透過出售臺灣質量並重的武器來因應中國的軍事威脅，一方面可以突顯美國和臺灣強的非正式聯盟之連結，讓中國認為臺灣有防衛能力和防衛決心，另一方面也讓中國不會誤判美國不會介入臺海衝突。當美國和臺灣緊密合作及美國積極扮演平衡者的角色時，可以扭轉臺灣和中國之間嚴重的軍事失衡。延伸性嚇阻理論提到當防衛國的承諾增加時，可以增加被保護國對於挑戰國的談判空間和自由（Crawford, 2009: 295）。在川普總統四年的任期中，中國雖然持續執行邊緣政策來防止臺灣尋求法理臺獨和抗議美臺關係的深化，但中國並沒有像過去幾次臺海危機採取軍事威逼的行動或是以武力攻打臺灣，可以突顯戰略清晰策略在執行上的一定成效。[15]

　　拜登總統時期，中國發動對臺軍事演習抗議美國眾議院議長裴洛西訪問臺灣。2022年8月2日，中國解放軍向臺灣北部、南部及東部周邊海域，發射東風系列彈道飛彈11枚，四枚飛彈飛越臺灣上空的大氣層降落在臺灣東部海域，另外有五枚飛彈落在日本的專屬經濟海域中。同時，8月4日至8月10日期間，中國解放軍連續對臺實施海空聯合作戰演習，多架次軍機在臺海周邊飛行，其中部分軍機企圖飛越臺灣海峽中線，同時有多艘軍艦也越過海峽中線進入臺灣24海里的鄰接區。美國派遣第七艦隊的航空母艦雷根號（USS Ronald Regan）、巡洋艦、驅逐艦及各式的偵察機來嚴密監控中國的軍演。中國對臺軍演不僅沒有達成其威嚇的目標，反而讓美國更支持臺灣。2022年9月14日，美國參議院外交委員會在民主黨籍外交委員會主席梅南德茲（Bob Menendez）與共和黨籍參議員葛瑞姆（Lindsey Graham）領銜提案下，通過《2022臺灣政策法》（Foreign Relations Committee, 2022）。《臺灣政策法》通過多項友臺措施，如提議美國政府在2027年以前對臺提

---

[14] 類似的觀點請參閱Bush（2021: 298）。

[15] Boon與Sworn（2020）認為川普總統仍然是執行戰略模糊策略，而不是戰略清晰的政策。

供65億美元無償的軍事援助，以及建議美國政府應將原本的臺北經濟文化代表處改名為臺灣代表處等。9月19日，美國拜登總統接受CBS記者專訪時被問到，美國軍隊是否會防衛臺灣；拜登總統回答指出假如臺灣遭受前所未有的攻擊時，美國會防衛臺灣，亦即美國軍隊（男性或女性）會在中國入侵臺灣的情況中防衛臺灣（CBS, 2022）。拜登總統再次清楚表達防衛臺灣的決心，讓原本戰略模糊的政策愈來愈朝向戰略清晰的政策方向轉變。同時拜登總統在訪問中也提到美國不鼓勵臺灣獨立，獨立與否是臺灣的決定。換言之，美國即使放棄戰略模糊策略，並不會根本改變臺灣海峽的現狀以及美國並沒有支持臺獨，不會出現為臺獨壯膽的問題。

陸、延伸性嚇阻與戰略清晰策略、戰略模糊策略之關係

　　美國持續軍售臺灣，一方面可以展現美國防衛臺灣的決心，另一方面可以嚇阻中國採取先發制人的武力犯臺行動。戰略清晰政策的核心基礎是如果臺灣沒有挑釁中國，而中國卻選擇用武力來侵略臺灣的話，美國會選擇介入。嚇阻理論指出當嚇阻國愈可能介入攻擊國和被保護國之間的衝突時，被保護國愈可能進行抵抗，當介入和反擊的可能性增加，反而可以減少攻擊國採取攻擊行動的可能性（Smith, 1998: 317）。換言之，這樣才可能形成所謂的雙重嚇阻，一來嚇阻國對於攻擊國的直接嚇阻，二來是被保護國抵抗的決心也可以嚇阻攻擊國的攻擊。當臺灣有能力且決心抵抗時，美國可以獲得更多的戰略準備時間來馳援臺灣，不用過早介入或是需要大量部隊來增援臺海危機。同時，美國一方面可以透過臺灣所購買的武器裝備之後勤補保來限制臺灣的政治冒進如法理臺獨的實踐，但另外一方面確保臺灣有足夠的能力和時間來防衛自己，這樣也減少美國需要立刻介入的風險和成本。

　　相反地，美國具體執行戰略模糊策略將無法展現延伸性嚇阻的決心，或是讓中國認為美國的決心太弱，可能不會介入臺海的軍事衝突。臺灣防衛能力減弱或是臺灣和中國的軍力嚴重失衡的情況下，當臺海的軍事危機發

生時，若美國選擇介入的準備時間更短，或是認為臺灣損失慘重，即使介入也為時已晚，因而選擇縮手不介入，這樣的決策則必須忍受美國在亞洲名聲上破產的後果。另外，臺灣和中國的軍力失衡會降低中國發動臺海戰爭的成本，以及同時增加臺灣從事戰爭的成本，進而導致中國採取強迫臺灣統一的軍事行動或政治協商（Kastner, 2015/2016: 86）。[16]在這樣的設想狀況下，美國基本上會失去其在美中臺三角關係的平衡者角色或是樞紐地位。嚇阻理論提到，防衛國面對一個相對較弱或是較溫和的挑戰國時，其可以採取一個較為模糊的政策來嚇阻挑戰國，但是當防衛國面臨一個強勢或可能會採取行動的挑戰國時，則防衛國和被保護國不穩定的關係反而會鼓勵挑戰國製造危機（Zagare and Kilgour, 2003: 604）。

　　影響延伸性嚇阻成功或失敗的原因之一是被保護國對於防衛國的價值，當被保護國對於防衛國的價值愈高，延伸性嚇阻愈容易成功，反之當被保護國對於防衛國的價值愈低時，延伸性嚇阻愈容易失敗；同時當防衛國過去對於防衛被保護國愈強硬時，挑戰國愈不容易對被保護國採取虛張聲勢的行動，反之當防衛國過去對於防衛被保護國愈軟弱時，挑戰國愈容易對被保護國採取虛張聲勢的行動（Kilgour and Zagare, 1994）。被保護國為了嚇阻成功的目的必須小心翼翼地向嚇阻國傾斜，但同時也要避免過度傾斜，以避免加速危機的發生（Zagare and Kilgour, 2003: 604）。一般來說，民主國家因為受到國內民主結構的制約，因此其所傳遞的延伸性嚇阻信號較為可信，然而如果民主國家因為要避免聽眾成本的原因，選擇採取模擬兩可的政策意向時，反而會減損其進行延伸性嚇阻的可信度（Chan, 2004: 186）。換言之，嚇阻國採取戰略模糊的策略可以降低國內的反對聲浪，但搖擺不定的外交方針很容易讓攻擊國質疑其可信性，認為其可能只是虛張聲勢或是可以見縫插針。[17]美國對於臺灣和中國執行戰略模糊政策的理性基礎在於，美國很

16　例如，如果臺灣接受與中國統一的談判，代表未來美國如果介入臺海危機，就是介入中國的內戰，而不是國際衝突，同時談判過程中，中國對於臺灣的承諾是否會執行值得懷疑，甚至中國會要求臺灣對其進行更多有利的讓步，相關的討論請參閱Kastner（2015/2016: 88）。

17　甚至美國國際關係學者Glaser（2015）主張美國應該終止軍售臺灣，藉此來與中國進行大交

難具體指出在何種狀況下不會協防臺灣，也很難判斷中國攻擊臺灣是被激怒的或不是被激怒的，同時臺灣是一個具有自主性的民主國家，美國也很難區別臺灣哪些動作是朝向獨立，哪些動作需要美國來介入保護（Benson, 2006: 180）。圖6-1可以說明戰略模糊策略與美中臺三角關係中，美國、中國和臺灣相對位置。

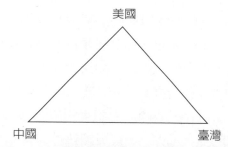

圖6-1　戰略模糊策略與美中臺三角關係

資料來源：筆者自行繪製。

　　美國執行戰略模糊策略的目的是保持一定的彈性，同時嚇阻中國使用武力和抑制臺灣尋求獨立，而美國不必選邊站；確保以和平的方式解決臺海問題是美國的底線（Tucker, 2005）。然而，戰略模糊的策略反而促成中國持續施壓臺灣和測試美國的底線，以及美國過度抑制臺灣，讓中國認為美國並沒有堅定地支持臺灣（林正義，2007：7）。1995年、1996年臺海危機證明中國運用強制性外交的手段對臺灣進行武力恫嚇，同時測試美國防衛臺灣可能採取的行動選項，尋求戰略模糊空間的可能破口。同時，美國會抑制臺灣的外交作為，擔心臺灣的行動會挑釁中國，讓美國被迫介入臺海戰爭，但是過度抑制臺灣的結果，反而讓中國認為美國偏向中國，臺灣和美國的關係是不穩固的或是存在著嚴重間隙。戰略模糊策略原先設定的雙重嚇阻反而遭遇

易，緩和美中之間的衝突。然而，Chen、Kastner與Reed（2017: 228-230）分析指出，美國終止軍售臺灣武器反而會導致兩岸關係的不穩定，一來會讓中國更容易使用軍事行動來威逼臺灣進行統一，二來臺灣也可能因為失去美國的軍事支持，在主權議題上，採取向中國妥協的立場。

中國和臺灣的雙重挑戰，中國持續對臺灣採取強硬路線，[18]而臺灣執行深化民主和繼續維持現狀，卻一直被中國界定成是追求獨立。換言之，戰略模糊策略的缺點是中國和臺灣皆會試探其限制（Dittmer, 2005: 31）。過去美國雖然避免在中國統一和臺灣獨立兩者間選邊站，然而，美國持續對臺軍售所產生的效果可以嚇阻中國對臺動武以及維繫臺灣的現狀。

　　因此美國選擇執行有條件的戰略清晰策略，更可以促成臺海之間的和平以及權力平衡。[19]所謂的有條件的戰略清晰策略是指一方面美國不支持臺灣追求法理獨立，不會為了臺灣單方面改變現狀而與中國開戰，另外一方面美國對於中國貿然以武力犯臺的行動將不會坐視不管，會採取適當的行動來加以回應。圖6-2說明戰略清晰策略與美中臺三角關係中美國、臺灣和中國的相對位置。至於美國如何介入中國武力犯臺的戰術選項仍然可以保持一定的模糊空間，端視狀況的變化而定。[20]當美國持續對臺軍售武器，不僅可以延長臺灣有效抵抗中國入侵的接戰時間，同時也給予美國較充裕的時間來準備可能的因應行動。美國透過出售臺灣質量並重的軍事武器，不僅讓臺灣可以防衛自己，更重要的是增強臺灣的不對稱作戰能力來嚇阻中國武力犯臺。當臺灣可以有效地自我防衛時，同時也會減低美國需要立即派兵馳援的強大壓力。相較於戰略模糊策略，有條件的戰略清晰策略較能夠發揮嚇阻中國的效用。[21]因為戰略清晰策略可以減少一方錯誤判斷另外一方的意圖和能力所發

---

[18] 馬英九總統執政時期（2008-2016），中國對臺灣採取懷柔政策，但是仍然不放棄政治談判和統一臺灣的立場。換言之，此時期中國與臺灣的緊張關係相對和緩，不過中國仍然持續以商促統的方式來推動相關的進程。

[19] Ye（2021: 11）分析指出美國的中國政策可能採取三種不同的策略：一、交往取向：戰略模糊策略；二、合作取向：戰略模糊和部分戰略清晰策略；三、圍堵取向：部分戰略清晰和最大壓力策略。

[20] 1996年臺海危機發生時，美國國務院東亞暨太平洋事務助理國務卿羅德（Winston Lord）在國會的聽證會中指出，「美國的戰略目標相當清晰，但所執行的是戰術模糊的策略，我們不能事先具體指出假如中國訴諸武力，我們將會採取什麼行動，其必須視情況而定」，相關的討論請參閱Tucker（2005: 197）。這一段話可以清楚解釋戰略模糊策略是指戰術層次，而不是戰略層次。

[21] 有條件的戰略清晰政策類似於在敵人不要試圖猜測你的動機之前提下，試圖讓敵人猜測是合理的，相關的討論請參閱Schelling（1980: 201）。

生衝突的風險（Haass and Sacks, 2021）。然而，中國雖然沒有直接入侵臺灣，近年來仍然持續執行軍機和軍艦繞臺、軍機越過臺海中線或是進入臺灣西南的防空識別區等邊緣性作為以及用飛彈和火箭砲對臺鄰近海域的試射，最主要的目的是抗議臺灣與美國之間的軍事、外交和經濟的夥伴合作關係。臺美之間的密切合作讓中國較無法質疑美國和臺灣之間非正式聯盟的可信度或連結性，同時讓臺灣的戰略價值成為美國亞洲利益不可或缺的一環。[22]

圖6-2　戰略清晰策略與美中臺三角關係

資料來源：筆者自行繪製。

柒、結語

臺海衝突一直是美國在亞太地區執行延伸性嚇阻策略的重中之重。美國對於臺海衝突長期以來信奉戰略模糊策略，欲達成同時對臺灣和中國的雙重嚇阻之目的和效果。過去的戰略模糊策略之所以能夠奏效，取決於美國強大軍力的樞紐地位。當中國快速崛起、變成世界數一數二的經濟強權，並且其運用經濟發展的利益來提升和擴大其軍事實力挑戰美國所主導的印太安全秩序。美中之間權力轉型的變化和反轉，讓美國的戰略模糊策略愈來愈無法抑

---

[22] 如果臺灣變成中國的一部分，將成為中國突破第一島鏈的海軍基地（Green and Talmadge, 2022）。如果臺灣變成中國的一部分，美國將不再成為超級強權，而讓中國變成超級強權（Copper, 2021b: 112）。

制中國的強勢作為和擴張政策。因此，美國在確保臺灣不會挑釁中國和單邊改變現狀的情況下，選擇執行戰略清晰政策，扮演平衡者的角色來維繫臺灣的安全，較能夠嚇阻中國的侵略行動。當然，這不表示中國會放棄其邊緣政策，因為中國的戰略目標可以對美國和臺灣形成嚇阻作用，運用可能涉入戰爭風險的恐懼來阻撓臺灣和美國發展正式外交關係，同時也讓美國需要審慎考慮出兵介入臺海危機可能會負擔的沉重成本。

　　本文藉由過去所發生的三次臺海危機來說明美國執行戰略模糊策略與延伸性嚇阻可能會直接或間接促成危機的升高，以及相對地戰略清晰策略如何化解臺海之間的危機和衝突。戰略模糊策略的優點是可以讓攻擊國猜測並使防衛國保持一定的回應彈性，但是也因為其模糊的特性，容易讓攻擊國選擇測試防衛國的底線或是因此而見縫插針。戰略模糊策略之目的在維繫挑戰國和被保護國之間的權力平衡，但是當挑戰國和被保護國之間的軍事實力相差甚遠時，防衛國必須強化與被保護國之間的合作或承諾，如此才能達成延伸性嚇阻的目的，否則如果挑戰國認為防衛國與被保護國之間並沒有緊密的連結或是具有弱的防衛決心，則挑戰國可能會選擇先發制人的攻擊行動來挑戰防衛國延伸性嚇阻的戰略。

　　美國執行戰略清晰的政策完全符合嚇阻理論或是延伸性嚇阻理論的理性基礎，一方面透過軍售臺灣來強化臺灣的國防，嚇阻中國的入侵，另外一方面也展現美國防衛臺灣的確信和決心，讓中國無法質疑或是尋求可能的破口。換言之，透過軍事力量的展現以及強化防衛國和被保護國的緊密連結才能嚇阻攻擊國的侵略行動。近年來中國持續執行邊緣政策反而直接促成了臺灣和美國之間的合作和連結，以及影響美國行政和立法部門對於中國的威脅認知。美國的外交政策有一定的延續性，但是在結構性因素的影響下，繼續執行過去的戰略模糊政策，反而會讓美中臺三角關係失去平衡、美國無法繼續維繫樞紐地位以及讓中國可以居間操縱或控制臺灣和美國的關係。相對地，戰略清晰政策不僅可以讓美國繼續維繫其在美中臺三角關中的樞紐地位，同時可以確保具有重要戰略位置和戰略價值的臺灣不會成為中國稱霸亞洲的前進堡壘。

壹、前言

　　2022年8月2日晚上10時43分，美國國會眾議院議長裴洛西女士抵達臺灣進行訪問，隔天拜會蔡英文總統、參訪立法院會見立法院副院長蔡其昌，以及在監察院院長陳菊女士陪同下參訪景美人權園區，並與香港、中國和臺灣的異議人士進行座談（中央社，2022a）。中國人民解放軍在8月2日晚上11時宣布，自4日中午12時至7日中午12時，在臺灣東西南北周邊共六個海域進行重要軍事演訓行動，並組織實彈射擊（中華人民共和國國防部，2022）。8月4日，解放軍於下午13時56分開始，向臺灣周邊海域發射九枚東風系列彈道飛彈，其中有四枚飛彈飛越臺灣的外太空上方落在臺灣東部海域，另外五枚飛彈落在日本專屬經濟海域（中央社，2022b）。同日中國火箭軍在馬祖、烏坵、東引等外島的周邊地區，也進行了遠程火箭砲之實彈射擊。8月4日至8月10日期間，中國解放軍對臺進行海空聯合演習，多架次軍機在臺海周邊飛行，部分軍機甚至越過臺灣海峽中線，同時有多艘軍艦也越過海峽中線進入臺灣24海里的鄰接區（周慧如等，2022）。中國軍演期間，臺灣外島金門和馬祖也發現多架次的無人機入侵禁、限制水域上空。除了軍事演習之外，中國也實施經濟制裁的手段，禁止臺灣多項商品進口到中國以及禁止中國天然砂出口到臺灣。網路作戰方面，中國駭客對於臺灣政府多個網站進行攻擊，造成連結異常。整體來看，中國這次的軍事演習行動是自1995年、1996年臺海危機以來規模和範圍最大一次的軍事演習。本文主要的目的在於解釋和分析中國對臺軍事演習的本質、中國的灰色地帶戰略、美國對於中國軍演的回應、比較第三次臺海危機和第四次臺海危機的中美關係，並討論中國軍演對於美中臺三角關係的影響。

　　針對中國之所以發動對臺軍事演習的原因或影響，基本上可以歸納出幾種不同的觀點。第一種立場認為美國眾議院議長訪臺是中國對臺軍演的主要肇因。中國外交部（2022a）指出，美國國會眾議院議長裴洛西（中國稱為佩洛西）不顧中方嚴重關切和堅決反對執意竄臺，嚴重干涉中國內政，嚴重損害中國主權和領土完整，嚴重踐踏一個中國原則，嚴重威脅臺海和平穩定。這種立場將所有責任歸咎於議長裴洛西訪臺，稱此為中國發動軍事演習的理由或原因。美國方面有分析指出裴洛西訪臺沒有實質的意義，只是象徵性的表演或是支持的展現，對於臺灣沒有幫助，可能會傷害臺灣的安全，使已經很壞的美中關係比以前更糟；相反地，比較有實質意義的是美國對臺軍售或是與臺灣簽訂貿易協定（Rigger, 2022）。綜合來看，中國的立場基本上是只要臺灣有外交行為都是違反一個中國原則，而美國反對裴洛西訪臺但贊成軍售的立場，基本上會出現軍售比訪臺更不會挑釁中國的輕重失衡之論述矛盾。

　　第二種立場認為中國軍演的目的是為了攻臺進行準備。中國國家主席習近平對於俄羅斯在俄烏戰爭中出現的後勤和指揮問題感到焦慮，因此選擇軍事演習來進行戰鬥預演而不是傳遞訊息，中國執行大規模的實彈演習可以訓練攻臺的能力，中國選擇裴洛西來臺訪問作為藉口而進行軍事演習，可以避免國際更強的責難（Mastro, 2022）。類似的觀點指出，中國出現權力頂峰的症狀，中國國家主席習近平受到力量優勢和弱點劣勢混在一起的刺激，在面臨嚴重的經濟、人口和戰略的問題時，會企圖使用快速發展的軍事力量來改變既存的秩序（Brands and Beckley, 2022）。換言之，中國把臺灣當成代罪羔羊，企圖藉由裴洛西訪臺實施軍演，轉移其國內危機的焦點。

　　第三種立場認為中國軍演的目的是展現武力的博弈。中國當局在傳遞一個訊息，臺灣的領導者和西方支持者的合作關係如果不改變方向，中國在沒有其他選項的情況下只能升高態勢，若未升高態勢，不僅破壞中國統一臺灣的長期目標，以及如果中國不回應裴洛西訪臺，將會導致中國國內外對於習近平過於軟弱的指控，因此只好與美國進行一場懦夫賽局（a game of chicken），運用邊緣政策來喚起相關國家的注意（Pei, 2022）。升高態勢可以展現中國統一臺灣的決心，然而同時也會坐實中國是修正主義國家，企圖以非和平的手段來改變臺海的現狀。

第四種立場認爲中國軍事演習出現其所不欲見的後果。美國國會議員梅南德茲（Menendez, 2022）撰文指出，中國對於裴洛西訪問臺灣的威脅正好顯示出習近平國家主席的好戰成性，對於裴洛西的訪問大發雷霆，以作爲更多攻擊性步驟的藉口，這也是爲何裴洛西議長是對的，不讓中國決定誰可以和誰不可以訪問臺灣，中國威嚇臺灣的結果，反而會更強化臺灣、美國和整個地區的決心。類似的觀點指出，如果美國今日對於中國的壓力投降，會確保明日中國的侵略：美國兩大政黨關於對抗中國和中國共產黨有共識，中國對臺的軍演讓美國的拜登政府感受到威脅，認爲必須堅定地採取防衛性的措施來回應中國的威脅（Cropsey, 2022）。換言之，中國對於裴洛西訪臺升高態勢並沒有正當性，美國外交政策具有自主性，不會因爲中國的升高態勢而退讓，同時美國也會調整政策積極地回應中國的挑釁性軍事行動。

貳、中國軍事演習的本質：威逼行動

從戰略選擇層次來看，中國針對美國眾議院議長裴洛西訪臺之後進行對臺軍事演習是升高態勢的回應行動。國際衝突的研究指出，在典型的升高態勢的情境中會涉及冒險的競爭（competition in risk-taking），如果一方升高態勢，而另外一方並沒有同樣也升高態勢的話，則升高態勢所產生的勝利之利益將會高於升高態勢的成本；同時，擔心另外一方可能的反應或是過度反應的恐懼，才是最可能嚇阻升高態勢的原因，而不是升高態勢的不受歡迎性或是其成本（Khan, 1965: 14）。換言之，如果一方升高態勢，另外一方並沒有對等回應的話，則會出現升高態勢的支配現象。但是如果一方升高態勢，另外一方升到更高態勢的話，則原本一方可能被嚇阻不要再升到另一個更高的態勢。當然情況也可能演變成雙方持續升高態勢，不願意讓步，最後只能兵戎相見。升高態勢的程度或階梯（由低到高）可以分成下列八種：一、有意的威脅；二、付諸行動（暴力的規模、範圍和強度）；三、造成損害；四、決心或不顧危險的展現；五、打破前例；六、挑釁行動；七、一觸即發；八、全面性戰爭（Khan, 1965: 17）。具體來看，2022年中國對臺軍演已經爬升到第六個階梯的挑釁行動，離一觸即發或全面性戰爭的態勢相當地接近。中國所採取的是嚇阻和威逼的混合策略（Schelling, 1980: 195-196）。嚇阻的部分是向對手傳遞可能行動後果之訊息，以阻止該項行動。例如中國在裴洛西議長可能造訪臺灣之前，聲明指出中國正嚴陣以待，中國人民解放軍絕不會坐視不管，並且威脅如果裴洛西真的訪臺，必將採取堅決應對和有力的反制措施來捍衛主權和領土完整，至於是什麼措施，那就拭目以待。當中國嚇阻裴洛西訪臺失敗之後，開始執行威逼行動，直接採取圍臺的軍事演習來懲罰臺灣與美國的外交行為。中國發射飛彈飛越臺灣上空、火箭砲射擊臺灣周邊海域，以及海空軍越過臺海中線進行聯合演訓。[1]

　　嚇阻理論的核心論點指出，當一個攻擊國相信現狀國的能力或決心是較弱時，很容易產生重大的危險，因為這樣的認知會導致攻擊國採取行動來測試現狀國，假如現狀國（防衛國）選擇撤退，不僅會失去目前的利益，長期來說還會讓攻擊國變得更加強硬，甚至後來防衛國承認原先的撤退會產生這樣的困境，因此有意願付出更高的代價來防止更多的撤退時，會發現即使防衛國有最新產生的決心，也很難說服侵略國不要繼續進逼（Jervis, 2017: 58）。因之，如果臺灣選擇對於中國讓步，可能會讓中國壯膽進一步入侵臺灣。中國對臺軍事演習的威逼行動具有雙重嚇阻的意涵。一方面以強大的軍事力量來嚇阻臺灣尋求獨立，另一方面也嚇阻美國不要繼續支持臺灣。

　　國際政治的威逼是指威逼國使用潛在的武力來改變現狀，首先威逼國

---

[1]　此次中國的軍事演習行動不是海上封鎖（naval blockade），所謂的海上封鎖是指執行巡視（visit）、登艦（board）、搜索（search）、扣押（seizure）四項程序；對於臺灣的海上封鎖必須持續性地包圍臺灣，檢查來往船隻，看這些船隻是否前往中國或日本，並禁止所有船隻通過，見Twomey（2022）。

會要求被威逼國改變其行爲，其次威逼國會威脅使用武力作爲傳遞訊息的工具，最後要求被威逼國在限定的時間內改變（這三個要素與最後通牒概念類似）（Schaub, 1998: 44）。例如，中國要求臺灣不要再倚美謀獨；中國解放軍將展開一系列針對性軍事行動予以反制；敦促美國停止支持臺灣、干涉中國內政和掏空一個中國原則完全符合威逼概念的三個要素：要求、威脅和限期改變。中國採取威逼行動的主要目標是逼迫臺灣接受新的現狀。例如軍機和軍艦企圖越過臺灣海峽中線，進逼到臺灣24海里的鄰接區。國際政治的威逼理論指出，國家採取威逼策略的目的是影響被威逼國的意志，利用軍事力量來調解其與被威逼國的利益衝突（Treverton, 2000）。如果臺灣對於中國的威逼行動讓步，則危機的和平解決有利於中國；如果臺灣堅守立場對於中國不讓步，則中國只能選擇繼續軍演或是發動戰爭；假如中國因爲臺灣或是美國的反對而選擇不繼續升高態勢，則危機的和平解決會較有利於臺灣。[2]雖然，最後中國停止飛彈和火箭砲射擊的軍演（部分讓步），但是臺海現狀已經被改變，中國突破海峽中線或進入臺灣的鄰接區，此結果是對於中國是較爲有利的。

中國運用軍事演習來進行封鎖或包圍臺灣的策略屬於強制性外交的手段。所謂的強制性外交手段，基本上不是採取快速和決定性的使用武力，而是以有限的或選擇性的方式來使用武力，目的是讓對手國可以改變其計算以及接受解決衝突的模式（George, 1971: 18）。這種強制外交手段也是一種邊緣政策。所謂的邊緣政策是指一個國家故意挑戰另一個國家的重要承諾，希望逼迫對手國背棄承諾，其發動邊緣政策的期望是對手國會退縮，而不是選擇戰爭，執行邊緣政策的主要目標不是企圖開戰，而是故意製造具有敵意的危機來達成其政治目的；邊緣政策只有在達成其目的而沒有發動戰爭時，才能算是成功（Lebow, 1981: 57）。簡言之，強制性外交或邊緣政策的主要目的是傳遞政治訊息，讓對手國改變其行爲，達成不戰而屈人之兵的效果。

2　有關威逼國和被威逼國的策略互動分析，請見Petersen（1986: 271-272）。

一、威逼策略的成功或失敗

　　國際政治分析指出，當威逼國進行要求和威脅時，被威逼國接受這樣的訊息後，可能會採取拒絕或是協商的回應，而威逼國則有協商、攻擊或撤退三種選項；其威逼成功或失敗，基本上可以分成三種路徑：（一）如果被威逼國接受或同意這樣的要求，則威逼策略是成功的；（二）如果威逼國和被威逼國都願意協商，則威逼策略是成功的或是讓威逼國得以實現部分的成果；（三）如果威逼國採取攻擊或撤退的選項，表示其威逼策略是失敗的（Schaub, 1998: 45）。中國在美國眾議院議長裴洛西來臺之前，就要求裴洛西不要訪問臺灣。裴洛西議長訪臺之際，中國發表聲明指出美臺官方往來是十分危險的玩火行為，玩火者必自焚。裴洛西議長離臺之後，中國人民解放軍展開一系列圍臺封鎖的軍事行動。針對中國的對臺軍演，臺灣總統蔡英文指出，臺灣不會升高衝突，不會挑起爭端，但會堅定地捍衛主權和國家安全，堅守民主自由的防線；國軍的使命是備戰不求戰、應戰不避戰（黃翊婷，2022；葉素萍，2022）。換言之，當中國採取軍事演習的威逼行動後，臺灣的回應是採取拒絕策略和防衛態勢，從國際政治的概念運用來看，中國的威逼策略並沒有成功。因為成功的威逼取決於威逼國對於被威逼國的威脅是可信的，強加在被威逼國的成本大於被威逼國抵抗或是繼續目前行為的價值；當被威逼國抵抗威逼國所要求變遷的價值大於威逼國威脅被威逼國如果不順從所加諸的成本時，則屬於失敗的威逼（Schaub, 1998: 46）。

　　中國對於議長裴洛西訪臺的威脅和後來所執行的軍事演習，事後證明是可信的，但因為中國所加諸臺灣的成本是要求放棄主權行使的外交行為，而被威逼的臺灣選擇採取拒絕策略，堅決抵抗中國的進逼和繼續尋求美國等民主國家的支持，導致中國的威逼策略無法達成原本預期的成效。如同國際政治威逼理論的觀點指出，威逼行動只有在被威逼者應允或同意時，才算是成功，同時威逼也會有時間的限制，如果威逼一直持續，威逼國也會產生大量成本，或是耗盡自己的力量，或是威逼時間太久讓被威逼國沒有剩下什麼可以損失的（除非威逼國的目標是征服或懲罰）（Schelling, 2018: 76）。中國採取威逼行動的軍事演習（8月4日到8月10日）之後，仍持續對臺進行常態性的軍機和軍艦演習，兩岸關係緊張態勢升高，但時間一久反而讓威逼行動的效用遞減。

二、臺灣民意對於中國威逼政策的回應

　　國際政治的威逼理論指出，威逼國必須讓被威逼國所需付出的成本大於效益，這樣被威逼國只能選擇接受或拒絕（Karsten et al., 1984: 7）。因此，當中國直接執行軍事威逼，臺灣只剩下接受中國的要求，停止與美國進行外交交流，或者拒絕中國的要求，繼續與美國進行雙邊合作的兩種選項中進行選擇。如果臺灣與美國停止外交交流，基本上會影響臺灣的安全和經貿，這樣的成本會比拒絕中國的要求更難以承受。如果美國願意與臺灣持續交流，則臺灣很難拒絕美國，因為美國同時是臺灣的安全保護國和經貿的夥伴國。同時，中國執行大規模對臺的軍事演習之後，並沒有與臺灣協商的意思，因此中國軍事演習的真正目標是警告臺灣不要與美國有官方層級的交流或是美國應該停止支持臺灣。另外，中國對臺實施軍演的主要目的之一是對於臺灣的執政黨民進黨施加壓力，因為中國方面認為是民進黨積極擴大與美國的交流和往來，導致中國不得不採取反制措施，才造成兩岸關係兵凶戰危的狀況。然而，根據中國軍演後一項臺灣的民意調查顯示，臺灣有78.3%民眾表達不害怕、52.9%民眾不後悔裴洛西來臺、62.4%的民眾不同意臺灣最好暫時停止各種提升國際地位的努力，以免刺激中共、81.6%不贊成臺灣是中國的一部分；軍演之後，有50%的人支持臺灣獨立、支持兩岸統一是11.8%、維持現狀是25.7%（台灣民意基金會，2022）。另外一項民調也顯示，臺灣民眾高達88.3%反對共軍機艦在臺灣周邊大規模軍演並發射多枚導彈的挑釁行徑、高達86.1%的民眾主張廣義維持現狀（包含永遠維持現狀、暫時維持現狀以後看情形再決定獨立或統一、暫時維持現狀以後走向獨立），主張儘快統一的只剩下1.4%（中華民國大陸委員會，2022）。換言之，臺灣民眾並沒有因為軍演而恐懼害怕，同時也拒絕暫停各種提升國際地位的努力，甚至有極高比例反對中國所堅持的一個中國原則和主張維持現

狀。整體來看，中國軍演並沒有達成其威逼行動的期望，唯一達成的目標是中國軍機和軍艦持續越過海峽中線和改變臺海的現狀。

參、中國執行的灰色地帶戰略

　　中國軍事演習除了向臺灣東部周邊海域發射九枚東風系列彈道飛彈以及在臺灣西北部和海峽中線附近進行遠程火箭砲射擊，同時派多架次的飛機越過海峽中線，多艘的軍艦也越過海峽中線，進入到臺灣24海里的鄰接區附近。中國軍機和軍艦越過臺海中線的策略屬於灰色地帶的戰略。所謂灰色地帶的戰略是指不滿意現狀的修正主義國家，不願意冒著全面性戰爭的風險，而採取切香腸式戰略（salami-slicing strategies）來確保其影響力（Mazarr, 2015: 1）。灰色地帶戰略存在著多重的態樣，從低強度的模式到高強度的模式：一、透過宣傳來進行敘事戰；二、破壞原本的經濟活動；三、派遣民間代理機構進行占領；四、派遣特種部隊進行騷擾；五、實施軍事演習來進行恫嚇；六、派遣代理人部隊或游擊隊來破壞穩定（Mazarr, 2015: 60）。中國派遣軍機和軍艦越過臺灣海峽中線是屬於高強度的灰色地帶戰略。

　　臺灣海峽中線起源於1955年美國空軍將領戴維斯（Benjamin O. Davis Jr.）為臺灣海峽所劃定的中線，要求國共雙方保持默契不要越界，以減少兩岸之間的軍事衝突（Suorsa and U-Jin, 2022）。軍事專家指出，近年來中國軍機試圖越過海峽中線，主要的目的是測試臺灣空軍的防備以及人民的反應，海峽中線的存在讓臺灣的戰機有時間和空間升空攔截，否則一旦放棄海峽中線，中共戰機將可以直接飛到領空，防空作戰會反應不及，最後迫不得已只能被動地將其擊落，可能更容易引發戰爭（沈明室，2019：9）。換言之，對於臺灣空防來說，海峽中線是所謂的緩衝區，讓臺灣空軍可以有時間和距離來攔截或是驅離中國的軍機。中國戰機越過海峽中線是屬於切香腸戰術中的造成既定事實（fait accompli）。國際政治理論指出，發動國採取造成既定事實的策略之後，對手國可能會面臨接受這樣的結果或是採取報復行動，如果對手國選擇接受結果的綏靖政策，之後可能會存在更進一步地被掠奪的風險；假如對手國選擇報復行動，需要付出一些成本來懲罰發動國的行為，企圖去反轉既定事實，恢復先前的現狀（Maass, 2021/2022: 38）。換言之，若臺灣面對中國戰機越過海峽中線的既定事實選擇接受，將會招致更大的開戰風險；若臺灣選擇反制策略如攔截、驅離以及用防空飛彈追監，則要付出相當大的成本才能維繫原本的現狀（陳厚郡、蘇園展，2022）。美國方面意識到臺灣海峽中線存在的重要性，不能任由中國來界定其性質，透過實際行動來證明海峽中線的存在。因應這次中國對臺的軍演，美國拜登政府指出將會執行標準的空中和海上過境臺灣海峽，符合美國長期以來捍衛海上航行自由和國際法的政策（The White House, 2022）。中國軍演後，美國第七艦隊安提坦號導彈巡洋艦（USS Anteitam）、錢斯勒斯維爾號導彈巡洋艦（USS Chancellorsville）於2022年8月28日通過臺灣海峽的海上走廊，主張這個航道不屬於任何沿岸國家的領海（The U.S. Seventh Fleet, 2022）。美國軍艦通行臺海再次證明臺海不是中國的內海，以及美國採取實際的軍事行動來反制中國破壞海峽中線的威脅。

　　中國除了執行軍機和軍艦越過臺灣海峽中線的高強度灰色地帶戰略，同時也採取敘事戰的方式來執行低強度的灰色地帶戰略。中國外交部發言人汪文斌在2022年6月13日的國際記者會中指出，臺灣是中國領土不可分割的一部分，臺灣海峽最窄處約70海里，最寬處約220海里；根據《聯合國海洋法公約》和中國國內法，臺灣海峽水域由兩岸的海岸向海峽中心線延伸，依次為中國的內水、領海、毗連區和專屬經濟區；中國對臺灣海峽享有主權、主權權利和管轄權，同時也尊重其他國家在相關海域的合法權利；《聯合國海洋法公約》上根本沒有「國際水域」一說，有關國家聲稱臺灣海峽是「國際水域」，意在為其操弄涉臺問題、威脅中國主權安全製造藉口（中華人民共和國外交部，2022b）。中國意圖把臺灣海峽界定為中國內海，同時否定臺灣海峽是國際水域。然而，根據《聯合國海洋法公約》第3條，每個國家有權利建立其領海寬度，最多不超過12海里，由符合公約的基線畫法來決定。領海以外可以劃設鄰接區，自測定領海寬度之基線起算，不得超出12海里（聯合國海洋法公約第33條）。專屬經濟區從測算領海寬度的基線量起，不應超過200海里（聯合國海洋法公約第55條）。中華民國的領海自基線起至其外側12浬間之海域、鄰接區為鄰接其領海外側至距離基線24浬間之海域（中華民國領海及鄰接區法第3條、第14條）。鄰接領海外側至距離領海基線200浬間之海域是專屬經濟海域（中華民國專屬經濟海域及大陸礁層法第2條）。根據《聯合國海洋法公約》第37條、第38條規定，所有國家的飛機和船舶都可以在沿岸國的專屬經濟區行使過境通行權。臺灣海峽最窄處約70海里扣除中華民國的領海12海里和中國的領海12海里，還有46海里可以讓所有國家的飛機和船舶通行。即使如中國片面所宣稱臺灣是中國的一部分，臺灣海峽也不是中國的內海，其中有一部分的海域（46海里）是專屬經濟區。《聯合國海洋法公約》的公海（High Sea）名詞就是指涉國際海域。美國和其他國家的軍艦或船舶在臺灣海峽可以行使過境通行權，完全符合《聯合國海洋法公約》的規定。

肆、美國對於中國軍演的回應

中國在2022年8月4日宣布對臺軍事演習之後，美國外交部門和軍事部門採取相關的回應措施。8月5日美國國務卿布林肯（Antony J. Blinken）在東協峰會的場合上指出，中國對臺軍事演習是嚴重的升高態勢，敦促北京停止，同時指出議長裴洛西的訪問是和平的，不代表美國對臺政策的改變，指控中國以裴洛西議長的訪問作為藉口來增加臺灣周邊的挑釁性軍事行動（Rising, 2022）。8月8日，美國拜登總統受訪指出，他關心中國正在移動進行的軍事演習行動，但是他不認為中國將要做出比現在更多的任何行動（Reuters, 2022）。同日，美國國防部次長卡爾（Colin Kahl）指出，很明顯地中國正在對臺灣進行脅迫，也試圖脅迫國際社會，美國將不會上鉤，因為中國的軍演是不會奏效的，這是一個製造出來的危機，只是對於北京有利的表演，美國艦隊在國際法允許的情況下將持續在臺灣海峽飛行、航行和運作（U.S. Department of Defense, 2022）。

中國宣布軍演之後，美國印太司令部的第七艦隊保持警戒。8月3日，美國航空母艦雷根號、美國航空母艦美利堅號（USS America）、安提坦號導彈巡洋艦、錢斯勒斯維爾號導彈巡洋艦、希金斯號驅逐艦（USS Higgins）、的黎波里號兩棲突擊艦（USS Tripoli）部署在第一島鏈以東的海域（Merco Press, 2022）。除了航空母艦艦隊以外，美國第七艦隊也派遣七架軍機（一架RC-135S型電子偵察機、一架RC-135V型偵察機、三架P-8A反潛巡邏機、一架E-3G空中預警機與一架U-2S高空偵察機）來偵察中國軍演的情報（詹雅婷，2022）。8月4日，美國國防部部長奧斯汀（Lloyd J. Austin）下令美國航空母艦雷根號和其打擊部隊堅守崗位來監控整個情勢（The White House 2022）。8月7日，美國海軍導彈測量船洛倫岑號（Howard O. Lorenzen）抵達日本沖繩海域，執行偵察任務（南海戰略態勢感知，2022）。整體來看，美國在第一島鏈以東地區密切監控中國對臺灣的軍事演習動態，形成螳螂捕蟬，黃雀在後的態勢。

美國對於中國和臺灣可能產生的軍事衝突，長期以來執行所謂戰略模糊策略。一方面美國透過對於臺灣出售防衛性的武器來嚇阻中國對於臺灣所可能採取的軍事行動，在必要的時候，美國會介入臺海的軍事衝突，另一方面美國不支持臺灣獨立，不會為了臺灣尋求獨立而被迫捲入臺灣與中國之間的戰爭（Christensen, 2002: 8）。戰略模糊的策略在過去得以成功運作的主要原因是，中國國力仍弱以至於無法用武力收復臺灣以及中國缺乏全球經濟影響力，現在這兩個原因已不復存在，甚至中國的軍演讓美國的戰略模糊策略變成是一棟搖搖欲墜的大樓（Ryan, 2022）。換言之，這種論點指出當中國軍力和經濟實力變強時，美國已無法成功嚇阻中國對於臺灣的威逼行動，戰略模糊策略已經徹底失效，美國應該調整其戰略模糊策略。支持戰略模糊策略且反對戰略清晰策略的分析指出，不確定性會導致謹慎，假如中國領導者對於美國如何回應臺灣遭受攻擊的範圍和規模是不確定的，他們會對於美國的決心做最壞的打算，因此可以幫助嚇阻衝突；假如美國對於中國的嚇阻失敗或是假如中國使用武力去防止臺灣獨立時，臺灣對於美國的支持和範圍不確定時，就能夠嚇阻臺灣執行獨立；假如臺灣獨立被嚇阻，中國較不可能企圖使用武力（Johnston et al., 2021）。然而，美國戰略模糊策略對於中國武力犯臺美國是否會出兵保持一個不確定的立場，反而讓中國在軍力強大之後，認為美國沒有決心介入臺海，選擇測試美國的底線，執行圍臺封鎖的軍事演習和頻繁越過臺海中線。美國長期以來的對臺政策是不支持臺灣獨立，但是只要美國和臺灣有官方層級往來、軍售武器和經貿交流，中國便認為美國支持臺獨，都能成為中國文攻或武嚇的理由。[3]當中國對臺軍演之後，支持臺灣獨立的民意高達50%（台灣民意基金會，2022）。中國對臺的恫嚇，不僅沒有讓臺灣人民支持統一，反而堅定獨立自主或維護現狀的立場。美國總統拜登在2022年5月23日訪問日本會見首相岸田文雄時，接受記者提問稱，如果中國企圖武力犯臺，美國會使用軍事力量防衛臺灣（Nikkei Asia, 2022）。美國國務院後來指出美國一中政策並沒有改變（Price, 2022）。美國前後立場的混淆，讓中國可以見縫插針，於是選擇對臺軍演來測試美國的反應。當美國清楚表達如果臺灣不追求獨立，而中國仍然選擇武力犯臺的話，會選擇適當方式介入臺海衝突以及美國根據《臺灣關係法》持續對臺軍售讓臺灣有足夠能力可以抵擋中國以封鎖方式來武統臺灣時，兩項保證的情況下，可以讓中國在對於是否直接入侵臺灣的行動必須思考再三。

　　在中國以軍事演習升高對臺灣的緊張態勢以及在臺灣確保不會尋求法理獨立的情況下，導致中國和臺灣無法繼續對於美國戰略模糊策略存在不確定的立場，等同於戰略模糊策略失去其原本政策目標的功效。雖然美國執行戰略清晰的策略並沒有辦法嚇阻中國不要使用灰色地帶戰略來持續侵擾臺灣，但是臺灣軍事能力的增強以及和美國軍事的協同合作較能達成嚇阻中國入侵

---

[3]　1995年和1996年臺海危機，中國所宣稱的理由是臺灣李登輝總統訪美，2022年軍演的理由是美國眾議院議長裴洛西訪臺，換言之，不管是臺灣或是美國的外交行為，中國都無法見容，也都認為是臺獨或美國支持臺獨。

臺灣的行動。中國軍事演習展現了中國軍隊在第一島鏈的反介入與區域拒止的能力以及攻臺軍事行動的預演。但是臺灣正好可以利用這次機會來檢討或彌補臺灣空防上的劣勢，以及透過軍購來增強海軍的防衛能力以因應未來中國的軍事行動。中國一定會對美國持續軍售臺灣表達嚴正的抗議，但因為中國軍演讓美國軍售臺灣更有正當性，且美國可以反擊是中國先開始對臺動用武力威脅。中國對臺軍演讓臺灣可以及早準備如果和中國的衝突爆發之後相關的後勤資源、讓美國兩大政黨形成共識去強化臺灣國防，以及美國深化與臺灣的經貿關係，這些政策可以強化美臺連結，讓臺灣可以有堅定的立足點來處理下一步的問題（Hass, 2022）。

伍、比較第三次臺海危機和第四次臺海危機的中美關係

　　1995年中國為了抗議臺灣李登輝總統訪問其美國母校康乃爾大學，在臺灣北方海域試射飛彈，以及海軍和空軍在福建省附近進行實彈演習；1996年為了抗議臺灣第一次舉行總統直選，在臺灣基隆和高雄外海試射飛彈以及在臺灣海峽的北方和南方進行兩棲登陸演習和實彈射擊，是為第三次臺海危機（Scobell, 2000: 232）。[4]2022年8月的中國軍事演習是第四次臺海危機。第四次臺海危機和第三次臺海危機的差別在於規模和範圍。第三次臺海危機的飛彈落在臺灣基隆上方和高雄下方的海域，而第四次臺海危機的飛彈飛越臺灣上方的太空落在臺灣東部的海域，中共解放軍宣布演習的七個區域分布環繞臺灣（原本六個，後來又增加一個）。第三次臺海危機，解放軍集中在臺灣西部靠近中國的區域進行軍事演習，而第四次臺海危機中，多架次的軍機和軍艦越過臺海中線，向臺灣逼近；兩者最大的差別是解放軍企圖

---

[4]　第一次臺海危機是指1954年到1955年中國人民解放軍對金門發動九三砲戰和一江山島、大陳島戰役，第二次臺海危機是指1958年中國人民解放軍對臺灣金門外島進行榴彈砲射擊的八二三砲戰。

用飛彈、火箭砲、軍機和軍艦全面封鎖和逼近臺灣進行演練攻擊。

　　國際政治分析指出，促成中國發動第三次臺海危機的原因是：一、中國認爲只要臺灣祕密地實施獨立、永久保持分離狀態以及拒絕與中國協商統一，都可以動用軍事武力；二、中國使用飛彈試射的理由不是要直接攻擊臺灣，而是企圖縮小與臺灣直接開戰的風險，同時證明中國的威脅是可信的；三、軍方要展現其愛國主義，是祖國安全的忠實捍衛者，而美國是臺灣獨立運動的煽動者和支持者（Scobell, 2000: 234-243）。換言之，第三次臺海危機是中國的武力展示，而不是直接入侵。美國在1995年臺海危機爆發時，一開始採取低調處理或是模糊應對的方式，後來1996年危機態勢升高，美國才力促中國要克制，如果中國直接攻擊臺灣將不會被容忍，可能會導致美國的軍事回應，後來美國派遣獨立號和尼米茲號航空母艦戰鬥群進入臺海周圍，展現美國強大的海軍部署，最後才讓臺海危機得以化解（Hickey, 1998: 406-408）。

一、柯林頓總統的中國政策

　　第三次臺海危機結束後，美國領導者認爲美中衝突的成本相當高，因此美國必須設法管理與中國的關係，以避免在次要利益的方面升高衝突，甚至美國國會批准同意行政部門所提的給予中國最惠國待遇的法案（Ross, 1996）。給予中國最惠國待遇的政策與當時美國柯林頓總統執行與中國交往的外交政策有關。交往政策認爲把中國描述成敵人是錯誤的，也沒有理由相信中國未來必須是美國的敵人，美國與中國的交往是處理崛起中國權力極佳的途徑（Nye, 1995: 94）。美國的外交政策選擇會影響中國採取合作政策的意願，交往政策的前提基礎是當美國把中國視爲夥伴，中國將不會成爲敵人（Ross, 1999: 188）。1996年美國柯林頓總統期望與中國發展夥伴關係，且認爲兩國領袖應該進行高層對談和國是訪問（Lampton, 1997: 1103）。1997年10月27日到11月4日，中國國家主席江澤民訪問美國，雙方發表共同聲明指出，中國和美國應該促進合作，並承諾建立一個建設性戰略夥伴關係（USC, Annenberg, 1997）。1998年6月25日到7月3日，柯林頓總統訪問中國，發表聲明指出，一個更繁榮、更開放和更動態的新中國出現在世界上，雖然中美兩國在一些議題上有些差異，但是兩國應該排除差異，進一步經由對話和合作來增加共識；有關臺灣的部分，柯林頓總統強調三不政策：不支持臺灣尋求獨立、不支持兩個中國、臺灣不應加入任何以國家為成員身分的國際組織（Yates, 1998）。柯林頓總統任內的美國駐中國大使芮效儉（Roy J. Stapleton, 2018）認為交往政策是有效的，更繁榮、更強大的中國會呈現一個崛起國家的特性，但這不是也不應該成為驚慌的理由，最聰明的途徑是持續與中國交往，但只集中在促進美國利益方面上的事務，美國在東亞的軍事駐軍將會平衡中國日益增加的力量以及促進中國和平崛起。中國國關學者王緝思（Wang, 2018）針對美國對中的交往政策提出看法，認為中國雖然快速崛起，但中美兩國之間的差距仍然非常顯著，中國明智的作為應該是信奉鄧小平韜光養晦的政策以及不要過度延展其資源。第三次臺海危機後，美國對於中國採取積極交往的外交政策，不讓臺海危機成為兩國合作關係的絆腳石。

　　主張交往政策失敗的觀點認為，美國外交和商業的交往政策並沒有帶來中國政治和經濟的開放；美國的軍事力量或地區平衡並沒有抑制中國尋求取代美國所領導的系統之核心成分；甚至中國開始用切香腸的戰術來破壞美國領導的亞洲安全秩序，發展能力去否定美國軍事力量在東亞的接近途徑以及分化美國和其盟友的關係（Campbell and Ratner, 2018）。[5]美國在執行交往政策的同時，忽略了抗衡中國日益增長的外交和軍事政策的適當投資，同時也沒有關注開放美國經濟和社會給一個戰略競爭者的風險，美國和其民主的盟國面臨一個日益富強的威權對手，中國領導者企圖使用所有的資源來重塑亞洲和世界，以符合他們的利益和防衛國內的政權（Friedberg, 2018b: 188）。結構現實主義學者米爾斯海默（Mearsheimer, 2021: 50）指出，假如美國的政策決定者在單極體系的期間中，以權力平衡的政治來思考，他們會試圖延緩中國的成長以及最大化美國和中國的權力差距；交往政策是任何

5　認為美國的交往政策是對於中國的錯誤診斷，相關的討論請見Friedberg（2022）。

一個國家在近代歷史上所犯的最糟之大戰略錯誤，沒有其他的個案可以跟這個大國積極地促進一個同儕競爭者崛起的例子相比擬，美國現在已經無法再做什麼了，因為已經為時已晚。

二、川普總統的中國政策和對臺政策

　　2017年共和黨總統川普（Trump, 2017）上臺之後翻轉過去美國對中國的交往政策，川普政府將中國界定成修正主義國家，認定其挑戰美國的權力、影響力和利益，以及企圖腐蝕美國社會的繁榮，同時尋求去取代美國在亞太地區的地位，擴展以國家主導的經濟模式和重組地區秩序。副總統彭斯（Mike Pence, 2018）發表演說指出，中國採取一個全面性政府的途徑，使用政治、經濟、軍事和宣傳工具去促進影響力和獲取其在美國的利益，中國也運用影響力介入美國的內政。國務卿蓬佩奧（Mike Pompeo, 2020）也指出，中國國內日益增加的威權以及對於其他地區的自由具有攻擊性的敵意，對於中國要採取先不信任再確認的做法。整體來看，川普總統時期美中關係是惡化的，雙方的互動關係已經發展成競爭的引爆點，甚至進入全面的戰略敵對狀態（Chen, 2019: 255）。2017年4月中國國家主席習近平訪問美國時，川普總統曾經告訴習近平主席，「『不要做任何有關臺灣的事，我知道你想做，但不要做』；當時我用的語氣更強烈，但我不便透露細節」（Fox News, 2021）。從戰略分析的層次來看，川普總統向中國國家主席習近平傳遞強硬的嚇阻訊號，讓中國在川普總統任期內並沒有針對臺灣進行大規模軍演，只執行常態性的軍機和軍艦繞臺巡航和越過中線。例如，川普總統任內派遣衛生部部長阿札爾（Alex Azar）以及國務院主管經濟成長、能源和環境的次卿柯拉克（Keith Krach）來臺訪問，這兩位美國的內閣官員可以說是臺美斷交以來訪臺的最高層級之聯邦官員。中國的回應是在臺海附近進行海空聯合演練，並沒有升高態勢成飛彈試射的軍事演習（中央社，2020）。另外，川普總統時期，美國對臺軍售的質與量都超過前幾任美國總統，如果軍售對於中國來說是美國支持臺灣，破壞一中原則，則中國並沒有對川普總統產生更激烈的反制，這可能與川普總統強勢作為有關，讓中國不敢挑戰美國的極限或是見縫插針。

三、拜登總統的中國政策和對臺政策

2020年民主黨的拜登總統上臺之後，中美關係的衝突並沒有緩解的跡象。2021年3月18日，美國國務卿布林肯和國家安全顧問蘇利文（Jake Sullivan）與中國中央外事工作委員會辦公室主任楊潔篪和國務委員王毅在美國阿拉斯加會晤，布林肯國務卿對於中國在新疆、香港和臺灣的行動、網路攻擊美國以及經濟脅迫美國的盟國之行動表達關切，並表示這些行動都威脅維持全球以規則為基礎的穩定秩序，美國會在需要的時候與中國競爭、合作或敵對（U.S. Department of State, 2021）。中國中央外事工作委員會辦公室主任楊潔篪則回應指出，「世界上的戰爭是其他人發動的，造成很多人生靈塗炭，中國要求各國走和平發展的道路，應該實行和平的對外政策，而不應該憑藉自己的武力到處去進行侵略，去推翻其他國家的合法的政權，去屠殺其他國家的人民，造成世界的動盪不安；我們對於中美關係的評價，也就是習近平主席講的就是不要衝突、不對抗、相互尊重、合作共贏，希望中美關係回到健康、穩定發展的軌道上」（談雍雍，2021）。從雙方的對話來看，中美關係仍然維持競爭或對抗的基調。從美國的角度來看，對於中國不能只聽其言，必須要觀其行，中國在外交場合上強調不要衝突、不對抗，實際作為卻是南轅北轍。

2022年3月23日，美國印太司令阿奎利諾（John C. Aquilino），邀請記者搭乘P-8A海神式巡邏機飛近南海的南沙群島，近距離觀察中國在南沙群島中的美濟礁、渚碧礁、永暑礁，該三大人工島上部署了雷達、反艦和防空導彈、戰鬥機和其他軍事設施，完全違背中國國家主席習近平過去不軍事化南海島嶼的承諾；飛機在飛行長達二十一分鐘的過程中多次接收到中國方面發出的呼叫警告，說美機非法進入中國領土，要求美機離開；美國則回應他們是享有主權豁免的美國海軍飛機，在沿海國領空以外進行合法的軍事活動，行使國際法保護的權利（BBC中文網，2022）。2022年6月24日，美國P-8A海神式巡邏機飛越臺海中線，全程開啟航空識別器，中國派遣戰機驅離，雙方廣播長達二十一分鐘，中國戰機廣播警告美軍飛機，「你已接近我領空，立即離開否則我將予以攔截」，美國軍機則回應「我是美國海軍軍機，正在沿海國家領空外進行合法軍事活動，這是由國際法保障的活動」（劉亭廷，2022）。《聯合國海洋法公約》規定，如船艦或軍機行駛在公海上，沒有通過任何國家的水域時，其航行自由沒有受到任何的限制（Rothwell and Stephens, 2016: 155-156）。早在中國2022年6月13日宣稱臺灣海峽不是國際水域之前，美國的航空母艦和軍艦以及加拿大軍艦已經多次經過臺灣海峽，足以證明臺灣海峽是公海。簡言之，中國在南海以及臺灣海峽的主張不符合國際法的準則，主要的目的是要與美國第七艦隊發生衝突和對抗。

美國拜登政府將中國定位於戰略競爭者，認爲中國已經愈來愈強勢，中國是唯一能夠結合經濟、外交、軍事和科技力量對一個穩定和開放的國際系統構成持續挑戰的國家，中國積極努力去制衡美國的力量，防止美國捍衛其利益以及美國在全球的盟國，美國將採取強化盟國和夥伴國家的關係，來因應中國的強勢作爲（Biden, 2021）。美國的對中政策會驅動或是決定美國的對臺政策以及美國會在兩者之間尋求平衡，當美國與臺灣的關係緊密或友善時，美國與中國的關係就不如美國與臺灣的關係一樣好（Copper, 2021a: 5）。拜登政府與過去川普政府一樣，採取支持臺灣的政策，同時也信奉美國長期以來的戰略模糊策略和一中政策（Copper, 2021a: 17）。2021年8月19日，美國拜登總統接受媒體專訪被問及，目前中國正告訴臺灣，美國撤軍阿富汗的行動表示美國不可信賴，拜登則回應指出，假如任何人要入侵或採取行動對抗北大西洋公約組織的國家、南韓或臺灣，美國將會回應（ABC News, 2021）。2022年5月23日，拜登總統訪問日本會見首相岸田文雄時，接受記者提問指出，如果中國企圖武力犯臺，美國會使用軍事力量防衛臺灣（Nikkei Asia, 2022）。2022年9月19日，美國拜登總統接受CBS記者專訪時被問到，美國軍隊是否會防衛臺灣；拜登總統回答指出假如臺灣遭受前所未有的攻擊時，美國會防衛臺灣，亦即美國軍隊（男性或女性）會在中國入侵臺灣的情況中防衛臺灣（CBS, 2022）。中國軍演之後，美國拜登總統再次清晰地表達會防衛臺灣，可以證明戰略清晰策略已經漸漸取代戰略模糊策略。

美國國會長期力挺臺灣，通過多項法案來提升臺灣的國際地位。首先，美國國會有鑑於中國持續對臺灣外交的打壓，因此要求國務院應該採取相關的措施來幫助臺灣強化全世界的外交關係和夥伴關係，並於2020年3月26日通過的《臺北法案》（*TAIPEI Act—Taiwan Allies International Protection and Enhancement Initiative*）。其次，2022年3月8日，美國國會通過2022年聯邦政府財政鞏固撥款法案，3月11日美國總統拜登正式簽署《2022會計年度聯邦政府撥款法》；法案涉及臺灣部分包括：禁止美國政府將經費用於製作、採購或展示任何不正確標示臺灣領土的地圖、匡列300萬美元的授權額度提供「全球合作暨訓練架構」（GCTF）使用，以及國務卿應於立法後九十天內，就成立「臺灣學人計畫」的可行性向國會提交報告（自由亞洲電台，2022）。有關臺灣地圖的標示基本上突顯中國和臺灣的不同，同時顯示美國立法部門和行政部門並不承認中國主張臺灣是中國的一部分的觀點。過去美國在《上海公報》的立場是美國認知臺灣海峽兩邊的中國人都主張一個中國、臺灣是中國的一部分。現在美國國會和行政部門反對臺灣被標示成中國的一部分，臺灣是臺灣，中國是中國。這樣的立場轉變非常明顯。中國外交部發言人趙立堅認爲，「美方有關做法『粗暴干涉中國內政，妄圖借臺灣的地圖問題，大搞政治操弄』，製造『兩個中國』和『一中一臺』，中方強烈不滿和堅決反對」（中華人民共和國外交部，2022c）。從趙立堅的激烈回應可以看出美國認爲臺灣與中國是不同的政治實體，因此中國才會強力反擊和表達不滿。

第四次的臺海危機發生在中美關係敵對的時期，中國爲了表達對於美國眾議院議長裴洛西訪臺的嚴正抗議，進行圍臺封鎖的實彈演習。這種升高緊張態勢的做法與第三次臺海危機一樣，但兩者所產生的影響，一種是反向的回饋，另一種是正向的回饋（Pierson, 2000）。第三次臺海危機發生後，美國認爲應該採取與中國積極交往的途徑來避免可能引爆的軍事衝突。換言之，中國對臺的飛彈演習並沒有成爲美國和中國合作的障礙，甚至美國認

為採取綏靖政策可以防止中國對臺軍事威脅。美國為了尋求與中國的外交和
經濟上的合作，在對臺的問題上向中國讓步。相對地，第四次臺海危機發生
在中美關係相對擱淺的時期，特別是中國主要的歸咎原因是美國議長裴洛西
的訪臺外交活動，美國國會認為中國的軍事演習不僅威逼臺灣，同時也在挑
戰美國國會外交權力的行使，美國眾議院議長和議員這次切身感受臺灣長
期以往的軍事威脅，反而擴大力道支持臺灣。[6]中國軍事演習活動結束後，
美國民主黨參議員暨外交委員會亞太小組主席馬基（Ed Markey）帶領民
主黨籍眾議員加勒曼帝（John Garamendi）、魯文索（Alan Lowenthal）、
貝耶（Don Beyer），以及共和黨籍眾議員羅德薇（Aumua Amata Coleman
Radewagen）來臺灣訪問（美國在台協會，2022）。馬基接受美國媒體專訪
時指出，「不是美國國會的臺灣訪問團造成這次軍事演習的緊張，是中國政
府自己所製造的，我們不能允許中國所說的，美國人將永遠不能再訪問臺
灣，美國的涉入將不會引起戰爭，反而會降低軍事衝突的可能性」（FTV,
2022）。8月26日，美國共和黨參議員布蕾波恩（Marsha Blackburn）接續
來臺訪問（Lendon, 2022）。換言之，美國國會不會因為中國報復裴洛西訪
臺所實施的軍演而停止其支持臺灣的外交行動，反而更堅定其挺臺的立場。

　　中國對臺採取強硬的軍事威逼行動後，對於美國行政部門來說，未來
如果繼續對臺軍售而中國嚴正抗議的話，美國可以回應是中國以裴洛西訪臺
為藉口跨越非和平的紅線在先，無法怪罪美國批准對臺軍售在後。臺灣也
可以藉由這次中國軍演所產生的防衛缺陷和弱點，向美國提出可以有效反制
中國所需的軍事武器之清單，讓美國可以考慮出售給臺灣。美國行政部門
國防安全合作局宣布出售臺灣60枚魚叉飛彈、100枚響尾蛇空對空飛彈和監
偵雷達合約等價值11億美元的武器，以因應中國對臺的軍事威脅（張文馨，
2022）。美國持續對臺軍售也突顯了美國不會受到中國的威逼行動之脅迫
而改變對臺政策。

6　美國的三權分立制度下，國會是所謂的第一權（first branch），與另外兩權總統和最高法院構
　成政府機構，可以通過法律來制定外交政策讓總統（行政部門）執行。

　　另外，因為這次中國軍演的部分飛彈也落在日本的經濟海域，讓日本認為如果中國入侵臺灣發生軍事衝突，也會波及日本（如日本前首相安倍所說的臺灣有事，就是日本有事）。美日同盟未來在因應臺海危機將會扮演舉足輕重的角色。換言之，中國的軍演不僅沒有成功離間美國和臺灣的關係，反而強化美日臺三方形成更緊密的軍事合作夥伴關係。當然，部分人士的觀點主張美國不要挑釁中國，中美雙方應採取一致的行動來防止軍事危機或是雙方應該有默契地減少在臺灣海峽附近的軍事行動，同時認為美國不應把臺灣界定成是美國利益的重要資產，因為這樣會強化中國認為美國是利用臺灣來抗衡中國的信念（Weiss, 2022）。然而，為了尋求與中國合作而壓制臺灣的結果可能會產生更多危險，因為美國如果不持續挺臺或是暫停軍售，反而讓中國認為美國沒有意願保護臺灣或是嚇阻中國，因而採取直接侵略行動。

　　臺灣對於美國不再只是名聲上的利益，而是影響美國作為亞洲霸權的重要戰略資產（Ross, 2000）。如果中國占領臺灣之後，中國將會把臺灣變成海軍基地，停泊各式的軍艦和潛水艇，強化其海上作戰能力，對於東北亞海上運輸線構成威脅以及破壞美國在第一島鏈的反潛作戰能力；如果臺灣被中國占領，臺灣的軍事設備、半導體等所有產業將會變成中國所有，中國將成為亞洲地區霸權，會削弱美國在太平洋的運作能力以及威脅美國在東亞的利益（Green and Talmadge, 2022）。[7]同時，美國的第一島鏈將會斷裂，日本南部諸島和釣魚臺以及菲律賓等會受到中國的威脅。換言之，美國會因為臺灣成為中國的一部分，讓其在東亞的戰略利益大幅減損，甚至會因此失去東亞霸權地位。

　　在未來中國入侵臺灣的戰爭設想狀況中，臺灣可以在美國的協助之下，執行反介入和區域拒止的戰略，讓中國對臺進行兩棲登陸時須付出昂貴的代價（Biddle and Oelrich, 2016: 13-14）。[8]當中國可以運用海上封鎖的

---

[7]　每年全球50%的貨櫃以及88%的大型噸位船隊會經過臺灣海峽，突顯臺灣海峽對於全球和東亞海上運輸線的重要，請見Varley（2022）。

[8]　另外，根據美國海軍戰爭學院最近的研究，目前中國尚未具備可以成功攻臺的兩棲作戰能力，主要原因是缺乏足夠的兩棲登陸艦、運輸艦和戰備物資，相關的討論請見McCauley（2022）。

戰略來防止臺灣的船隻或是中立的船隻進入臺灣時，美國也可以運用海上封鎖的反制戰略來切斷中國的海運或海上的貿易（Biddle and Oelrich, 2016: 14）。在軍事的防衛策略上，目前臺灣是採取豪豬戰略（porcupine strategy），透過美國出售臺灣的武器來進行防衛，讓中國入侵臺灣時，產生無法接受的風險和成本，豪豬戰略不強調取得空中和海上的控制，而是用低成本的不對稱作戰武器讓中國的侵略行動付出慘痛的代價（Kaushal, 2020）。例如美國川普總統時期出售給臺灣的魚叉飛彈岸防系統、多瑪斯多管火箭系統、MK-48魚雷、MQ-9B「海上衛士」無人機等都可以讓臺灣有效地執行豪豬戰略來對於中國侵略進行不對稱的作戰。

　　從外交方針的角度來看，美國可能執行的海上封鎖和臺灣的豪豬戰略都是屬於嚇阻策略。嚇阻策略是同時傳遞威脅和確信兩種信號的政策。一方面威脅者所形成的威脅，愈容易讓被威脅者認為是可信的或是認為威脅者有誘因採取行動時，愈容易達成其目的，且最終不需要實際執行這樣的威脅行動；另一方面威脅者也需要讓被威脅者認為這是最後明顯的機會，其需要放棄原本想要進行的行動或是選擇執行威脅者偏好的行動（Schelling, 1980: 35-37）。當攻擊國認為嚇阻國的嚇阻是可信的，且將會採取行動時，則攻擊國可能會放棄其原本的意圖，以避免嚇阻國的反擊或報復。當美國對於中國的嚇阻是可信的以及臺灣的防衛作戰能力之增強，才有可能讓中國不敢輕舉妄動地執行武力攻臺行動。

陸、結語

　　第四次臺海危機是中國早已暗中準備多時的軍事演習，在美國眾議院議長裴洛西女士確定訪臺時才開始執行。中國對臺軍演在國際政治的意涵上是一種威逼行動，藉由升高態勢來抗議美國對於臺灣的支持。中國過去在1995年、1996年時，同樣舉行過類似但規模和範圍相對較小的飛彈試射軍演，顯示中國愈來愈強勢地使用武力來嚇阻臺灣的地位提升。第三次臺海危機發生在中美關係低盪的時期，美國對於中國採取積極交往的外交政策，因此中國對臺的武力威脅被美國認為只是刻意製造軍事危機來傳遞政治訊息，而美國認為可以透過相互溝通和協商來避免未來中美之間可能出現的軍事危機。

　　第四次臺海危機發生在中美關係顛簸的時期，美國對於中國採取敵對或競爭的外交政策，但中國卻選擇發動更大規模的軍事演習來威逼臺灣和嚇阻美國國會對臺的支持，證明中國想改變臺海現狀，展示其反介入與區域拒止的能力來威脅美國和日本。中國對臺軍演也是一種邊緣政策，藉由軍事演習來震懾對手，讓對手感到害怕，因而對其讓步。然而，中國軍演並沒有達成其外部效果，不僅臺灣民心沒有瓦解，反而更堅決反對一中原則和支持維持現狀，同時中國的威逼行動，讓美國國會認為是中國在窮兵黷武，美國願意更加支持臺灣。中國對臺的軍事演習只會讓原本的中美關係雪上加霜。

　　中國對臺的飛彈試射和軍機、軍艦常態性地越過臺灣海峽中線，確實讓臺灣的國軍疲於奔命，但是臺灣也正好運用中國的軍演來進行防衛操演，同時向美國提出適切的軍購需求來因應中國未來可能的威脅。中國一直想實現統一臺灣的目標，因此只要臺灣不接受統一的安排或是進行統一的政治協商，中國就會用各種理由來威脅臺灣。第三次臺海危機是用李登輝總統訪問其美國母校和臺灣舉行總統選舉作為理由，第四次臺海危機則是抗議美國眾議院議長來臺訪問。只要美國在外交上、經濟上和軍事上支持臺灣，就會被認為美國是支持臺獨，但是實際上，美國支持臺灣是因為臺灣實行民主制度、臺灣具有強韌的經濟和晶片科技實力，以及最重要的是，美國認為中華民國（臺灣）和多數臺灣人民不想成為威權中國的一部分。中國無法接受這樣的現狀事實，只好藉由軍演來滿足其國內的聽眾和強化獨裁者終身統治的正當性。中國認為裴洛西訪臺是美國挺臺的最高層級外交活動，因此要透過軍演來警告美國和臺灣。然而，中國舉行的挑釁性軍演，反而證成美國對臺支持的正當性和繼續支持臺灣的必要性。裴洛西訪臺行動是美國支持臺灣和對抗中國的關鍵時刻，美國會依循正向回饋的路徑依賴繼續力挺臺灣和提升臺灣的國際地位。對於中國來說，不管臺灣採取抗衡策略或扈從策略，最終都要武力統一臺灣或和平統一臺灣。中國愈來愈多對臺的軍事行動顯示中國認為和平統一較難達成，僅能進行軍事恫嚇。面對中國的武力威脅下，臺灣的國家安全只能建立在臺灣內部抗衡以及與美國的外部抗衡之結合上。對於中國來說，2022年8月舉行軍演的意涵是中國意識到美國強力支持臺灣，阻礙了中國統一臺灣的進程所進行的一場擴大的憤怒宣洩。

　　美中臺三角關係的發展歷經幾個重要的階段。第一，國共內戰由中國共產黨獲得勝利，成立中華人民共和國，而戰敗的國民黨軍隊撤退到臺灣，延續中華民國的法統。美國持續支持中華民國政府作爲中國的代表，同時與臺灣形成軍事同盟，協助臺灣抵抗中共軍隊入侵和砲擊（大陳島和一江山島戰役、1954年九三砲戰、1958年八二三砲戰）。中華民國在美國的奧援和協助下，繼續在臺澎金馬進行實質的統治。第二，1972年美國尼克森總統爲了制衡蘇聯，選擇與過去交惡的中國進行破冰之旅和雙邊交流。1979年美國卡特總統與中華人民共和國正式建交，同時與中華民國斷交，臺灣變成美中臺戰略三角關係中的孤雛角色。第三，在美中關係交往的氛圍下，1992年中華民國和中華人民共和國授權非官方組織海峽交流基金會和海峽兩岸關係協會在香港進行會談，開啓兩岸的交流和合作。海峽兩岸的交流在中華民國總統李登輝訪問美國母校康乃爾大學後以及臺灣第一次舉行總統直接民選後產生質變，中國於1995年和1996年對臺灣進行飛彈試射演習。中國試射飛彈之後，美國柯林頓總統選擇與中國深化交往，提出三不政策，不支持兩個中國或一中一臺、不支持臺灣獨立、臺灣不應加入以國家名義才能加入的國際組織。第四，2008年國民黨重新贏得執政，馬英九總統積極推動兩岸交流，簽訂《海峽兩岸經濟合作架構協議》以及《海峽兩岸服務貿易協議》，2016年馬英九總統與中國國家主席習近平在新加坡舉行會面，刻畫兩岸高層交流的頂峰。第五，2016年民進黨蔡英文總統贏得總統大選，兩岸關係急轉直下，從和解低溫變成冷和僵持，中國軍機和軍艦常態性地侵擾臺灣防空識別區，頻頻越過海峽中線，破壞臺海現狀。2022年8月2日美國眾議院議長裴洛西訪臺後，中國開始實施圍臺封鎖軍演，甚至進行飛彈試射飛過臺灣上空、軍機越過海峽中線以及軍艦進入到臺灣24海里的鄰接區，是為第四次臺海危機。

　　本書第二章的主題是1995年、1996年臺海危機，主要的發現如下：第一，中國為了追求其在國際社會中地位之提升，選擇展示武力；第二，美國對中國之所以嚇阻失敗的原因是過度的合作承諾和低度的防衛承諾；第三，中國作為一個崛起的大國故意製造臺海危機，以確保其外交影響力的增加。換言之，中國以李登輝總統訪美、提升臺灣國際能見度為由來發動軍事演習，但這只是表面上的原因，更重要的原因是測試美國的底線以及透過軍演讓美國向中國妥協。本書第三章的主題是〈權力平衡與美中臺三角關係〉。主要的結論是美國對於中國採取抗衡的策略符合國際政治權力平衡理論的假定；美國對於中國採取嚇阻政策，而不是交往政策，最能抑制中國的擴張；以及美國強化臺灣的安全防衛，符合美國國家的利益，具體實踐《臺灣關係法》的立法精神和目的。第四章的焦點是〈中國崛起與南海衝突：臺灣在亞太秩序中之戰略影響〉。該章的主要發現是中國崛起之後，其在南海的衝突行為，使其成為挑戰亞太秩序的修正主義國家，以及中國強制性外交的作為讓周邊國家選擇與美國深化正式聯盟或非正式聯盟的關係來抗衡她。臺灣選擇對中國進行軟抗衡的策略，以及深化扈從美國的政策，更能夠維護臺灣的戰略安全和相對利益。

　　第五章的焦點是〈國際政治平衡者的角色和轉變：比較歐巴馬總統時期和川普總統時期的美中臺三角關係〉。主要的研究發現如下：第一，當美國作為平衡者選擇與較強國家合作時會造成平衡的失敗，選擇與較弱國家結盟時較容易成功地平衡；第二，影響平衡者角色的成功或失敗取決於平衡者對於較強國家的戰略定位；第三，相較於歐巴馬總統時期，川普總統時期的美國更能成功地扮演美中臺三角關係中的平衡者角色，維繫巧妙的權力平衡。第六章是談〈延伸性嚇阻與美中臺三角關係：比較美國戰略模糊策略和戰略清晰策略〉。該章主要的論點是美國執行戰略清晰的政策完全符合嚇阻理論或是延伸性嚇阻理論的理性基礎，一方面透過軍售臺灣來強化臺灣的國防，嚇阻中國的入侵，另外一方面也展現美國防衛臺灣的確信和決心，讓中國無法質疑或是尋求可能的破口。第七章的分析議題是〈升高態勢或戰爭邊緣：

中國對臺軍事演習與美中臺三角關係〉。該章認爲中國軍事演習的本質是屬於威逼行動，其並未達成其預期的成效，卻產生一些意想不到的後果。同時該章比較第三次和第四次臺海危機前後的中美關係，發現第三次臺海危機發生後之中美關係是低盪時期，美國對於中國採取積極交往的政策，中國對於美國採取發展合作的政策。相對地，第四次臺海危機發生在中美關係顛簸的時期，美國對中國採取對抗的外交政策，但中國對於美國眾議院議長裴洛西訪臺選擇升高態勢發動更大規模的軍事演習來威逼臺灣和嚇阻美國國會對臺的支持，證明中國想改變臺海現狀，展示其反介入與區域拒止的能力來威脅臺灣、美國和日本。中國舉行軍演的意涵是，中國意識到美國強力支持臺灣，阻礙了中國統一臺灣的進程所進行的一場擴大的憤怒宣洩。

　　臺灣海峽一直被認爲是世界上最可能發生戰爭衝突的引爆點之一。當臺灣選擇執行扈從政策時，短期內可以降低衝突或是避免戰爭，但是這樣的政策會讓臺灣安全的保護國美國認爲臺灣並沒有抵抗中國入侵的決心，同時美國可能會採取袖手旁觀的策略，讓臺灣自行決定是否和中國統一。當臺灣具有自我防衛的能力和抵抗中國入侵的決心，再加上美國願意承諾防衛臺灣時，較能夠嚇阻中國對臺動武實現統一的行動。正如孫子兵法所云，「百戰百勝，非善之善者也；不戰而屈人之兵，善之善者也」。百戰百勝，並非是最好的情況，不經過戰爭而讓敵人能夠屈服才是最佳的策略。扈從策略在短期內或許可以避戰，但是無法讓敵人屈服，甚至可能讓敵人壯膽來實現統一，唯有採取內部抗衡策略如發展軍備防衛以及尋求外部抗衡如與美國、日本等民主國家合作，才能夠有效嚇阻中國對於臺灣發動侵略和統一的戰爭。

　　美中臺三角關係涉及小國主權的獨立性、民主和極權體制的對抗以及大國之間的權力平衡。對於臺灣來說，中華民國主權的意涵在於治權行使的獨立性和排他性。所謂的維持現狀是確保中華民國和臺灣可以自我統治，不是中國的一部分。對於中國來說，只要是反對統一的都是臺獨或獨臺勢力，只要臺灣尋求美國援助或是國際空間的行爲都會被解讀成臺灣想要從中國分離出去。事實上，對於中華民國和臺灣來說，最重要的是維繫主權獨立和民主體制，不要變成中國的地方政府和極權政體的一部分。對於美國來說，臺灣的安全能力和科技優勢是確保臺灣民主體制運作的基石。美國作為強權大國，有意願和決心防衛積極抵抗中國可能的侵略行動的臺灣，因為這樣不僅符合美國在東亞的戰略和經濟利益，同時也確保民主臺灣可以自主運作不會成為極權中國的一部分。

一、中文部分

BBC中文網，2016，〈美兩大艦隊調整指揮系統 增強南海軍力〉，《BBC中文網》，2016/10/25，http://www.bbc.com/zhongwen/trad/world/2016/10/161025_us_china_scs_3rd_fleet，檢索日期：2017年9月12日。

BBC中文網，2018，〈中美台海博弈：美國軍艦近三月內二度駛過台灣海峽〉，https://www.bbc.com/zhongwen/trad/world-45948752，檢索日期：2019年3月3日。

BBC中文網，2022，〈中國在南海擴建島嶼「完成軍事部署向海外延伸戰力」〉，《BBC News中文網》，2022/3/23，https://www.bbc.com/zhongwen/trad/world-60846980，檢索日期：2022年8月15日。

Perlez, Jane. 2017，〈中共頂級戰略家、習近平密友王滬寧〉，《紐約時報中文網》，2017/11/14，https://cn.nytimes.com/china/20171114/china-xi-jinping-wang-huning/zh-hant，檢索日期：2019年7月17日。

中央社，2020，〈美國務次卿柯拉克訪台 共軍：18日起在台海附近實彈演練〉，《中央社新聞》，https://www.cna.com.tw/news/firstnews/202009185006.aspx，檢索日期：2022年8月19日。

中央社，2022a，〈裴洛西訪台行程一次看 上午晉見蔡總統、下午會李明哲林榮基等人〉，《中央社新聞》，https://www.cna.com.tw/news/aipl/202208030030.aspx，檢索日期：2022年8月3日。

中央社，2022b，〈日本防衛省稱4枚中國飛彈越台灣上空 國防部即時掌握〉，《中央社新聞》，https://www.cna.com.tw/news/aipl/202208045007.aspx，檢索日期：2022年8月4日。

中華人民共和國外交部，2017，〈南海問題〉，《中華人民共和國外交部》，
　　2017/3/17，http://www.mfa.gov.cn/nanhai/chn/snhwtlcwj/t1379490.htm，檢
　　索日期：2022年8月2日。

中華人民共和國外交部，2022a，〈外交部發言人宣布中方對美國國會眾議
　　長佩洛西實施制裁〉，https://www.fmprc.gov.cn/web/wjdt_674879/fyrbt_
　　674889/202208/t20220805_10735491.shtml，檢索日期：2022年8月11日。

中華人民共和國外交部，2022b，〈2022年6月13日外交部發言人汪文斌主
　　持例行記者會〉，https://www.fmprc.gov.cn/wjdt_674879/fyrbt_674889
　　/202206/t20220613_10702387.shtml，檢索日期：2022年8月13日。

中華人民共和國外交部，2022c，〈2022年3月14日外交部發言人趙立堅主
　　持例行記者會〉，https://www.fmprc.gov.cn/wjdt_674879/fyrbt_674889
　　/202203/t20220314_10651532.shtml，檢索日期：2022年8月15日。

中華人民共和國國防部，2022，〈新華社授權公告〉，http://www.mod.
　　gov.cn/big5/topnews/2022-08/02/content_4917246.htm?yikikata=7593b488-
　　25240e9d7d0e9d66a525eee7da35a09d，檢索日期：2022年8月2日。

中華民國大陸委員會，2022，〈「民眾對當前兩岸關係之看法」民意調查
　　（2022-08-10~2022-08-14）〉，https://www.mac.gov.tw/cp.aspx?n=
　　470DDB677B1CEC48，檢索日期：2022年8月18日。

中華民國總統府，2019，〈總統2019年新年談話〉，《中華民國總統府網站》，
　　https://www.president.gov.tw/NEWS/23999，檢索日期：2019年12月10
　　日。

牛軍，2004，〈三次台灣海峽鬥爭決策研究〉，《中國社會科學》，第5
　　期，頁37-50。

牛軍，2009，〈1958年炮擊金門決策的再探討〉，《國際政治研究》，第3
　　期，頁161-184。

包宗和，2009，〈戰略三角個體論檢視與總體論建構及其對現實主義的衝
　　擊〉，包宗和、吳玉山主編，《重新檢視爭辯中的兩岸關係理論》，臺
　　北：五南，頁335-354。

台灣民意基金會，2022，〈裴洛西訪台、中國軍演與台灣民意（2022年8月16日）〉，https://www.tpof.org，檢索日期：2022年8月16日。

左正東，2017，〈中國因素對美越軍事合作的影響：美國角度之分析〉，《遠景基金會季刊》，第18卷第1期，頁1-58。

白樂崎，2005，〈1995年李登輝康乃爾之行回顧〉，《自由時報》，2005/10/17，版A4。

自由亞洲電台，2022，〈美立法禁不正確標示台灣地圖 台外交部：呈現台海實況〉，https://www.rfa.org/cantonese/news/htm/us-taiwan-03122022070425.html，檢索日期：2022年8月15日。

自由時報，2018，〈美艦在南海遭中艦進逼險撞 兩艦衝突畫面曝光！〉，《自由時報電子版》，https://news.ltn.com.tw/news/world/breakingnews/2569084，檢索日期：2019年3月18日。

自由時報國際新聞中心，2014，〈石油探勘領土爭議 中越恩怨30年〉，《自由時報電子報》，2014/5/15，https://news.ltn.com.tw/news/focus/paper/779169，檢索日期：2019年3月18日。

行政院大陸委員會，2017，〈「民眾對當前兩岸關係之看法」民意調查問卷各題百分比配布表〉，《行政院大陸委員會》，2017/3/16，http://www.mac.gov.tw/public/Attachment/711917571046.pdf，檢索日期：2019年3月19日。

吳玉山，1997，《抗衡或扈從——兩岸關係新詮：從前蘇聯看臺灣與大陸間的關係》，臺北：正中書局。

吳崇涵，2018，〈中美競逐影響力下的臺灣避險策略〉，《歐美研究》，第48卷第4期，頁513-547。

呂一銘，2009，〈馬英九被北京視為「獨臺」〉，《蘋果日報》，2009/2/25，版A15。

宋燕輝，2017，〈美艦恢復自由航行的意圖〉，《中時電子報》，2017/5/27，http://www.chinatimes.com/newspapers/20170527000614-260109，檢索日期：2019年3月19日。

李世暉，2017，〈臺日關係中「國家利益」之探索：海洋國家間的互動與挑戰〉，《遠景基金會季刊》，第18卷第3期，頁1-40。

沈明室，2019，〈中國大陸軍機穿越海峽中線 與美國軍艦穿越臺灣海峽的戰略意涵〉，《展望與探索》，第17卷第5期，頁8-15。

周慧如、陳君碩、王少筠，2022，〈史無前例 共艦進入我24海里海域〉，《中時新聞網》，2022/8/7，https://www.chinatimes.com/newspapers/20220808000295-260118?chdtv，檢索日期：2022年8月7日。

林正義，1985，《一九五八年臺海危機期間美國對華政策》，臺北：臺灣商務印書館。

林正義，1996，〈以安全戰略為主導的外交關係〉，《國策期刊》，第139期，頁16-37。

林正義，1998，〈一九九五～一九九六台海危機：美國國會的反應〉，林正義主編，《中美關係專題研究（1995-1997）》，臺北：中央研究院歐美研究所，頁145-183。

林正義，2007，〈「戰略模糊」、「戰略明確」或「雙重明確」：美國預防臺海危機的政策辯論〉，《遠景基金會季刊》，第81卷第1期，頁1-51。

林庭瑤、王麗娟，2013，〈陸艦攔截美艦差點相撞，南海掀波、美國向北京抗議〉，《聯合報》，2013/12/15，版A13。

林菁樺，2018，〈新南向繳亮麗成績 雙向投資雙位數成長〉，《自由時報電子報》，http://news.ltn.com.tw/news/focus/paper/1171093，檢索日期：2018年1月23日。

林繼文，2009，〈雙層三角：以空間模型分析國內政治對美中台戰略三角的影響〉，包宗和、吳玉山主編，《重新檢視爭辯中的兩岸關係理論》，臺北：五南，頁277-299。

侯姿瑩，2019a，〈八一七公報不只六項保證 雷根備忘錄解密對台軍售關鍵〉，《中央通訊社》，https://www.cna.com.tw/news/firstnews/201909180032.aspx，檢索日期：2021年3月23日。

侯姿瑩，2019b，〈李大維會美國安顧問波頓 斷交後首例〉，《中央通訊社》，https://www.cna.com.tw/news/firstnews/201905250074.aspx，檢索日期：2021年3月23日。

南海戰略態勢感知，2022，https://weibo.com/u/7065543812，檢索日期：2022年8月7日。

姜皇池，2016，〈論南海仲裁判斷有關島與認定要件與太平島屬性問題〉，《亞太評論》，第2卷第3期，頁49-78。

威克，2014，〈中國反駁越南抗議鑽油平台南海作業指責〉，《BBC中文網》，https://www.bbc.com/zhongwen/trad/china/2014/05/140505_china_rig_vietnam，檢索日期：2017年12月5日。

政大選舉研究中心，2019，〈臺灣民眾統獨立場趨勢分布1994年12月～2018年12月〉，《政大選舉研究中心》，https://esc.nccu.edu.tw/app/news.php?Sn=167，檢索日期：2019年6月17日。

紀凱露，2005，〈國力不對等戰略三角互動模式之研究 —— 以冷戰時期美中蘇三角與後冷戰時期美中台三角爲例〉，臺北：國立臺灣大學國家發展研究所碩士論文。

美國在台協會，2022，〈美國聯邦參議員馬基率領國會代表團訪問台灣〉，https://www.ait.org.tw/zhtw/senator-markey-leads-congressional-delegation-to-taiwan-zhtw/，檢索日期：2022年8月15日。

胡聲平，2015，〈美臺雙邊政經與軍事合作進程（2000-2014） —— 不對等合作下的限制與發展〉，《遠景基金會季刊》，第16卷第1期，頁1-46。

唐欣偉，2016，〈檢討米爾斯海默對大國之判準 —— 兼論其對中國地位的評估〉，《遠景基金會季刊》，第17卷第1期，頁1-31。

孫宇青編譯，2017，〈川普又戳中國 美驅逐艦駛近南海中建島〉，《自由時報電子報》，http://news.ltn.com.tw/news/world/breakingnews/2119018，檢索日期：2017年7月2日。

徐焰，2011，《金門之戰1949-1959》，中國瀋陽：遼寧人民出版社。

涂志堅、唐欣偉，2001，〈從總體觀點看柯林頓政府時期的美「中」臺戰略三角〉，《遠景季刊》，第2卷第2期，頁163-195。

翁明賢，2010，〈國家安全戰略研究典範的移轉——建構淡江戰略學派之
　　芻議〉，《台灣國際研究季刊》，第6卷第3期，頁65-106。

國史館藏，1954，〈美國協防臺灣（一）〉，《蔣中正總統文物》，數位典藏
　　002-080106-00048-011。

國防部，2017，《中華民國106年國防報告書》，臺北：國防部戰略規劃
　　司。

張文馨，2022，〈裴洛西訪台滿月　美宣布11億美元對台軍售〉，《聯合新
　　聞網》，https://udn.com/news/story/10930/6585345?from=redpush，檢索
　　日期：2022年9月3日。

郭育仁，2015，〈解構美、日同盟的南海戰略〉，《中共研究》，第18卷
　　第3期，頁118-128。

陳欣之，2014，〈歧異解讀霸權衰落的美中戰略互動——單極體系鍾權位
　　轉換的認知因素〉，《遠景基金會季刊》，第15卷第1期，頁97-98。

陳厚郡、蘇園展，2022，〈從共軍軍機繞臺暨侵擾我空域探討空軍應處作
　　為〉，《空軍軍官》，第223期，頁49-64。

陳麒安，2016，〈美國學界離岸制衡戰略與「棄臺論」爭辯〉，《遠景基
　　金會季刊》，第17卷第3期，頁57-108。

游凱翔，2019，〈共軍2架殲11戰機越過台海中線　空軍緊急升空攔截〉，
　　《中央通訊社》，https://www.cna.com.tw/news/firstnews/201903315002.
　　aspx，檢索日期：2019年7月6日。

游凱翔、侯姿瑩，2019，〈台美事務委員會揭牌　總統：雙方關係新里程碑〉，
　　《中央通訊社》，https://www.cna.com.tw/news/firstnews/201906060125.
　　aspx，檢索日期：2019年7月6日。

黃翊婷，2022，〈軍演鎖台！蔡英文深夜喊話：台灣從來不會被挑戰擊倒
　　全文曝光〉，《Ettoday新聞雲》，https://www.ettoday.net/news/20220805/
　　2309577.htm，檢索日期：2022年8月5日。

新華社，2019，〈在《告台灣同胞書》發表40週年紀念上的講話〉，《新
　　華社》，http://www.xinhuanet.com/tw/2019-01/02/c_1210028622.htm，檢

索日期：2019年12月1日。

楊仕樂，2016，〈棄臺論？臺灣戰略地位的省思〉，《國際與公共事務》，第4期，頁1-32。

楊永明，2004，〈台灣民主化與台灣安全保障〉，《臺灣民主季刊》，第1卷第3期，頁1-23。

楊珍妮，2016，〈東協市場之經貿展望〉，《經濟部國際貿易局》，https://www.trade.gov.tw/App_Ashx/File.ashx?FilePath=../Files/Doc/4670bb3e-03cb-4293-a17e-d19705e956cd.pdf，檢索日期：2017年12月1日。

葉素萍，2022，〈總統：中國武力威脅未降低、備戰不求戰、應戰不避戰〉，《中央社》，https://www.cna.com.tw/news/aipl/202208110275.aspx，檢索日期：2022年8月15日。

裘兆琳，1998，〈一九九五～一九九六年台海危機：華府、北京與臺北之決策失誤檢討〉，林正義主編，《中美關係專題研究（1995-1997）》，臺北：中央研究院歐美研究所，頁99-143。

裘兆琳、陳蒿堯，2013，〈一九七九年以來美臺關係之演變〉，《問題與研究》，第52卷第2期，頁1-50。

詹雅婷，2022，〈共軍鎖台軍演Day2！美派7軍機強化台海行動 6架加油機支援〉，《Etoday新聞雲》，https://www.ettoday.net/news/20220805/2309886.htm，檢索日期：2022年8月15日。

廖心文，1994，〈1958年毛澤東決策炮擊金門的歷史考察〉，《黨的文獻》，第1期，頁31-36。

維基百科，2012，〈黃岩島主權問題〉，《維基百科》，2012/5/9，https://zh.wikipedia.org/wiki/%E9%BB%84%E5%B2%A9%E5%B2%9B%E4%B8%BB%E6%9D%83%E9%97%AE%E9%A2%98，檢索日期：2017年12月2日。

維基百科，2016，〈新加坡海軍基地〉，《維基百科》，https://zh.wikipedia.org/wiki/新加坡海軍基地，檢索日期：2017年12月2日。

劉子維，2015，〈新聞焦點：南海主權爭議島礁〉，《英國廣播公司中文網》，http://www.bbc.com/zhongwen/trad/china/2015/10/151027_back-ground_south_china_sea_reefs，檢索日期：2017年12月2日。

劉亭廷，2022，〈美軍P-8A飛越台海中線 與共機對峙21分鐘錄音曝光雙邊叫罵〉，《TVBS新聞網》，https://news.tvbs.com.tw/politics/1829903，檢索日期：2022年8月17日。

劉復國，2016，〈當前南海問題的國際安全戰略趨勢〉，《全球政治評論》，第53期，頁1-10。

蔡季廷、陳貞如，2016，〈論南海仲裁案後對南海問題之影響——以美、菲、「中」、臺為中心〉，《亞太評論》，第2卷第3期，頁79-106。

蔡明彥，2017，〈中國在南海的強勢外交與美中戰略角力〉，《台灣國際研究季刊》，第13卷第1期，頁37-54。

蔡明彥、張凱銘，2015，〈「避險」戰略下大國互動模式之研究：以美中亞太戰略競合為例〉，《遠景基金會季刊》，第16卷第3期，頁1-68。

蔡英文，2017，〈總統出席亞太安全對話〉，《中華民國總統府》，2017/8/8，http://www.president.gov.tw/News/21527，檢索日期：2017年12月3日。

蔡榮祥，2007，〈一觸即發或虛張聲勢：論一九九五、一九九六台海危機〉，《台灣政治學刊》，第11卷第1期，頁201-239。

談雍雍，2021，〈16分鐘談話全文／中美2+2 楊潔篪嗆美：管好自己的事〉，TVBS新聞網，https://news.tvbs.com.tw/politics/1481756，檢索日期：2022年8月15日。

盧伯華，2019，〈美海軍導彈驅逐艦與補給艦通過台灣海峽〉，《中國時報電子版》，https://www.chinatimes.com/realtimenews/20190124004729-260417，檢索日期：2019年3月3日。

戴超武，2003，《敵對與危機的年代——1954-1958年的中美關係》，中國北京：社會科學文獻出版社。

聯合報，1999，〈八次「柯江峰會」一覽表〉，1999/9/12，版13。

謝莉慧，2019，〈馬英九：兩岸不是國與國的關係〉，《新頭殼Newtalk》，

https://newtalk.tw/news/view/2012-12-26/32305，檢索日期：2019年12月3日。

藍孝威，2016，〈大陸學者余克禮：馬執政路線傷害兩岸關係〉，《中國時報》，2016/11/26，版A8。

羅伯・卡普蘭（Robert D. Kaplan）著，林添貴譯，2016，《南中國海：下一個世紀的亞洲是誰的》（*Asia's Cauldron: The South China Sea and the End of a Stable Pacific*），臺北：麥田。

二、英文部分

ABC News. 2021. "President Joe Biden Says United States Would Come to Taiwan's Defence If Needed." https://www.abc.net.au/news/2021-10-22/biden-says-united-states-would-come-to-taiwans-defence/100560522, accessed on 21 September 2022.

Accinelli, Robert. 2001. "A Thorn in the Side of Peace? The Eisenhower Administration and the 1958 Offshore Islands Crisis." In Robert S. Ross and Jiang Changbin, eds., *Re-examining the Cold War: U.S.-China Diplomacy, 1954-1973*. Cambridge: Harvard University Asia Center, pp. 106-140.

Allison, Graham. 2017. *Destined for War: Can American and China Escape Thucydides's Trap?* Boston and New York: Houghton Mifflin Harcourt.

American Institute in Taiwan. 2022. "Declassified Cables: Taiwan Arms Sales and Six Assurances (1982)." https://www.ait.org.tw/declassified-cables-taiwan-arms-sales-six-assurances-1982/, accessed on 23 September 2022.

Asia Maritime Transparency Initiative. 2016. "China's New Spratly Island Defenses." *Asia Maritime Transparency Initative*, https://amti.csis.org/chinas-new-spratly-island-defenses/, accessed on 22 August 2017.

BBC. 2013. "Philippines 'To Take South China Sea Row to Court'." *BBC*, http://www.bbc.com/news/world-asia-21137144, accessed on 19 September 2017.

BBC. 2014. "US Accuses China Fighter of Reckless Mid-air Intercept." *BBC*, http://www.bbc.com/news/world-asia-china-28905504, accessed on 19 September 2017.

BBC. 2016. "Trump Accuses China of 'Raping' US with Unfair Trade Policy." *BBC*, https://www.bbc.com/news/election-us-2016-36185012, accessed on 19 September 2017.

Beckley, Michael. 2020. "The End of Affair: U.S.-China Relations under Trump." In Stanley A Renshon and Peter Suedfeld, eds., *The Trump Doctrine and the Emerging International System*. London: Palgrave Macmillan, pp. 227-246.

Benson, Brett V. 2006. *A Theory of Strategic Ambiguity: Credibility, Transparency and Dual Deterrence*. Ph.D. diss., Department of Political Science, Duke University, North Carolina, USA.

Benson, Brett V. 2012. *Constructing International Security: Alliances, Deterrence, and Moral Hazard*. New York: Cambridge University Press.

Benson, Brett V. and Emerson Niou. 2001. "Comprehending Strategic Ambiguity: U.S. Policy toward Taiwan Strait Security Issue." http://people.duke.edu/~niou/teaching/strategic%20ambiguity.pdf, accessed on 12 November 2001.

Bi, Jianhai. 2002. "The Role of the Military in the PRC Taiwan Policymaking: A Case Study of the Taiwan Strait Crisis of 1995-1996." *Journal of Contemporary China* 11(32): 539-572.

Biddle, Stephen and Ivan Oelrich. 2016. "Future Warfare in the Western Pacific: Chinese Antiaccess/Area Denial, U.S. AirSea Battle and Command of the Commons in East Asia." *International Security* 41(1): 7-48.

Biden, Joseph R. 2021. "Interim National Security Strategic Guidance." *The White House*, https://www.whitehouse.gov/briefing-room/statements-releases/2021/03/03/interim-national-security-strategic-guidance/, accessed on 10

August 2022.

Blackwill, Robert D. and Ashley J. Tellis. 2015. *Revising U.S. Grand Strategy toward China, Council Special Report no. 72*. New York: Council on Foreign Relations.

Blainey, Geoffrey. 1988. *The Causes of War*. New York: The Free Press.

Blechman, Barry M. and Tamara Cofman Wittes. 1999. "Defining Moment: The Threat and Use of Force in American Foreign Policy." *Political Science Quarterly* 114(1): 1-30.

Boon, Hoo Tiang and Hannah Elyse Sworn. 2020. "Strategic Ambiguity and the Trumpian Approach to China-Taiwan Relations." *International Affairs* 96(6): 1487-1508.

Bosco, Joseph A. 2015. "Taiwan and Strategic Security." *The Diplomat*, http://thediplomat.com/2015/05/taiwan-and-strategic-security/, accessed on 1 August 2017.

Brands, H. W. 1988. "Test Massive Retaliation: Credibility and Crisis Management in the Taiwan Strait." *International Security* 12(4): 124-151.

Brands, Hal and Michael Beckley. 2022. "The Coming War over Taiwan." *The Wall Street Journal*, https://www.wsj.com/articles/the-coming-war-over-taiwan-11659614417, accessed on 4 August 2022.

Brooks, Stephen G. and William C. Wohforth. 2015/2016. "The Rise and Fall of the Great Powers in the Twenty-first Century." *International Security* 40(3): 7-53.

Bull, Hedley. 1977. *The Anarchical Society: A Study of Order in World Politics*, 3rd edition. New York: Columbia Press.

Bull, Hedley. 2002. *The Anarchical Society: A Study of Order in World Politics*, 4th edition. New York: Columbia University Press.

Bush, Richard. 2014. "US-Taiwan Relations." In Jean-Pierre Cabestan and Jacques deLisle, eds., *Political Changes in Taiwan under Ma Ying-jeou*. London and New York: Routledge, pp. 217-231.

Bush, Richard C. 2021. *Difficult Choices: Taiwan's Quest for Security and the Good Life*. Washington, D.C.: Brookings Institution.

Campbell, Kurt M. and Ely Ratner. 2018 "The China Reckoning." *Foreign Affairs* 97(2): 60-70.

Carpenter, Ted Galen. 1998. "Let Taiwan Defend Itself." *Cato Policy Analysis* 313: 2-23.

CBS. 2022. "President Biden on Taiwan." https://www.youtube.com/watch?v=EddUGD8jcR4, accessed on 19 September 2022.

Cha, Victor D. 2010. "Powerplay: Origins of the U.S. Alliance System in Asia." *International Security* 34(3): 158-196.

Chan, Steve. 2004. "Extended Deterrence in the Taiwan Strait: Learning from Rationalist Explanations in International Relations." *Asian Affairs: An American Review* 31(3): 66-191.

Chang, Gordon H. and He Di. 1993. "The Absence of War in the US-China Confrontation over Quemoy and Matsu in 1954-55: Contingency, Luck, and Deterrence?" *American Historical Review* 98(3): 1500-1524.

Chang-Liao, Nien-chung and Chi Fang. 2021. "The Case for Maintaining Strategic Ambiguity in the Taiwan Strait." *The Washington Quarterly* 44(2): 45-60.

Chase, Michael S. 2014. "The U.S. Rebalancing Policy and China's Search for a 'New Type of Great Power Relationship' with the United States: Some Potential Implications for Taiwan." *American Journal of Chinese Studies* 21(2): 127-141.

Chen, Dean P. 2012. *US Taiwan Strait Policy: The Origins of Strategic Ambiguity*. Boulder: First Forum Press.

Chen, Dean P. 2014. "Continuing Strategic Ambiguity across the Taiwan Strait." In Peter C. Y. Chow, ed., *The US Strategic Pivot to Asia and Cross-*

Strait Relations. New York: Palgrave Macmillan, pp. 31-54.

Chen, Dean P. 2015. "Security, Domestic Divisions, and the KMT's Post-2008 'One China' Policy: A Neoclassical Realist Analysis." *International Relations of the Asia-Pacific* 15(2): 319-365.

Chen, Dean P. 2016. "US-China Rivalry and the Weakening of the KMT's '1992 Consensus' Policy." *Asian Survey* 56(4): 754-778.

Chen, Dean P. 2017. *US-China Rivalry and Taiwan's Mainland Policy: Security, Nationalism and the 1992 Consensus*. London: Palgrave Macmillan.

Chen, Dean P. 2019. "The Trump Administration's One-China Policy: Tilting toward Taiwan in an Era of U.S.-PRC Rivalry?" *Asian Politics and Policy* 11(2): 250-278.

Chen, Dean P. 2020. "The End of Liberal Engagement with China and the New US-Taiwan Focus." *Pacific Focus* 35(3): 397-435.

Chen, Dean P. 2022. *US-China-Taiwan in the Age of Trump and Biden*. London: Routledge.

Chen, Edward I-hsin. 2012. "The Security Dilemma in U.S.-Taiwan Informal Alliance and Politics." *Issues and Studies* 48(1): 1-50.

Chen, Ping-kuei, Scott L. Kastner, and William L. Reed. 2017. "A Farewell to Arms? US Security Relations with Taiwan and the Prospects for Stability in the Taiwan Strait." In Lowell Dittmer, ed., *Taiwan and China: Fitful Embrace*. California: University of California, pp. 221-238.

Cheng, Tuan Y. 2013. "Taiwan-US Relations: Close but Uncertain." *China Report* 49(4): 371-384.

Christensen, Thomas J. 2001. "China." In Richard J. Ellings and Aaron L. Friedberg. Seattle, eds., *Strategic Asia: Power and Purpose, 2001-2002*. WA: National Bureau of Asian Research.

Christensen, Thomas J. 2002. "The Contemporary Security Dilemma: Deterring a Taiwan Conflict." *The Washington Quarterly* 25(4): 7-21.

Christensen, Thomas J. 2003. "PRC Security Relations with the United States: Why Things Are Going So well." *China Leadership Monitor* 8(Fall): 1-10.

Christensen, Thomas J. 2015a. "Obama and Asia: Confronting the China Challenge." *Foreign Affairs* 94(5): 28-36.

Christensen, Thomas J. 2015b. *The China Challenge*: *Shaping the Choices of A Rising Power*. New York and London: W. W. Norton and Company.

Christensen, Thomas J. and Jack Snyder. 1990. "Chain Gangs and Passed Bucks: Predicting Alliance Patterns in Multipolarity." *International Organization* 44(2): 137-168.

Churchill, Winston. 1986. *The Second World War, Volume I: The Gathering Strom*. MA: Mariner Books.

Churchill, Winston. 2003. *Never Give In! The Best of Winston Churchill's Speeches*. New York: Hyperion.

Claude, Inis L. Jr. 1989. "The Balance of Power Revisited." *Review of International Studies* 15(2): 77-85.

Clinton, Hillary. 2011. "America's Pacific Century." *Foreign Policy*, October 11, 2011. https://foreignpolicy.com/2011/10/11/americas-pacific-century/, accessed on 19 July 2017.

Copper, John F. 2011. "Why We Need Taiwan." *The National Interest*, http://nationalinterest.org/commentary/why-we-need-taiwan-5815, accessed on 20 July 2017.

Copper, John F. 2021a. "The Biden Administration and Taiwan Policies of Continuity and Change." *EAI Background Brief No. 1589*, https://research.nus.edu.sg/eai/wp-content/uploads/sites/2/2022/07/EAIBB-No.-1589-The-Biden-Administration-and-Taiwan-2-1.pdf, accessed on 9 August 2022.

Copper, John F. 2021b. "The Biden Administration's China and Taiwan Policies: Connecting the Dots." *East Asian Policy* 13(3): 101-116.

Crawford, Timothy W. 2003. *Pivotal Deterrence: Third Party Statecraft and the*

Pursuit of Peace. Ithaca: Cornell University Press.

Crawford, Timothy W. 2009. "The Endurance of Extended Deterrence." In T. V. Paul, Partick M. Morgan, and James J. Wirtz, eds., *Complex Deterrence: Strategy in the Global Age*. Chicago: The Univeristy of Chicago, pp. 277-303.

Cropsey, Seth. 2022. "Preparing the Battlefield." *RealClear Defense*, https://www.realcleardefense.com/articles/2022/08/02/preparing_the_battle-field_845657.html, accessed on 2 August 2022.

Danilovic, Vesna. 2001. "The Source of Threat Credibility in Extended Deterrence." *Journal of Conflict Resolution* 45(3): 341-369.

Davidson, Jason W. 2002. "The Roots of Revisionism: Fascist Italy, 1922-39." *Security Studies* 11(4): 125-159.

Davidson, Jason. W. 2006. *The Origins of Revisionist and Status-Quo States*. London: Palgrave Macmillan.

deLisle, Jacques. 2016. "Taiwan's Quest for International Space: Ma's Legacy, Tsai's Options, China's Choices, and U.S. Policy." *Orbis* 60(4): 550-574.

Dittmer, Lowell. 1981. "The Strategic Triangle: A Elementary Game-Theoretical Analysis." *World Politics* 33(4): 485-516.

Dittmer, Lowell. 1987. "The Strategic Triangle: A Critical Review." In Ilpyong Kim, ed., *The Strategic Triangle: China and the United States, and the Soviet Union*. New York: Praeger, pp. 29-47.

Dittmer, Lowell. 2005. "Bush, China, Taiwan: A Triangular Analysis." *Journal of Chinese Political Science* 10(2): 21-42.

Dittmer, Lowell. 2011. "Washington Between Beijing and Taipei: A Triangular Analysis." In Cal Clark, ed., *The Changing Dynamics of the Relations among China, Taiwan and the United States*. Newcastle: Cambridge Scholar Publishing, pp. 10-29.

Dittmer, Lowell. 2014. "Taiwan's Narrowing Strait: A Triangular Analysis of

Taiwan's Security since 2008." In Peter C. Y. Chow, ed., *The US Strategic Pivot to Asia and Cross-Strait Relations*. New York: Palgrave Macmillan, pp. 15-29.

Dreyer, June Teufel. 2013. "What Does the US Focus on Asia Mean for Taiwan?" In Shihoko Goto, ed., *Taiwan and the U.S. Pivot to Asia: New Realities in the Region?* Washington D.C.: Wilson Cente, pp. 4-14.

Dupont, Alan and Christopher G. Baker. 2014. "East Asia's Maritime Disputes: Fishing in Troubled Walters." *The Washington Quarterly* 37(1): 79-98.

Economy, Elizabeth. 2019. "Trade: Parade of Broken Promises." *Democracy: A Journal of Ideas*, https://democracyjournal.org/magazine/52/trade-parade-of-broken-promises/, accessed on 12 May 2020.

Eisenhower, Dwight D. 1965. *The White House Years: Waging Peace*. New York: Doubleday and Company, Inc.

Fearon, James D. 1994. "Signaling versus the Balance of Power and Interests: An Empirical Test of a Crisis Bargaining Model." *Journal of Conflict Resolution* 38(2): 236-269.

Fearon, James D. 1997. "Signaling Foreign Policy Interests: Tying Hands versus Sinking Cost." *Journal of Conflict Resolution* 41(1): 68-90.

Fensom, Anthony. 2016. "$5 Trillion Meltdown: What If China Shuts down the South China Sea?" *The National Interest*, http://nationalinterest.org/blog/5-trillion-meltdown-what-if-china-shuts-down-the-south-china-16996, accessed on 12 July 2017.

Fergusson, Gilbert. 1968. "Munich: The French and British Roles." *International Affairs* 44(4): 649-665.

Fisher, Max. 2016. "The South China Sea: Explaining the Disput." *The New York Times*, http://www.nytimes.com/2016/07/15/world/asia/south-china-sea-dispute-arbitration-explained.html, accessed on 22 May 2022.

Foreign Relations Committee. 2022. "Senate Foreign Relations Committee

Overwhelmingly Approves Taiwan Policy Act of 2022." https://www.for-eign.senate.gov/press/dem/release/senate-foreign-relations-committee-over-whelmingly-approves-taiwan-policy-act-of-2022, accessed on 14 September 2022.

Fox News. 2021. Donald Trump, interviewed by Sean Hannity, https://video.foxnews.com/v/6268400879001#sp=show-clips, accessed on 11 August 2022.

Fravel, Taylor M. 2008. *Strong Borders, Secure Nation: Cooperation and Conflict in China's Territorial Disputes*. Princeton and Oxford: Princeton University Press.

Freedman, Lawrence. 1989. "General Deterrence and the Balance of Power." *Review of International Studies* 15(2): 199-201.

Friedberg, Aaron L. 2011. *A Contest for Supremacy: China, America, and the Struggle for Mastery in Asia*. New York: W.W. Norton and Company, Inc.

Friedberg, Aaron L. 2015. "The Debate Over US China Strategy." *Survival* 57(3): 89-110.

Friedberg, Aaron L. 2018a. "Competing with China." *Survival* 60(3): 7-64.

Friedberg, Aaron L. 2018b. "The Signs Were There." *Foreign Affairs* 97(4): 186-188.

Friedberg, Aaron L. 2022. *Getting China Wrong*. Cambridge, UK: Polity Press.

Friedman, Edward. 1999. "The Prospects of a Larger War: Chinese Nationalism and the Taiwan Strait Conflict." In Suisheng Zhao ed., *Across the Taiwan Strait: Mainland, China, Taiwan, and the 1995-1996 Crisis*. New York: Routledge Press, pp. 243-276.

FTV. 2022. "Resolution to Taiwan Issue Must Be Peaceful and Diplomatic: US Senator." https://www.ftvnews.com.tw/video/detail/3Gf7whzBoLU, accessed on 24 August 2022.

Gallagher, Mike. 2019. "State of (Deterrence) by Denial." *The Washington*

Quarterly 42(2): 31-45.

Gaouette, Nicole. 2017. "Tillerson Raps China as 'Predatory' Rule Breaker." *CNN*, http://edition.cnn.com/2017/10/18/politics/tillerson-china-rebuke-speech/index.html, accessed on 12 November 2017.

Garver, John W. 1997. *Face Off: China, the United States, and Taiwan's Democratization*. Seattle: University of Washington Press.

George, Alexander L. 1971. "The Development of Doctrine and Strategy." In Alexander L. George, David K. Hall, and William E. Simons, eds., *The Limits of Coercive Diplomacy: Laos, Cuba, Vietnam*. Boston: Little, Brown and Company, pp. 1-35.

George, Alexander L. 1994. "Coercive Diplomacy: Definition and Characteristics." In Alexander L. George and Williams E. Simons, eds., *The Limits of Coercive Diplomacy*. Boulder, CO: Westview Press.

George, Alexander L. and Andrew Bennett. 2005. *Case Studies and Theory Development in the Social Sciences*. Cambridge: The MIT Press.

George, Alexander L. and Richard Smoke. 1974. *Deterrence in American Foreign Policy: Theory and Practice*. New York: Columbia University Press.

Gilpin, Robert. 1981. *War and Change in World Politics*. Cambridge: Cambridge University Press.

Glaser, Charles L. 2015. "A U.S.-China Grand Bargain? The Hard Choice between Military Competition and Accommodation." *International Security* 39(4): 49-90

Goh, Evelyn. 2005. *Meeting the China Challenge: the U.S in Southeast Asian Regional Security Strategies*, *Policy Studies*, No. 16. Washington D.C.: East-West Center.

Goldstein, Avery. 1997/1998. "Great Expectations: Interpreting China's Arrival." *International Security* 22(3): 36-73.

Goldstein, Avery. 2003. "Structural Realism and China's Foreign Policy." In

Andrew K. Hanami, ed., *Perspectives on Structural Realism*. New York: Palgrave Macmillan Press.

Goldstein, Avery. 2008. "Parsing China's Rise: International Circumstances and National Attributes." In Robert S. Ross and Zhu Feng, eds., *China's Ascent: Power, Security, and the Future of International Politics*. Ithaca and London: Cornell University Press, pp. 55-86.

Goldstein, Avery. 2013a. "China's Real and Present Danger: Now is the Time for Washington to Worry." *Foreign Affairs* 92(5): 136-144.

Goldstein, Avery. 2013b. "First Things First: The Pressing Danger of Crisis Instability in U.S.-China Relations." *International Security* 37(4): 49-89.

Goldstein, Avery. 2017. "A Rising China's Growing Presence: The Challenges of Global Engagement." In Jacques deLisle and Avery Goldstein, eds., *China's Global Engagement: Cooperation, Competition, and Influence in the 21st Century*. Washington, D.C.: Brookings Institution Press, pp. 1-33.

Gordon, Leonard H. P. 1985. "United States Opposition to Use of Force in the Taiwan Strait." *The Journal of American History* 72(3): 637-660.

Green, Brendan Rittenhouse and Caitlin Talmadge. 2022. "Then What? Assessing the Military Implications of Chinese Control of Taiwan." *International Security* 47(1): 7-45.

Green, Michael J. and Zack Cooper. 2014. "Revitalizing the Rebalance: How to Keep U.S. Focus on Asia." *The Washington Quarterly* 37(3): 25-46.

Grieco, Joseph M. 1988. "Anarchy and the Limits of Cooperation: A Realist Critique of the Newest Liberal Institutionalism." *International Organization* 42(3): 485-507.

Grieco, Joseph, M., Robert Powell, and Duncan Snidal. 1993. "The Relative-Gains Problem for International Cooperation." *American Political Science Review* 87(3): 727-743.

Gulick, Edward Vose. 1967. *Europe's Classical Balance of Power: A Case His-*

tory of the Theory and Practice of One of the Great Concepts of European Statecraft. New York: W. W. Norton and Company.

Haass, Richard and David Sacks. 2021. "The Growing Danger of U.S. Ambiguity on Taiwan: Biden Must Make America's Commitment Clear to China–and the World." *Foreign Affairs*, https://www.foreignaffairs.com/articles/china/2021-12-13/growing-danger-us-ambiguity-taiwan, accessed on 22 December 2021.

Halperin, Morton H. 1966. "The 1958 Taiwan Straits Crisis: A Documented History." *Rand Memorandum*, https://www.rand.org/pubs/research_memoranda/RM4900.html, accessed on 16 May 2021.

Hass, Ryan. 2022. "The Upside of Pelosi's Unwise Taiwan Visit." *Foreign Affairs*, https://www.foreignaffairs.com/united-states/upside-pelosis-unwise-taiwan-visit, accessed on 16 August 2022.

Heath, Timothy R. and William R. Thompson. 2018. "Avoiding U.S-China Competition Is Futile: Why the Best Option Is to Manage Strategic Rivalry." *Asia Policy* 13(2): 91-119.

Heginbotham, Eric, Michael Nixon, Forrest E. Morgan, Jacob L. Heim, Jeff Hagen, Sheng Li, Jeffrey Engstrom, Martin C. Libicki, Paul DeLuca, David A. Shlapak, David R. Frelinger, Burgess Laird, Kyle Brady, and Lyle J. Morris. 2015. *The US-China Military Scorecard: Forces, Geography, and the Evolving Balance of Power, 1996-2017*. Santa Monica, CA: RAND Corporation.

Hickey, Dennis Van Vranken. 1998. "The Taiwan Strait Crisis of 1996: Implications for US Security Policy." *Journal of Contemporary China* 7(19): 405-419.

Hickey, Dennis Van Vranken. 1999. "The Taiwan Strait Crisis of 1996: Implications for U.S. Security Policy." In Suisheng Zhao, ed., *Across the Taiwan Strait: Mainland, China, Taiwan, and the 1995-1996 Crisis*. New York: Routledge Press, pp. 277-296.

Hickey, Dennis Van Vranken. 2011. "Rapprochement between Taiwan and the Chinese Mainland: Implications for American Foreign Policy." *Journal of Contemporary China* 20(69): 231-247.

Holmes, James R. 2014. "Manhan and the South China Sea." In Thomas G. Mahnken and Dan Blumenthal, eds., *Strategy in Asia: The Past, Present, and Future of Regional Security*. Redwood City: Stanford University Press, pp. 61-72.

Hsieh, John Fuh-sheng. 2017. "Cross-Strait Relations in the Aftermath of Taiwan's Election." *Journal of Chinese Political Science* 22(1): 1-15.

Huth, Paul K. 1988a. "Extended Deterrence and the Outbreak of War." *American Political Science Review* 82(2): 423-443.

Huth, Paul K. 1988b. *Extended Deterrence and the Prevention of War*. New Haven: Yale University Press.

Huth, Paul K. 1997. "Reputations and Deterrence: A Theoretical and Empirical Assessment." *Security Studies* 7(1): 72-99.

Huth Paul K. and Bruce Russett. 1984. "What Makes Deterrence Work? Cases from 1900 to 1980." *World Politics* 36(4): 496-526.

Huth, Paul K. and Bruce Russett. 1988. "Deterrence Failure and Crisis Escalation." *International Studies Quarterly* 32(1): 29-45.

Jervis, Robert. 1976. *Perception and Misperception in International Politics*. Princeton, NJ: Princeton University Press.

Jervis, Robert. 1978. "Cooperation under the Security Dilemma." *World Politics* 30(2): 167-214.

Jervis, Robert. 1994. "What Do We Want to Deter and How Do We Deter It?" In L. Benjamin Ederington and Michael Mazarr, eds., *Turning Point: The Gulf War and U.S. Military Strategy*. Boulder: Westview Press, pp. 117-136.

Jervis, Robert. 1997. *System Effects: Complexity in Political and Social Life*. New Jersey: Princeton University Press.

Jervis, Robert. 2017. *Perception and Misperception in International Politics*, revised edition. New Jersey: Princeton University.

Johnson, Jesse C. and Stephen Joiner. 2019. "Power Changes, Alliance Credibility, and Extended Deterrence." *Conflict Management and Peace Science*, https://doi.org/10.1177/0738894218824735, accessed on 15 May 2021.

Johnson, Jesse C., Brett Ashley Leeds, and Ahra Wu. 2015. "Capability, Credibility, and Extended General Deterrence." *International Interactions* 41(2): 309-336.

Johnston, Alastair Iain. 2003. "Is China a Status Quo Power?" *International Security* 27(4): 5-56.

Johnston, Alastair Iain and Robert S. Ross. eds. 1999. *Engaging China: The Management of an Emerging Power*. London and New York: Routledge Press.

Johnston, Alastair Iain, Tsai, Chia-hung, George Yin, and Steven Goldstein. 2021. "The Ambiguity of Strategic Clarity." *War on Rocks*, https://warontherocks.com/2021/06/the-ambiguity-of-strategic-clarity/, accessed on 11 August 2022.

Kahn, Herman. 1965. *On Escalation: Metaphors and Scenarios*. New York: Frederick A. Praeger.

Kang, David. 2007. *China Rising: Peace, Power, and Order in East Asia*. New York: Columbia University Press.

Kaplan, Morton A. 1957. *System and International Politics*. New York: John Wiley and Sons, Inc.

Karsten, Peter, Peter D. Howell and Artis Frances Allen. 1984. *Military Threats: A Systematic Historical Analysis of the Determinants of Success*. Westport, Conn: Greenwood Press.

Kastner, Scott L. 2006. "Does Economic Integration Across the Taiwan Strait Make Military Conflict Less Likely?" *Journal of East Asian Studies* 6(3):

319-346.

Kastner, Scott L. 2015/2016. "Is the Taiwan Strait Still A Flash Point? Rethinking the Prospects for Armed Conflict between China and Taiwan." *International Security* 40(3): 54-92.

Kaufman, Robert G. 1992. "To Balance or To Bandwagon: Alignment Decisions in 1930s Europe." *Security Studies* 1(3): 417-430.

Kaushal, Sidharth. 2020. "US Weapons Sales to Taiwan: Upholding the Porcupine Strategy." *RUSI*, https://rusi.org/commentary/us-weapons-sales-taiwan-upholding-porcupine-strategy, accessed on 12 August 2022.

Keating, Paul. 2018. "U.S. and China: Finding the Balance of Power." *Australian Institute of International Affairs*, http://www.internationalaffairs.org.au/australianoutlook/us-china-finding-balance/, accessed on 7 February 2019.

Kilgour, D. Marc and Frank C. Zagare. 1994. "Uncertainty and the Role of the Pawn in Extended Deterrence." *Synthese* 100(3): 379-412.

Kirshner, Joanthan. 2010. "The Tragedy of Offensive Realism: Classical Realism and the Rise of China." *European Journal of International Relations* 18(1): 53-75.

Kristensen, Hans. 2008. "Nukes in the Taiwan Crisis." *Federation of American Scientists*, https://fas.org/blogs/security/2008/05/nukes-in-the-taiwan-crisis, accessed on 22 September 2022.

Lampton, David M. 1997. "China and Clinton's America: Have They Learned Anything." *Asian Survey* 37(12): 1099-1118.

Lampton, David M. 2001. *Same Bed and Different Dreams: Managing U.S.-China Relations 1989-2000*. Berkeley, CA: University of California Press.

Lampton, David M. 2003. "The Stealth Normalization of U.S-China Relations." *The National Interest* 73: 37-48.

Larson, Deborah W. 1991. "Bandwagon Images in American Foreign Policy: Myth or Reality." In Robert Jervis and Jack Snyder, eds., *Dominoes and*

Bandwagons: Strategic Beliefs and Great Power Competition in the Eurasian Rimland. New York: Oxford University Press, pp. 85-111.

Lauren, Paul Gordon, Gordon A. Craig, and Alexander L. George. 2021. *Force and Statecraft: Diplomatic Challenges of Our Time.* Oxford: Oxford University Press.

Layne, Christopher. 1993. "The Unipolar Illusion: Why New Great Powers Will Rise." *International Security* 17(4): 5-51.

Layne, Christopher. 1997. "From Preponderance to Offshore Balancing: America's Future Grand Strategy." *International Security* 22(1): 86-124.

Layne, Christopher. 2002. "Offshore Balancing Revisited." *The Washington Quarterly* 25(2): 233-248.

Layne, Christopher. 2006. "The Unipolar Illusion Revisited: The Coming End of the United States' Unipolar Moment." *International Security* 31(2): 7-41.

Layne, Christopher. 2018. "The US-Chinese Power Shift and the End of the Pax America." *International Affairs* 94(1): 89-111.

Lebow, Richard N. 1981. *Between Peace and War: The Nature of International Crisis.* Baltimore: The Johns Hopkins University Press.

Lee, Bernice. 1999. "The Security Implications of the New Taiwan." *Adelphi Paper* 331: 13-42.

Lendon, Brad. 2022. "'Xi Jinping Doesn't Scare Me' US Sen. Marsha Blackburn Lands in Taiwan, Vows to Be Bullied by China." *CNN*, https://edition.cnn.com/2022/08/25/asia/us-senator-marsha-blackburn-taiwan-visit-intl-hnk/index.html, accessed on 26 August 2022.

Levy, Jack. 2003. "Balances and Balancing: Concepts, Propositions and Research Design." In John A. Vasquez and Colin Elman, eds., *Realism and the Balancing of Power*. New Jersey: Prentice Hall, pp. 128-153.

Levy, Jack. 2004. "What Do Great Powers Balance Against and When?" In T. V. Paul, James J. Wirtz, and Michel Fortman, eds., *Balance of Power: Theory and Practice in the 21st Century*. CA: Stanford University Press, pp. 29-51.

Levy, Jack S. 2008. "Power Transition Theory and the Rise of China." In Robert S. Ross and Zhu Feng, eds., *China's Ascent: Power, Security, and the Future of International Politics*. Ithaca and London: Cornell University Press, pp. 11-33.

Lieberthal, Kenneth. 1995. "A New China Strategy." *Foreign Affairs* 74(6): 35-49.

Liff, Adam P. 2016. "Wither The Balancers? The Case for A Methodological Reset." *Security Studies* 25(3): 420-459.

Liff, Adam P. and G. John Ikenberry. 2014. "Racing toward Tragedy? China's Rise, Military Competition in the Asia Pacific and the Security Dilemma." *International Security* 39(2): 52-91.

Liska, George. 1957. *International Equilibrium: A Theoretical Essay on the Politics and Organization of Security*. Cambridge: Harvard University Press.

Liu, Fu-ko. 2014. "Ma Ying-jeou's Rapprochement Policy: Cross-Strait Progress and Domestic Constraints." In Jean-Pierre Cabestan and Jacques deLisle, eds., *Political Changes in Taiwan under Ma Ying-jeou*. London and New York: Routledge, pp. 139-155.

Lobell, Steven E. 2016. "Realism, Balance of Power, and Power Transitions." In T. V. Paul, ed., *Accommodating Rising Powers: Past, Present, and Future*. Cambridge: Cambridge University Press, pp. 33-52.

Lostumbo, Michael J., David R. Frelinger, James Willams, and Barry Wilson. 2016. *Air Defense Options for Taiwan: An Assessment of Relative Costs and Operational Benefits*. Santa Monica: Rand Corporation.

Maass, Richard W. 2021/2022. "Salami Tactics: Faits Accomplis and International Expansions in the Shadow of Major War." *Texas National Security Review* 5(1): 33-54.

Maher, Richard. 2018. "Bipolarity and the Future of U.S.-China Relations."

Political Science Quarterly 133(3): 497-525.

Mahoney, James and Dietrich Rueschemeyer. 2003. "Comparative Historical Analysis: Achievements and Agendas." In James Mahoney and Dietrich Rueschemeyer, eds., *Comparative Historical Analysis in the Social Sciences.* Cambridge: Cambridge University Press, pp. 3-38.

Mahoney, James and Gary Goertz. 2006. "A Tale of Two Cultures: Contrasting Quantitative and Qualitative Research." *Political Analysis* 14(3): 227-249.

Mastro, Oriana Skylar. 2022. "China's Huge Exercises around Taiwan Were A Rehearsal, Not a Signal Says Oriana Skylar Mastro." *Economists*, https://www.economist.com/by-invitation/2022/08/10/chinas-huge-exercises-around-taiwan-were-a-rehearsal-not-a-signal-says-oriana-skylar-mastro, accessed on 10 August 2022.

Mattis, James. 2017. "Remarks by Secretary Mattis at Shangri-La Dialogue." https://www.defense.gov/Newsroom/Transcripts/Transcript/Article/1201780/remarks-by-secretary-mattis-at-shangri-la-dialogue/, accessed on 14 May 2021.

Mazarr, Michael J. 2015. *Mastering the Gray Zone: Understanding a Changing Era of Conflict.* Carlisle Barrack, PA: United States Army War College.

McCauley, Kevin. 2022. "Logistics Support for a Cross-strait Invasion: The View from Beijing." *China Maritime Studies Institute*, *China Maritime Report 22*, https://digital-commons.usnwc.edu/cmsi-maritime-reports/22/, accessed on 13 August 2022.

McDougall, Derek. 2012. "Responses to 'Rising China' in the East Asian Regions: Soft Balancing with Accommodation." *Journal of Comtemporary China* 21(73): 1-17.

McKercher, B. J. C. 2013. "Strategy and Foreign Policy in Great Britain, 1930-1938: From the Pursuit of the Balance of Power to Appeasement." In Christopher Baxter, M. L. Dockrill, and Keith Hamilton, eds., *Britain in Global*

Politics, Volume I: From Gladstone to Churchill, 1900-1945. London: Palgrave, pp. 153-174.

Mearsheimer, John J. 1994/1995. "The False Promise of International Institutions." *International Security* 19(3): 5-49.

Mearsheimer, John J. 2010. *The Tragedy of Great Power Politics.* New York: W. W. Norton.

Mearsheimer, John J. 2013. "Structural Realism." In Tim Dunne, Milja Kurki, and Steve Smith, eds., *International Relations Theories: Discipline and Diversity*, 3rd edition. Oxford: Oxford University Press, pp. 77-93.

Mearsheimer, John J. 2014. *The Tragedy of Great Power Politics*, updated edition. New York: W. W. Norton.

Mearsheimer, John J. 2021. "The Inevitable Rivalry Amercia, China, and the Tragedy of Great-Power Politics." *Foreign Affairs* 100(6): 48-58.

Menendez, Bob. 2022. "This is How the US Will Stand with Taiwan." *New York Times*, https://cn.nytimes.com/opinion/20220805/taiwan-us-defense-china/zh-hant/dual/, accessed on 3 August 2022.

Merco Press. 2022. "US Navy building up on its Pacific armada around Taiwan." https://en.mercopress.com/2022/08/03/us-navy-building-up-on-its-pacific-armada-around-taiwan, accessed on 3 August 2022.

Miks, Jason. 2012. "China, Philippines in Standoff." *The Diplomat*, http://the-diplomat.com/2012/04/china-philippines-in-standoff/, accessed on 19 July 2017.

Montgomery, Evan Braden. 2014. "Contested Primacy in the Western Pacific: China's Rise and the Future of U.S. Power Projection." *International Security* 38(4): 115-149.

Morgan, Patrick M. 1977. *Deterrence: A Conceptual Analysis.* Beverly Hills, California: Sage Publication.

Morgan, Patrick M. 2003. *Deterrence Now.* Cambridge: Cambridge University

Press.

Morgenthau, Hans J. 2005. *Politics among Nations: the Struggle for Power and Peace*. 7th revised by Kenneth W. Thompson and W. David Clinton. New York: McGraw-Hill Education.

Morton, Katherine. 2016. "China's Ambition in the South China Sea Is A Legitimate Maritime Order Possible?" *International Affairs* 92(4): 909-940.

Nathan, Andrew J. 2000. "What's Wrong with American Taiwan Policy?" *The Washington Quarterly* 23(2): 93-106.

Ness, Peter Van. 1996. "Competing Hegemons." *The China Journal* 36: 125-128.

Newman, William. 1968. *The Balance of Power in the Interwar Years, 1919-1939*. New York: Random House.

Nikkei Asia. 2022. "Biden Says He Would Be Willing to Use Force to Defend Taiwan." https://asia.nikkei.com/Politics/International-relations/Biden-s-Asia-policy/Biden-says-he-would-be-willing-to-use-force-to-defend-Taiwan, accessed on 24 August 2022.

Nye, Joseph S. Jr. 1995. "The Case for Deep Engagement." *Foreign Affairs* 74(4): 90-102.

Obama, Barack. 2014. "Remarks by President Obama and President Xi Jinping in Joint Press Conference." *The White House*, https://obamawhitehouse.archives.gov/the-press-office/2014/11/12/remarks-president-obama-and-president-xi-jinping-joint-press-conference, accessed on 12 June 2018.

Office of the Historian. 1958. "67 Memorandum Prepared by Secretary of State Dulles." *U.S. the Department of State*, https://history.state.gov/historicaldocuments/frus1958-60v19/d67, accessed on 21 September 2022.

Organski, A. F. K. and Jacek Kugler. 1980. *The War Ledger*. Chicago: The University of Chicago.

Orme, John. 1987. "Deterrence Failures: A Second Look." *International Secu-*

rity 11(4): 96-124.

Pan, Jason. 2014. "Reliance on China Makes Taiwan Vulnerable: Clinton." *Taipei Times*, http://www.taipeitimes.com/News/front/archives/2014/06/25/2003593606, accessed on 12 July 2017.

Pape, Robert A. 2005. "Soft balancing against the United States." *International Security* 30(1): 7-45.

Parent, Joseph M. and Sebastian Rosato. 2015. "Balancing in Neorealism." *International Security* 40(2): 51-86.

Parker, R. A. C. 1993. *Chamberlain and Appeasement: British Policy and the Coming of Second World War*. London: Macmillian Press.

Paul, T. V. 2004. "Introduction: The Enduring Axioms of Balance of Power Theory and Their Contemporary Relevance." In T. V. Paul, James J. Wirtz, and Michel Fortmann, eds., *Balance of Power: Theory and Practice in the 21st century*. CA: Stanford University Press, pp. 1-25.

Paul, T. V. 2005. "Soft Balancing in the Age of U.S. Primacy." *International Security* 30(1): 46-71.

Paul, T. V. 2016. "The Accommodation of Rising Powers in World Politics." In T. V. Paul, ed., *Accommodating Rising Powers: Past, Present, and Future*. Cambridge: Cambridge University Press, pp. 3-12.

Paul, T. V., James J. Wirtz, and Michel Fortmann. eds. 2004. *Balance of Power: Theory and Practice in the 21st Century*. CA: Stanford University Press.

Pei, Minxin. 2022. "The Coming Taiwan Crisis." *Project Syndicate*, https://www.project-syndicate.org/commentary/nancy-pelosi-taiwan-china-likely-response-by-minxin-pei-2022-08?barrier=accesspaylog, accessed on 2 August 2022.

Pence, Mike. 2018. "Vice President Mike Pence's Remarks on the Administration's Policy towards China." *Hudson Institute*, https://www.hudson.org/events/1610-vice-president-mike-pence-s-remarks-on-the-administration-s-policy-towards-china102018, accessed on 15 August 2022.

Petersen, Walter J. 1986. "Deterrence and Compellence: A Critical Assessment of Conventional Wisdom." *International Studies Quarterly* 30(3): 269-294.

Pierson, Paul. 2000. "Increasing Returns, Path Dependence and the Study of Politics." *American Political Science Review* 9(2): 251-267.

Pinsker, Roy. 2003. "Drawing A Line in the Taiwan Strait: 'Strategic Ambiguity' and Its Discontents." *Australian Journal of International Affairs* 57(2): 353-368.

Pollack, Jonathan D. 1996. "China's Taiwan Strategy: A Point of No Return." *The China Journal* 36: 111-116.

Pompeo, Mike. 2020. "Secretary Pompeo to Deliver a Speech at the Richard Nixon Presidential Library." https://2017-2021.state.gov/secretary-pompeo-to-deliver-a-speech-at-the-richard-nixon-presidential-library/index.html, accessed on 20 August 2022.

Price, Ned. 2022. "Department Press Briefing, May 24, 2022." *State Department, USA*, https://www.state.gov/briefings/department-press-briefing-may-24-2022/, accessed on 21 August 2022.

Questor, George. 1989. "Some Thoughts on Deterrence Failure." In Paul C. Stern, Robert Axelord, Robert Jervis, and Roy Radner, eds., *Perspectives on Deterrence*. New York: Oxford University Press, pp. 55-65.

Rand Corporation. 2019. "An Interactive Look at the U.S.-China Military Scorecard." https://www.rand.org/paf/projects/us-china-scorecard.html, accessed 6 March 2019.

Rapp-Hooper, Mira. 2015. *Absolute Alliances: Extended Deterrence in International Politics.* Ph.D. diss., Department of Political Science, Columbia University, New York, USA.

Reuters. 2019. "U.S. State Department Approves Possible $2.2 Billion Arms Sale to Taiwan." https://www.reuters.com/article/us-usa-taiwan/u-s-state-department-approves-possible-2-2-billion-arms-sale-to-taiwan-idUSKC-N1U32HT, accessed on 19 July 2020.

Reuters. 2022. "Biden Says He Is Concerned about China's Moves around Taiwan." *Reuters*, https://www.reuters.com/world/asia-pacific/biden-says-he-is-concerned-about-chinas-moves-around-taiwan-2022-08-08/, accessed on 25 August 2022 .

Rigger, Shelly. 2022. "The Provocative Politics of Nancy Pelosi's Trip to Taiwan." *The New Yorker*, https://www.newyorker.com/news/q-and-a/the-provocative-politics-of-nancy-pelosis-trip-to-taiwan, accessed on 5 August 2022.

Rising, David. 2022. "China Military Drills Are 'Significant Escalation'." *AP News*, https://apnews.com/, accessed on 12 August 2022.

Rock, Stephen R. 2000. *Appeasement in International Politics*. Lexington: University of Kentucky Press.

Romberg, Alan D. 2003. *Rein in at the Brink of the Precipice: American Policy Toward Taiwan and U.S.-PRC Relations*. Washington, DC: The Henry L. Stimson Center.

Romberg, Alan. 2015. "Squaring the Circle: Adhering to Principle, Embracing Ambiguity." *China Leadership Monitor* 47: 1-23.

Ross, Robert S. 1996. "The 1996 Taiwan Strait Crisis: Lessons for the United States, China and Taiwan." *Security Dialogue* 27(4): 464-465.

Ross, Robert S. 1999. "Engagement in US China Policy." In Alastair Iain Johnston and Robert S. Ross, eds., *Engaging China: The Management of an Emerging Power*. London: Routledge, pp. 180-211.

Ross, Robert S. 2000. "The 1995-1996 Strait Confrontation: Coercion, Credibility, and the Use of Force." *International Security* 25(2): 87-125.

Ross, Robert S. 2004. "Bipolarity and Balancing in East Asia." In T. V. Paul, James J. Wirtz, and Michel Fortmann, eds., *Balance of Power: Theory and*

Practice in the 21st Century. CA: Stanford University Press, pp. 267-304.

Ross, Robert S. 2013. "US Grand Strategy, the Rise of China, and US National Security Strategy for East Asia." *Strategic Studies Quarterly* 7(2): 20-40.

Ross, Robert S. 2017. "The Rise of the Chinese Navy: From Regional Naval Power to Global Naval Power?" In J. Delisle and A. Goldstein, eds., *China's Global Engagement: Cooperation, Competition, and Influence in the 21st Century*. D.C.: Brookings Institution Press, pp. 207-234.

Ross, Robert S. 2018a. "Troubled Waters." *The National Interest* 155(May/ June): 53-61.

Ross, Robert S. 2018b. "What Does the Rise of China Mean for the United States." In Jennifer Rudolph and Michael Szonyi, eds., *The China Questions: Critical Insights into A Rising Power*. Cambridge: Harvard University Press, pp. 81-89.

Roth, Ariel Ilan. 2010. *Leadership in International Relations*. London: Palgrave Macmillan.

Rothwell, Donald R. and Tim Stephens. 2016. *The International Law of the Sea*. Oxford: UK, Hart Publishing.

Roy, Denny. 2016. "Meeting the Chinese Challenge to the Regional Order." *Asian Politics and Policy* 8(1): 193-206.

Roy, Denny. 2019. "Assertive China: Irredentism or Expansionism?" *Survival* 61(1): 51-74.

Ruggiero, John R. 2015. *Neville Chamberlain and the Origins of the Second World*. Santa Barbara: Praeger.

Rushkoff, Bennett C. 1981. "Eisenhower, Dulles and the Quemoy-Matsu Crisis, 1954-1955." *Political Science Quarterly* 96(3): 465-480.

Russett, Bruce M. 1963. "The Calculus of Deterrence." *Journal of Conflict Resolution* 7(2): 97-109.

Ryan, Mike. 2022. "US Strategic Policy in Taiwan Needs to Change as China

Shows It Has Capacity to Take the Island by Force." *ABC News, Australia*, https://www.abc.net.au/news/2022-08-16/taiwan-china-us-military-strategy-needs-to-change-risk-of-war/101334300, accessed on 16 August 2022.

Rynning, Sten and Jens Ringsmose. 2008. "Why Are Revisionist States Revisionist? Reviving Classical Realism as an Approach to Understanding International Change." *International Politics* 45(1): 19-39.

Schaub, Gary Jr. 1998. "Compellence: Resuscitating the Concept." In Lawrence Freedman, ed., *Strategic Coercion: Concepts and Cases*. Oxford: Oxford University Press, pp. 37-60.

Schelling, Thomas C. 1960. *The Strategy of Conflict*. Cambridge, MA: Harvard University Press.

Schelling, Thomas C. 1966. *Arms and Influence*. New Haven: Yale University Press.

Schelling, Thomas C. 1980. *The Strategy of Conflict*, 2nd edition. MA: Cambridge, Harvard University Press.

Schelling, Thomas C. 2018. *Arms and Influences*, revised. New Haven: Yale University Press.

Schreer, Benjamin. 2017. "The Double-Edged Sword of Coercion: Cross-Strait Relations after the 2016 Taiwan Elections." *Asian Politics and Policy* 9(1): 50-65.

Schweller, Randall L. 1994. "Bandwagoning for Profit: Brining the Revisionist State Back in." *International Security* 19(1): 72-107.

Schweller, Randall L. 1996. "Neorealism's Status Quo Bias: What Security Dilemma?" *Security Studies* 5(3): 90-121.

Schweller, Randall L. 1998. *Deadly Imbalances: Tripolarity and Hitler's Strategy of World Conquest*. New York: Columbia University Press.

Schweller, Randall L. 1999. "Rise of Great Powers: History and Theory." In Alastair Iain Johnston and Robert S. Ross, eds., *Engaging China: the Man-*

agement of An Emerging Power. London: Routledge, pp. 1-31.

Schweller, Randall L. 2006. *Unanswered Threats: Political Constraints on the Balance of Power*. New Jersey: Princeton University Press.

Scobell, Andrew. 2000. "Show of Force: Chinese Soldier, Statesman, and the 1995-1996 Taiwan Strait Crisis." *Political Science Quarterly* 115(2): 227-246.

Shambaugh, David. 1996. "China's Military in Transition: Politics, Professionalism, Procurement, and Power Projection." *The China Quarterly* 146: 265-298.

Shambaugh, David. 1997. "The United States and China: Cooperation and Confrontation." *Current History* 96(611): 242-244.

Sheehan, Michael. 1989. "The Place of the Balancer in Balance of Power Theory." *Review of International Studies* 15(2): 123-134.

Sheehan, Michael. 1996. *Balance of Power: History and Theory*. London and New York: Routledge.

Simon, Sheldon W. 2012. "Conflict and Diplomacy in the South China Sea." *Asian Survey* 52(6): 995-1018.

Singer, J. David. 1960. "International Conflict: Three Levels of Analysis." *World Politics* 12(3): 453-461.

Singer, J. David. 1961. "The Level-of-Analysis Problem in International Relations." *World Politics* 14(1): 77-92.

Smith, Alastair. 1998. "Extended Deterrence and Alliance Formation." *International Interactions* 24(4): 315-343.

Snyder, Glenn H. 1997. *Alliance Politics*. Ithaca: Cornell University Press.

Snyder, Glenn H. 2015. *Deterrence and Defense: Toward A Theory of National Security*. Princeton: Princeton University Press.

Stapleton, Roy J. 2018. "Engagement Works." *Foreign Affairs* 97(4): 185-186.

Statistics Times. 2017. "List of Countries by Projected GDP." *Statistics Times*, http://statisticstimes.com/economy/countries-by-projected-gdp.php, accessed on 29 August 2018.

Stein, Janice Gross. 1991. "Deterrence and Reasurrance." In Philip E. Tetlock, Jo L. Husbands, Robert Jervis, Paul C. Stein, and Charles Tilly, eds., *Behavior, Society and Nuclear War*, volume II. New York: Oxford University Press, pp. 9-72.

Sterling, Richard W. 1974. *Macropolitics: International Relations in A Global Society*. New York: Alfred A. Knopf.

Stilwell, David. 2020. "The United States, Taiwan and the World: Partners for Peace and Prosperity." https://2017-2021.state.gov/The-United-States-Taiwan-and-the-World-Partners-for-Peace-and-Prosperity/index.html, accessed on 29 September 2022.

Stolper, Thomas E. 1985. *China, Taiwan, and the Offshore Islands*. Armonk, New York: M.E. Sharpe, Inc.

Storey, Ian and Cheng-yi Lin. 2016. "Introduction." In Ian Storey and Chen-yi Lin, eds., *The South China Sea Dispute: Navigating Diplomatic and Strategic Tensions*. Singapore: ISEAS Publishing, pp. 1-20.

Suettinger, Robert L. 2003. *Beyond Tiananmen: The Politics of U.S.-China Relations, 1989-2000*. Washington, DC: Brookings Institution Press.

Suorsa, Olli Pekka and Adrian Ang U-Jin. 2022. "Crossing the Line: The Makings of the 4th Taiwan Strait Crisis?" *The Diplomat*, https://thediplomat.com/2022/08/crossing-the-line-the-makings-of-the-4th-taiwan-strait-crisis/, accessed on 17 August 2022.

Sutter, Robert G. 1997. "The Taiwan Crisis of 1995-1996 and U.S. Domestic Politics." In Greg Austin, ed., *Missile Diplomacy and Taiwan's Future: Innovations in Politics and Military Power*. Australia: Australia National University Press.

Sutter, Robert G. 1998. *U.S. Policy toward China: An Introduction to the Role of Interest Groups.* Lanham, MD: Rowman and Littlefield.

Sutter, Robert. 2002. "The Bush Administration and U.S. China Policy Debate-Reasons for Optimism." *Issues and Studies* 38(2): 1-30.

Sutter, Robert. 2010. "US Reengagement in the Asia-Pacific Region: Where Does Taiwan Fit?" *Asia Pacific Bulletin* 72(October).

Swaine, Michael D. 2001. "Chinese Decision-Making Regarding Taiwan, 1979-2000." In David M. Lampton, ed., *The Making of Chinese Foreign and Security Policy in the Era of Reform, 1978-2000.* Stanford, CA: Stanford University Press.

Swe, Lim Kheng, Ju Hailong, and Li Mingjiang. 2017. "China's Revisionist Aspirations in Southeast Asia and the Curse of the South China Sea Disputes." *China: An International Journal* 15(1): 187-213.

Tellis, Ashley J. 2012. "U.S.-China Relations in a Realist World." In David Shambaugh, ed., *Tangled Titans: The United States and China.* Lanham: Rowman and Littlefield Publishers, pp. 75-100.

Tellis, Ashley J. 2013. "Balancing without Containment: A U.S. Strategy for Confronting China's Rise." *The Washington Quarterly* 36(4): 109-124.

Tellis, Ashley J. 2014. *Balancing without Containment: An American Strategy for Managing China.* Washington: Carnegie Endowment for International Peace.

The White House. 2022. "Press Briefing by Press Secretary Karine Jean-Pierre and NSC Coordinator for Strategic Communications John Kirby." *Press Briefings*, https://www.whitehouse.gov/briefing-room/press-briefings/2022/08/04/press-briefing-by-press-secretary-karine-jean-pierre-and-nsc-coordinator-for-strategic-communications-john-kirby-5/, accessed on 4 August 2022.

Trachtenberg, Marc. 2006. *The Craft of International History: A Guide to Method.* Princeton: Princeton University Press.

Treverton, Gregory F. 2000. *Framing Compellent Strategies*. Rand: National Defense Research Institute.

Trubowitz, Peter and Peter Harris. 2015. "When States Appease: British Appeasement in the 1930s." *Review of International Studies* 41(2): 289-311.

Trump, Donald J. 2017. "National Security Strategy of the United States of America." *National Security Strategy Archive*, http://nssarchive.us/wp-content/uploads/2017/12/2017.pdf, accessed on 12 June 2018.

Tsai, Ing-wen. 2020. "President Tsai Interviewed by BBC." *BBC*, January 18, 2020, https://english.president.gov.tw/News/5962, accessed on 20 March 2021.

Tseng, Steve. 2012. "The U.S. Military and American Commitment to Taiwan's Security." *Asian Survey* 52(4): 777-797.

Tsou, Tang. 1959. "The Quemoy Imbroglio: Chiang Kai-shek and the United States." *Western Political Quarterly* 12(4): 1075-1091.

Tucker, Nancy Bernkopf. 2001. "The Clinton Years: The Problem of Coherence." In Michael C. Oksenberg and David Shambaugh, eds., *Making China Policy: Lessons from the Bush and Clinton Administration*. Lanham, MD: Rowman and Littlefield Press.

Tucker, Nancy Bernkopf. 2005. "Strategic Ambiguity or Strategic Clarity?" In Nancy Bernkopf Tucker, ed., *Dangerous Strait: The U.S.-Taiwan-China Crisis*. New York: Columbia University Press, pp. 186-211.

Tucker, Nancy Bernkopf. 2009. *Strait Talk: United States-Taiwan Relations and the Crisis with China*. MA: Cambridge: Harvard University Press.

Twomey, Chris. 2022. "The Military Dimension of the Fourth Taiwan Strait Cisis." *CSIS*, https://www.csis.org/analysis/military-dimensions-fourth-taiwan-strait-crisis, accessed on 23 August 2022.

Tyler, Patrick. 1999. *A Great Wall: Six Presidents and China: An investigatory History*. New York: Public Affairs Press.

U.S. 7th Fleet. 2019. "Facts Fleet." *The U.S. 7th Fleet Public Affairs*, https://www.c7f.navy.mil/About-Us/Facts-Sheet/, accessed on 16 March 2019.

U.S. 7th Fleet. 2022. "7th Fleet Cruisers Transit Taiwan Strait." *The U.S. 7th Fleet Public Affairs*, https://www.c7f.navy.mil/Media/News/Display/Article/3142171/7th-fleet-cruisers-transit-taiwan-strait/, accessed on 27 August 2022.

U.S. Department of Defense. 2018. *Annual Report to Congress: Military and Security Developments Involving the People's Republic of China 2018.* https://media.defense.gov/2018/Aug/16/2001955282/-1/-1/1/2018-CHINA-MILITARY-POWER-REPORT.PDF, accessed on 2 May 2019.

U.S. Department of Defense. 2019. *Indo-Pacific Strategy Report. Preparedness, Partnerships and Promoting A Networked Region*, *U.S. Department of Defense*, https://media.defense.gov/2019/May/31/2002139210/-1/-1/1/DOD_INDO_PACIFIC_STRATEGY_REPORT_JUNE_2019.PDF, accessed on 22 July 2020.

U.S. Department of Defense. 2022. "USD (Policy) Dr. Kahl Press Conference." https://www.defense.gov/News/Transcripts/Transcript/Article/3120707/usd-policy-dr-kahl-press-conference/, accessed on 8 August 2022.

U.S. Department of State. 1955. *Formosa Resolution*, https://history.state.gov/historicaldocuments/frus1955-57v02/d56, accessed on 29 January 1955.

U.S. Department of State. 2021. "Secretary Antony J. Blinken, National Security Advisor Jake Sullivan, Director Yang and State Councilor Wang at the Top of Their Meeting." https://www.state.gov/secretary-antony-j-blinken-national-security-advisor-jake-sullivan-chinese-director-of-the-office-of-the-central-commission-for-foreign-affairs-yang-jiechi-and-chinese-state-councilor-wang-yi-at-th/, accessed on 21 August 2022.

U.S. Energy Information Administration. 2013. "South China Sea." *Eia*, https://www.eia.gov/beta/international/regions-topics.cfm?RegionTopicID=SCS, accessed on 12 July 2017.

U.S. Strategic Framework for the Indo-Pacific. 2020. https://www.whitehouse.gov/wp-content/uploads/2021/01/IPS-Final-Declass.pdf, accessed on 5 January 2020.

USC, Annenberg. 1997. "President Jiang Zemin Visits the United States." *US-China Exchange*, https://uschinaexchange.usc.edu/exchange/president-jiang-zemin-visits-united-states, accessed on 14 August 2022.

USFJ (US Force in Japan). 2019. https://www.usfj.mil/About-USFJ/, accessed on 16 March 2019.

Varley, Kevin. 2022. "Taiwan Tensions Raise Risks in One of Busiest Shipping Lanes." *Bloomberg*, https://www.bloomberg.com/news/articles/2022-08-02/taiwan-tensions-raise-risks-in-one-of-busiest-shipping-lanes, accessed on 18 August 2022.

Wachman, Alan M. 2002. "Credibility and the U.S. Defense of Taiwan: Nullifying the Notion of a 'Taiwan Threat'." *Issues and Studies* 38(1): 200-229.

Waldron, Arthur. 2005. "China's Rise and World Democracy." *Taipei Times*. September 21, A8.

Walt, Stephen. 1985. "Alliance Formation and the Balance of World Power." *International Security* 9(4): 3-43.

Walt, Stephen. 1987. *The Origins of Alliances*. Ithaca and London: Cornell University Press.

Walt, Stephen. 2018. "Rising Powers and the Risks of War." In Asle Toje, ed., Will *China's Rise Be Peaceful? Security, Stability, and Legitimacy*. New York: Oxford University Press, pp. 13-32.

Waltz, Kenneth N. 1965. *Man, the State, and War*. New York and London: Columbia University Press.

Waltz, Kenneth N. 1979. *Theory of International Politics*. Reading, MA: Addison-Wesley.

Waltz, Kenneth N. 2001. *Man, the State and War: A Theoretical Analysis*. New York: Columbia University Press.

Waltz, Kenneth N. 2009. "The United States: Alone in the World." In I. William Zartman, ed., *Imbalance of Power: US Hegemony and International Order*. Colorado: Lynne Rienner Publishers, Inc, pp. 27-36.

Waltz, Kenneth N. 2010. *Theory of International Politics*, revissued. IL: Waveland Press.

Wang, Jisi. 2018. "The View from China." *Foreign Affairs* 97(4): 183-184.

Wang, Vincent Wei-cheng. 2014. "The U.S. Asia Rebalancing and Taiwan Strait Rapprochement." *Orbis* 59(3): 361-379.

Wang, Yuan-Kang. 2002. "Preserving Peace in the Taiwan Strait." *Chinese Political Science Review* 33: 149-173.

Wang, Yuan-Kang. 2004. "Taiwan's Democratization and Cross-Strait Security." *Orbis* 48(2): 293-304.

Wang, Yuan-Kang. 2019. "Rethinking US Security Commitment to Taiwan." In Wei-chin Lee, ed., *Taiwan's Political Re-Alignment and Diplomatic Challenges*. London: Palgrave Macmillan, pp. 245-270.

Weede, Erich. 1983. "Extended Deterrence by Superpower Alliance." *Journal of Conflict Resolution* 29(2): 231-254.

Wei, Chi-hung. 2018. "The U.S. Securitization of the 1992 Consensus-Security Speech Acts and Threat Inflation, 2011-2012." *EurAmerica* 48(3): 387-427.

Weiss, Jessica Chen. 2022. "The China Trap: U.S. Foreign Policy and the Perilous Logic of Zero-Sum Competition." *Foreign affairs*, https://www.foreignaffairs.com/china/china-trap-us-foreign-policy-zero-sum-competition, accessed on 2 September 2022.

Whiting, Allen S. 2001. "China's Use of Force, 1950-96, and Taiwan." *International Security* 26(2): 103-131.

Wight, Martin. 1966. "The Balance of Power." In Herbert Butterfield and Martin Wight, eds., *Diplomatic Investigations: Essays in the Theory of International Politics*. Cambridge, MA: Harvard University Press, pp. 149-175.

Wight, Martin. 1978. *Power Politics*. New York: Holmes and Meier Publishers, Inc Press.

Wolfers, Arnold. 1962. *Discord and Collaboration: Essays on International Politics*. Baltimore: The Johns Hopkins Press.

Wolff, Lester L. 2020. *The Legislative Intent of the Taiwan Relations Act: A Dilemma Wrapped in an Enigma*. Bloomington, Indiana: Xlibris.

Womack, Brantly. 2016. "The Washington-Beijing-Taipei Triangle: An American Perspective." In Brantly Womack and Yufan Hao, eds., *Rethinking the Triangle: Washington-Beijing-Taipei*. Macau: University of Macau, pp. 3-39.

Womack, Brantly and Wu, Yu-shan. 2010. "Asymmetric Triangles and the Washington-Beijing-Taipei Relationship." In Brantly Womack, ed., *China among Unequals: Asymmetric Foreign Relations in Asia*. Singapore: World Scientific Press, pp. 371-404.

Wu, Charles Chong-Han. 2021. "The End of Washington's Strategic Ambiguity? The Debate over U.S. Policy toward Taiwan." *The China Review* 21(2): 177-202.

Wu, Jaushieh Joseph. 2011. "The United States as a Balancer in Cross-Strait Relations, 2000-2008." In Lin Cheng-yi and Denny Roy, eds., *The Future of United States, China and Taiwan Relations*. London: Palgrave Macmillan, pp. 121-147.

Wu, Samuel S. G. 1990. "To Attack or Not to Attack." *Journal of Conflict Resolution* 34(3): 531-552.

Wu, Yu-Shan. 1996. "Exploring Dual Triangles: the Development of Taipei-Washington-Beijing Relations." *Issues and Studies* 12(10): 26-52.

Wu, Yu-shan. 2011a. "Power Shift, Strategic Triangle and Alliances in East Asia." *Issues and Studies* 47(4): 1-42.

Wu, Yu-shan. 2011b. "Strategic Triangle, Change of Guard, and Ma's New Course." In Cal Clark, ed., *The Changing Dynamics of the Relations among China, Taiwan, and the United States*. New Castle upon Tyne, UK: Cambridge Scholar Publishing, pp. 30-61.

Wu, Yu-shan. 2016. "Heading Towards Troubled Waters? The Impact of Taiwan's 2016 Elections on Cross-Strait Relations." *American Journal of Chinese Studies* 23(41): 59-75 .

Wu, Yu-shan. 2017. "Pivot, Hedger or Partner: Strategies of Lesser Powers Caught between Hegemons." In Lowell Dittmer, ed., *Taiwan and China: Fitful Embrace*. California: University of California Press, pp. 197-220.

Yahuda, Michael. 2013. "China's New Assertiveness in the South China Sea." *Journal of Contemporary China* 22(81): 446-459.

Yates, Stephen. 1998. "Clinton Statement Undermines Taiwan." *The Heritage Foundation No. 538*, https://www.heritage.org/report/clinton-statement-undermines-taiwan.

Yarhi-Milo, Keren, Alexander Lanoszka, and Zack Cooper. 2016. "To Arm or to Ally? The Patron's Dilemma and the Strategic Logic of Arms Transfers and Alliances." *International Security* 41(2): 90-139.

Ye, Xiaodi. 2021. "From Strategic Ambiguity to Maximum Pressure? Explaining the Logic of the US Taiwan Policy in the Post-Cold War Era." *Journal of Asian and African Studies*, https://doi.org/10.1177/0021909621105888, accessed on 29 September 2022.

You, Ji. 1997. "Making Sense of War Games in the Taiwan Strait." *Journal of Contemporary China* 6(15): 287-306.

Young, Robert J. 1996. *France and the Origins of the Second World War*. London: Palgrave Macmillan.

Zagare, Frank C. 1987. *The Dynamics of Deterrence*. Chicago: University of Chicago Press.

Zagare, Frank C. and D. Marc Kilgour. 1998. "Deterrence Theory and the Spiral Model Revisited." *Journal of Theorectical Politics* 10(1): 59-87.

Zagare, Frank C. and D. Marc Kilgour. 2003. "Alignment Patterns, Crisis Bargaining, and Extended Deterrence: A Game-Theoretic Analysis." *International Studies Quarterly* 47(4): 587-615.

Zagare, Frank C. and D. Marc Kilgour. 2006. "The Deterrence-versus-Restraint Dilemma in Extended Deterrence: Explaining British Policy in 1914." *International Studies Review* 8(4): 623-641.

Zhang, Ketian. 2019. "Cautious Bully: Reputation, Resolve, and Beijing's Use of Coercion in the South China Sea." *International Security* 44(1): 117-159.

Zhao, Suisheng. 1999. "Changing Leadership Perceptions: The Adoption of a Coercive Strategy." In Suisheng Zhao, ed., *Across the Taiwan Strait: Mainland China, Taiwan, and the 1995-1996 Crisis*. New York: Routledge Press.

Zhu, Feng. 2008. "China's Rise Will Be Peaceful: How Unipolarity Matters." In Robert S. Ross and Zhu Feng, eds., *China's Ascent: Power. Security, and the Future of International Politics*. Ithaca and London: Cornell University Press, pp. 34-54.

國家圖書館出版品預行編目(CIP)資料

美中臺三角關係的變與常/蔡榮祥著.--初
版.--臺北市:五南圖書出版股份有限公
司,2023.08
面; 公分.

ISBN 978-626-366-227-8(平裝)

1.CST: 臺美關係 2.CST: 兩岸關係
3.CST: 國際關係 4.CST: 國際政治

733.292552   112009503

1PUR

美中臺三角關係的變與常

作　　者 — 蔡榮祥(368.6)

發 行 人 — 楊榮川

總 經 理 — 楊士清

總 編 輯 — 楊秀麗

副總編輯 — 劉靜芬

責任編輯 — 黃郁婷、吳肇恩

封面設計 — 陳亭瑋

出 版 者 — 五南圖書出版股份有限公司

地　　址:106台北市大安區和平東路二段339號4樓

電　　話:(02)2705-5066　　傳　　真:(02)2706-6100

網　　址:https://www.wunan.com.tw

電子郵件:wunan@wunan.com.tw

劃撥帳號:01068953

戶　　名:五南圖書出版股份有限公司

法律顧問　林勝安律師

出版日期　2023年8月初版一刷

定　　價　新臺幣380元

經典永恆・名著常在

五十週年的獻禮 — 經典名著文庫

五南，五十年了，半個世紀，人生旅程的一大半，走過來了。

思索著，邁向百年的未來歷程，能為知識界、文化學術界作些什麼？

在速食文化的生態下，有什麼值得讓人雋永品味的？

歷代經典・當今名著，經過時間的洗禮，千錘百鍊，流傳至今，光芒耀人；

不僅使我們能領悟前人的智慧，同時也增深加廣我們思考的深度與視野。

我們決心投入巨資，有計畫的系統梳選，成立「經典名著文庫」，

希望收入古今中外思想性的、充滿睿智與獨見的經典、名著。

這是一項理想性的、永續性的巨大出版工程。

不在意讀者的眾寡，只考慮它的學術價值，力求完整展現先哲思想的軌跡；

為知識界開啟一片智慧之窗，營造一座百花綻放的世界文明公園，

任君遨遊、取菁吸蜜、嘉惠學子！